華志文化

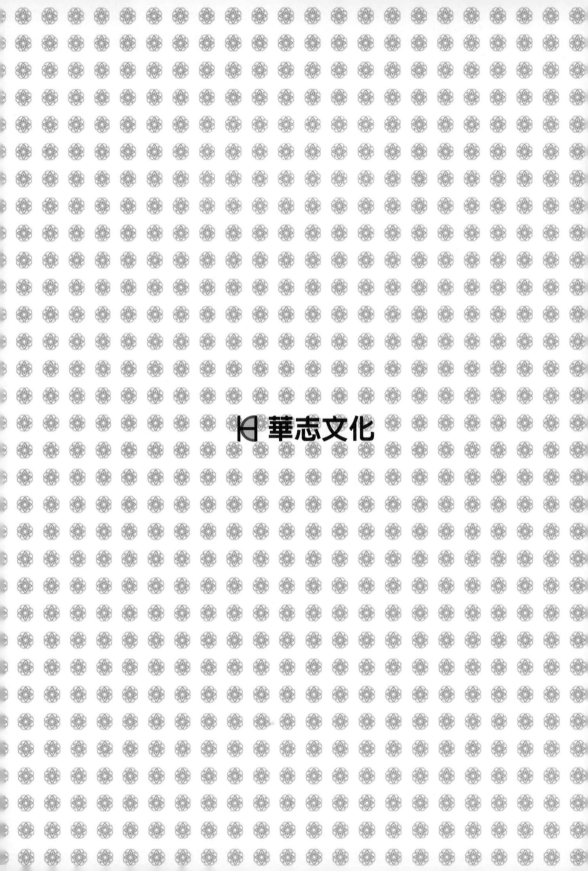

華志文化

閱讀百年
百年閱讀

孟子

新解

卷首語

　　中國傳統文化源遠流長，內蘊儒學經典、歷史著作、諸子百家等，形成了完整的文化思想脈絡，將華夏文明的精華充分予以展示。近代以後，隨著西學東漸，我們在接受外來思維的同時，也明確感受到了傳統文化的流失。故而對東西方文化進行冷靜思考，明確了傳統文化不可動搖的根基地位。繼承先輩留下的寶貴文化遺產，是可以弘揚中國民族特色文化，進而促進當下時代的進步和發展的。

　　孟子是魯國貴族孟孫氏之後，出世時，家道已衰落，是沒落貴族的後裔。據說孟子的父親在他很小的時候就去世了，他由母親撫養成人。孟母很重視對孟子的教育，歷史上廣泛流傳著「孟母三遷」、「孟母斷機杼」的故事，足見其良苦用心。在母親的精心教誨下，孟子度過了充實的少年時代。孟子長大成人後，曾「受業子思之門人」。子思是孔子的孫子，是戰國時期大名鼎鼎的儒學大師。因此，師從子思之門人，奠定了孟子對儒家學說的終身信仰。中年時期，孟子以儒學大師的身分遊歷各國達二十年之久。他以推行王道政治為己任，曾到過齊、宋、滕、魏、魯等多個國家。儘管孟子學派的影響很大，然而沒人肯真正實行他的政治主張。晚年時期，孟子視「得天下英才而教育之」為自己的人生樂趣。

　　孔子曾經感歎沒有人瞭解自己，實際上，孟子熟習孔子的學說並且「舉一反三、學以致用」，把儒家思想發揚光大，從而成就一家之言。儒家總是教人直接面對人生，這不是天真的樂觀主義，而是從「好學、深思、力行」中提煉出來的智者之言。孟子亦認為一切理想都是可以並且應該實現的。只有「真誠」了，你才能有力量。力量可以稱為「向」，所指的正是「善」。善是人與人之間適當關係的實現。他期盼「平治天下」，並且自信地說：「當今之世，舍我其誰！」然而可惜的是，這種大智慧曾經受到各種曲解：第一，董仲舒向漢武帝獻策，主張「罷黜百家，獨尊儒術」，使儒家成為統治階級的綱本；第二，宋代學者一相情願地把孟子的「性善」說成「性本善」，使人性原本的活潑生機成為僵化而刻板的死水。

　　孟子被譽為亞聖是有一定道理的，他將孔子的思想發揚光大，構建了完整的體系，並有許多重要的思想創見。其著作《孟子》是儒家最重要的經典之一，也是現代人不可缺少的精神食糧。許多激勵人心、流傳千古的

至理名言亦源於《孟子》。古代學問大家韓愈有言：「求觀聖人之道，必自孟子始。」當代諾貝爾獎獲得者楊振寧也說：「三十歲後，我做人處世全靠孟子。」可見，不學習《孟子》將會蒙受無以彌補的損失。

　　但是，儘管歷代注釋孟子思想的著作數不勝枚舉，然而真正適合當代人讀的卻少之又少。經過歷次政治運動和極左思潮的影響，當代人幾乎對孟子的思想毫無所知。本書不像傳統學者的傳注那樣過於重視字義與字句的解釋，而只是對廣徵博引地對孟子的思想進行闡述。意在為大家分享生機盎然的孟子大智慧，告訴在當下生活中，如何安定身心、面對困境，如何為人處事、奮發有為，做一個快樂而自信的人。若你有一點休閒的時間，又想真正認識孟子的思想，那麼本書一定會讓你有所收穫。

目
錄

梁惠王章句・上

第一章

【原文】

孟子見梁惠王①。王曰：「叟②，不遠千里而來，亦將有以利吾國乎？」

孟子對曰：「王何必曰利？亦有仁義而已矣。王曰：『何以利吾國？』大夫曰：『何以利吾家？』士庶人曰：『何以利吾身？』上下交征③利而國危矣！萬乘④之國，弒⑤其君者，必千乘之家；千乘之國，弒其君者，必百乘之家。萬取千焉，千取百焉，不為不多矣；苟為⑥後義而先利，不奪不饜⑦。未有仁而遺其親者也，未有義而後⑧其君者也。王亦曰仁義而已矣，何必曰利？」

【注釋】

①梁惠王：即魏惠王，西元前369～西元前319年在位，惠是他的諡號（卒於西元前334年）。西元前362年，魏國將都城從安邑（今山西夏縣西北）遷到大梁（今河南開封），因而也被稱為梁。

②叟（ㄙㄡˇ）：對老人的尊稱。孟子見梁惠王時已63歲，故梁惠王稱孟子為叟。

③交征：據朱熹《集注》云：「征，取也。上取乎下，下取乎上，故曰交征。」

④萬乘之國：古時一車四馬叫乘，萬乘之國是指能出兵車一萬的國家。其下千乘、百乘，以此類推。按古制規定，只有天子才能享有萬乘，諸侯享有千乘、百乘不等。

⑤弒：古代臣殺君、子女殺父母叫弒。　⑥苟為：如果真是。

⑦奪：篡奪。饜（一ㄢˋ）：滿足。

⑧後：據朱熹《集注》云：「不急也。」意思為不照顧。

【譯文】

孟子參見梁惠王。惠王說：「老先生，你不遠千里而來，是有什麼高見將使我國獲利嗎？」

孟子回答道：「大王何必講利呢？只要有仁義就夠了。大王說，

『怎樣使我國獲利？』大夫們說，『怎樣使我家獲利？』百姓們說，『怎樣使我自身獲利？』在上位的人和在下位的人互相求使自己獲利，那麼，國家可就危險了。能出兵車一萬的國家裡，謀殺他們的君主的，必然是能出兵車一千的大夫；能出兵車一千的國家，謀殺他們的君主的，必然是能出兵車一百的大夫。由此看來，萬中擁有千，千中擁有百，不能說不多了。如果真是輕義而重利，不篡奪國君的地位是不會滿足的。相反，重仁德的人從來不會遺棄他的親族，重義的人從來不會不顧他的君主。大王您也只要講仁義就夠了，何必講利呢？」

【延伸閱讀】

在這個浮躁的社會裡，大家一開口說的都是「利」字。

孔子有言：「君子喻於義，小人喻於利。」為人處世是這樣，治理國家也是這樣，孟子大力提倡的也是君子不言利。

司馬遷說自己讀孟子見梁惠王常常感歎不已，同時也明確指出忘義是天下大亂的根本原因啊！

不過，朱熹說得好：「君子不言利並不是完全不顧及利，只不過不唯利是圖而已。孟子之所以說得那麼堅決，是因為當時的人唯利是圖不知世上有『仁義』二字，所以拔本塞源而救其弊，此聖賢之心也。」

對於當今社會而言，言利已經成為一種共識。正所謂利義齊飛，君子已不羞於言利。我們應該既說利也說義，用孔聖人的話總結就是「見得思義」。

第二章

【原文】

孟子見梁惠王。王立於沼[1]上，顧鴻雁、麋鹿[2]，曰，「賢者亦樂此乎？」

孟子對曰：「賢者而後樂此，不賢者雖有此，不樂也。《詩》云[3]：『經始靈台[4]，經之營之，庶民攻之，不日成之。經始勿亟[5]，庶民子來[6]。王在靈囿，麀鹿攸伏[7]，麀（一又）鹿濯濯[8]，白鳥鶴鶴[9]。王在靈沼，於牣[10]魚躍。』文王以民力為台為沼，而民歡樂之，謂其

台曰『靈台』，謂其沼曰『靈沼』，樂其有麋鹿魚鱉。古之人與民偕樂，故能樂也。《湯誓》⑪曰：『時日害喪⑫，予及女偕亡。』民欲與之偕亡，雖有台池鳥獸，豈能獨樂哉？」

【注釋】

①沼：水池。

②鴻雁、麋鹿：朱熹《集注》云：「鴻，雁之大者；麋，鹿之大者。」

③《詩》云：此處十二句詩引自《詩經・大雅・靈台》中的第一、二章。這是一首歌頌周文王德行的詩歌。

④靈台：台名，舊址在今陝西省西安西北，鄠縣以東。相傳為周文王時所造，由於百姓的協力操作，很快落成，如有神靈相助，所以叫靈台。

⑤勿亟：是說文王不加督促。

⑥子來：是說百姓就如同子女來為父母出力一樣。

⑦麀（一ㄡ）：雌鹿。攸伏：是說母鹿安臥於它原來所在的地方，沒有被驚動。

⑧濯濯（ㄓㄨㄛˊ）：肥大且毛有光澤的樣子。

⑨鶴鶴：形容潔白的樣子。　⑩牣（ㄖㄣˋ）：充滿。

⑪《湯誓》：《尚書》裡的篇名。是伊尹輔佐商湯王討伐夏桀王時的誓師詞。

⑫時：是，這個。害：《尚書》原文作「曷」，何時。喪：滅亡。據《尚書大傳》說，夏桀暴虐無道，大臣勸諫，他居然無恥地說：「上天有太陽，如同我擁有天下，太陽會滅亡嗎？太陽毀滅了，我才會滅亡呢。」於是老百姓就說：「這個太陽什麼時候毀滅呢？要是它會毀滅，那我們即使跟它一塊滅亡也在所不惜。」比喻民眾對夏桀的暴虐怨恨到了極點。

【譯文】

孟子拜見梁惠王。惠王站在水池邊上，望著那些飛雁、馴鹿，問孟子道：「賢德的人也喜歡享受這些東西嗎？」

孟子回答說：「正因為是賢德的人才能享受到這些東西，不賢德的人，儘管擁有這些東西卻無法享受。《詩經》說：『開始籌建靈台時，忙於測量和經營，百姓齊來建造它，沒有幾天便竣工了。文王勸說不要急，百姓卻建台更積極。文王偶來遊靈囿，母鹿悠然地安臥，母鹿

長得又肥又美，瑞鶴羽毛潔白豐滿。文王來到靈沼旁，滿池魚兒蹦得歡！』文王用百姓的勞力建台修池，百姓卻歡歡喜喜，稱他的台為靈台，稱他的池子為靈池，為他能享受到有禽獸魚鱉而感到高興。古時的賢德者能夠與民同樂，所以能夠感到快樂。《尚書》裡的〈湯誓〉說：『這太陽何時隕落？我們和你一起滅亡！』民眾詛咒暴君夏桀，情願與他一起滅亡，那桀即使有高台池沼，飛禽走獸，難道說他能獨自感到快樂嗎？」

【延伸閱讀】

　　與民同樂是孟子仁政思想的一個極其重要的組成部分。他認為與民同樂才是真正意義上的快樂，並主張政治領導人要與民同樂。相反，殘暴專制的獨裁者窮奢極欲，不顧老百姓的死活，結果自己也得不到真正的快樂。縱觀歷史，夏桀王自然沒有好下場，後世的殷紂王造酒池肉林、秦始皇建阿房宮、隋煬帝修迷樓、宋徽宗築艮嶽、慈禧太后建頤和園等，也一樣沒有好的結局。他們大興土木，原本都是為了享受快樂，但由於貪婪殘暴，不顧人民死活，結果是民怨鼎沸，自然沒有一個有好下場，也沒有一個真正享受到了舒心和快樂。這些都足以表明，孟子「與民同樂」的思想具有無可辯駁的正確性和事實根據。

　　從根本上來說，樂的本質是一個精神問題，而非一個物質問題。儘管物質條件和環境的好壞可以影響精神和心理，然而它畢竟不是決定因素。快樂與否，其決定因素是人，而不是物。所以，生活中，每個人都應主動與人分享快樂，並且也只有在與人分享的過程中，你才會真正感到快樂。

第三章

【原文】

　　梁惠王曰：「寡人①之於國也，盡心焉耳矣②！河內③凶，則移其民於河東，移其粟於河內；河東凶亦然。察鄰國之政，無如寡人之用心者。鄰國之民不加少，寡人之民不加多，何也？」

　　孟子對曰：「王好戰，請以戰喻。填然鼓之④，兵刃既接，棄甲曳兵而走⑤，或百步而後止，或五十步而後止，以五十步笑百步，則何

如？」

曰：「不可。直不百步耳，是亦走也。」

曰：「王如知此，則無望民之多於鄰國也。不違農時，穀不可勝食也；數罟不入洿池⑥，魚鱉不可勝食也；斧斤⑦以時入山林，材木不可勝用也。穀與魚鱉不可勝食，材木不可勝用，是使民養生喪死無憾也。養生喪死無憾，王道之始也。

「五畝之宅，樹之以桑，五十者可以衣帛矣；雞豚狗彘之畜⑧，無失其時，七十者可以食肉矣；百畝之田，勿奪其時，數口之家可以無饑矣；謹庠序之教⑨，申之以孝悌之義，頒白⑩者不負戴於道路矣。七十者衣帛食肉，黎民不饑不寒；然而不王⑪者，未之有也！

「狗彘（ㄓˋ）食人食而不知檢，塗有餓莩⑫而不知發；人死，則曰，『非我也，歲也。』是何異於刺人而殺之，曰，『非我也，兵也。』王無罪歲，斯天下之民至焉。」

【注釋】

①寡人：古代王侯自我的謙稱。

②焉耳矣：三個語氣詞疊用，意在加重語氣，表示懇切的感情。

③河內：魏地，相當於今河南境內的黃河以北地區。

④填然：鼓聲咚咚直響的樣子。鼓：擊鼓，名詞作動詞用。

⑤曳兵：拖著兵器。走：跑。

⑥數：密。罟（ㄍㄨˇ）：網。洿（ㄨ）：低窪的地方。

⑦斤：砍刀，古代常斤、斧連稱。

⑧豚（ㄊㄨㄣˊ）：小豬。彘（ㄓˋ）：豬。畜：牲畜。

⑨謹：認真辦好。庠序：古代的鄉學，商朝叫序，周朝叫庠。《禮記・學記》：「古之教者，家有塾，黨有庠，術有序，國有學。」

⑩頒白：同「斑白」，頭髮花白的老人。

⑪王：擁有天下稱王稱帝，名詞作動詞用。

⑫莩（ㄆㄧㄠˇ）：同「殍」，餓死的人。彘（ㄓˋ）：豬

【譯文】

梁惠王說：「我對於治理國家，盡心竭力了吧！河內發生災荒，就把那裡的災民移往河東，把河東的糧食運到河內。當河東發生災荒時，我也是這樣做。看看鄰國的君主處理政事，沒有像我這樣盡心盡

力的。可是，鄰國的百姓並不見減少，而我的百姓並不見增多，這是什麼原因呢？」

孟子回答道：「大王您喜愛打仗，就讓我用打仗來打比方吧。戰鼓咚咚響起，雙方剛開始激烈的交戰，有的士兵就丟盔棄甲拖著武器逃跑，有的跑了上百步才停下，有的跑了五十步就停住了腳。跑了五十步的人因此而譏笑跑了一百步的人，您覺得行不行呢？」

梁惠王說：「不行。他只不過沒有逃跑到一百步罷了，可這同樣也是逃跑呀。」

孟子說：「大王您既然懂得這個道理，就不必去期望您的國家的子民比鄰國多啦。只要不違背農時，那糧食就吃不完；密孔的漁網不入池塘，那魚鱉水產就吃不完；砍伐林木有定時，那木材便用不盡。糧食和魚類吃不完，木材用不盡，這樣便能使老百姓供養活人、安葬死者，不至於感到有什麼不滿。老百姓對於生養死葬都沒有什麼不滿，這便是王道的開端。

在五畝大的宅園中種上桑樹，上了五十歲的人就可以穿上絲綢了；雞鴨豬狗不失時節地繁殖飼養，上了七十歲的人就可以吃到肉食了；有百畝的田地，不誤農時的耕種，幾口之家就不會鬧饑荒了；注重鄉校的教育，強調孝敬長輩的道理，鬚髮花白的老人們就不用再肩挑頭頂，出現在道路上了。年滿七十歲的人能穿上絲綢、吃上肉食，老百姓不缺衣少食，做到了這些而不稱王天下的是絕不可能的。

現在，豬狗吃著人吃的食物而不知道設法制止，路上出現了餓死的人而不知道賑濟饑民，人死了反而說『與我無關，是年成不好的緣故』，這和把人殺了卻說『與我無關，是武器殺的』，又有什麼不同呢？大王您要是能夠不歸罪於荒年凶歲，普天下的老百姓便會湧向您這兒來了。」

【延伸閱讀】

孟子認為梁惠王的治國之道並非一無是處，只是沒有從根本上解決問題。梁惠王關注的核心問題是如何才能使更多的百姓歸順於他，孟子便用「五十步笑百步」的例子來作比喻，因勢利導地講述了「王道」的政治、經濟的措施。孟子認為，要想稱王，首先一定要得到民眾的擁護，而做到這一點的起碼條件是民眾能夠安居樂業，這就是文中所說的「生、死沒有不滿，是王道的開端」。孟子在此所提出的施政措施，概括起來共有

兩條：第一，使百姓富庶；第二，要對他們進行倫理道德教育。這兩點其實是對孔子「富之」（先使民眾富庶）、「教之」（然後要對他們進行教育）觀點的繼承和發揚。

第四章

【原文】

梁惠王曰：「寡人願安承①教。」

孟子對曰：「殺人以梃與刃②，有以異乎？」

曰：「無以異也。」

「以刃與政，有以異乎？」

曰：「無以異也。」

曰：「庖有肥肉，廄有肥馬③，民有饑色，野有餓莩，此率④獸而食人也。獸相食，且人惡之；為民父母，行政，不免於率獸而食人，惡在⑤其為民父母也？仲尼曰：『始作俑者，其無後乎⑥！』為其像人而用之也。如之何其使斯民饑而死也？」

【注釋】

①安：安心，樂意。承：接受。

②梃：木棍棒。刃：刀劍。

③庖：廚房。廄：馬棚。

④率：率領，驅趕。朱熹《集注》云：「厚斂於民以養禽獸，而使民饑以死，則無異於驅獸以食人矣。」

⑤惡（ㄨ）在：何在。

⑥仲尼：孔子，字仲尼。俑：古代用於殉葬的偶人。後：後裔。

【譯文】

梁惠王說：「我很高興聽到您的指教。」

孟子回答道：「殺人，用木棍和刀劍有什麼不同嗎？」

惠王說：「沒有什麼不同。」

孟子又問道：「用刀劍和政治手段殺害人，有什麼不同嗎？」

　　惠王說：「沒有什麼不同。」

　　孟子說：「廚房裡有肥肉，馬棚裡有肥馬，老百姓卻面帶饑色，田野上有餓死的人，這無異於趕著獸類去吃人。野獸自相殘食，尚且為人們所憎惡，那些號稱老百姓的父母官，辦理政事時，不免做出類似驅趕野獸去吃人的勾當來，那麼，又怎麼能做老百姓的父母官呢？孔子說：『發明造俑殉葬的人，大概會絕滅後代吧！』這不過是因為用了像人形貌的木偶去殉葬。這樣看來，執政者又怎麼能如此做而使老百姓饑餓至死呢？」

【延伸閱讀】

　　孟子果然當仁不讓，又一次對梁惠王進行了一番關於父母官執政為民的思想教育。

　　孟子告誡梁惠王，執政者作為老百姓的父母官，讓百姓生活幸福是其基本職責。相反，如果自己過著豐衣足食的生活，而百姓卻在挨餓受凍，那簡直就像是驅趕著野獸來吃人一樣，是極大的犯罪。

　　孟子的言論淺顯易懂，說到底就是崇尚民本主義的思想，但是問題的關鍵所在是如何實施。

　　梁惠王肯定是實施得不好，不然怎麼會出現「庖有肥肉，廄有肥馬」而「民有饑色，野有餓莩」的現象呢？然而，不管是與梁惠王同時代的其他國家統治者，還是後世的當權執政者，又有多少實施得好的「父母官」呢？

　　在今天看來，我們樹立人民公僕的意識，反腐倡廉，認真為民辦事等措施，不是依然在考慮為人民謀利益，真正為人民服務的道德意識嗎？

　　因此，孟子的言論在今天看來並不過時，仍然對領導者產生警戒和約束作用。

第五章

【原文】

　　梁惠王曰：「晉國①，天下莫強②焉，叟之所知也。及寡人之身，東敗於齊③，長子死焉；西喪地於秦七百里④；南辱於楚⑤。寡人恥

之，願比死者一洒之⑥。如之何則可？」

孟子對曰：「地方百里而可以王。王如施仁政於民，省刑罰，薄稅斂，深耕易耨⑦；壯者以暇日修其孝悌忠信，入以事其父兄，出以事其長上，可使制梃以撻⑧秦楚之堅甲利兵矣！

「彼奪其民時，使不得耕耨以養其父母。父母凍餓，兄弟妻子離散。彼陷溺⑨其民，王往而征之，夫誰與王敵？故曰：『仁者無敵⑩。』王請勿疑。」

【注釋】

①晉國：指魏國。魏與韓、趙三家春秋時本是晉國的大夫，後來逐漸吞滅晉國其他世族，三分晉國。到西元前403年，東周威烈王正式承認他們為諸侯，史書多是把這一年作為戰國時代的開始。戰國時他們與秦、楚、齊、燕也都稱王。魏在戰國初年曾因革新變法而稱強一時，故此處謂「天下莫強焉」。

②莫強：沒有哪一個強過它的。

③東敗於齊：《史記・魏世家》載，魏惠王三十年攻打韓國，韓向齊國求救，齊宣王用孫臏的計謀，出兵救韓擊魏，魏軍在馬陵中計大敗，魏將龐涓自殺，統帥太子申被俘，下文「長子死焉」即指此，魏國從此一蹶不振。

④西喪地於秦七百里：《史記・魏世家》載，魏惠王三十一年、三十二年（西元前342年），魏國屢敗於秦，被迫割地求和，黃河天險的河西之地盡入秦國之手，即七百里。

⑤南辱於楚：據《戰國策・韓策》和《史記・楚世家》記載，魏惠王後元十二年（西元前323年），楚國為了迫使魏國倒向它，插手魏國的王位繼承，派柱國昭陽在襄陵打敗魏軍，奪取魏國的八座城邑。

⑥比：為。一：全部。洒：通「洗」。《說文》云：「洒，滌也。」比死者一洒之：言欲為全部死者雪其恥也。

⑦易耨（ㄋㄡˋ）：易，迅速。耨，耘田除草。

⑧制：通「挈（ㄑㄧㄝˋ」，意為提、拿。撻（ㄊㄚˋ）：用鞭子打人。

⑨陷溺：朱熹《集注》云：「陷，陷於阱；溺，溺於水，暴虐之意。」

⑩仁者無敵：是句古語，加上「故曰」引來作結。

【譯文】

梁惠王對孟子說：「魏國的強大，當時世上沒有哪個國家比得上，這是老先生您所知道的。但到了我這一代繼承王位後，東面被齊國打敗，連我的大兒子也陣亡；西面喪失了七百里疆土給秦國；南面還受辱於楚國。我對此深感恥辱，願意替那些為國犧牲的人雪恥。要怎樣才可以辦到呢？」

孟子回答道：「國家不在大，只要有方圓百里的土地就可以實行王道，使天下歸心。大王您如果能夠對民眾實施仁政，廢除嚴刑酷法，減免苛捐雜稅，督促百姓深耕土地，抓緊時機清除雜草；讓青壯年人在農閒的日子修習孝悌忠信的道理，在家裡侍奉父兄，出外侍奉尊長，這樣做的話，即使他們是拿起木棒也足以打敗秦、楚的堅甲利兵了。

那些國家（秦、楚、齊等）侵奪百姓的農田，使他們不能從事農耕來養活自己的父母，導致父母受凍挨餓，妻離子散，兄弟背井離鄉。那些國家的民眾陷於水深火熱之中，大王您派軍隊前往討伐他們，又有誰能跟您對抗呢？所以有句名言：『奉行仁政的人無敵於天下。』大王啊，請您採納仁政，不要再疑慮了。」

【延伸閱讀】

孟子的確是說客的典範，梁惠王已經對他深信不疑了。孟子也感覺沒必要再賣關子了，進而一針見血地提出了他的仁政主張。

孟子的主張表現為物質生產和精神文明建設兩個方面：

1. 物質生產方面

物質生產包括三項內容：（1）減免刑罰；（2）減輕賦稅；（3）深耕易耨。雖然刑罰屬於法治，薄賦稅屬於財政，只有深耕易耨才屬於農業生產。然而從根本上說，前兩項是為了讓老百姓能夠提高農作生產積極性，進而發展生產。

2. 精神文明建設方面

精神文明建設的根本問題是教育。在儒家的教育中，德育是第一位的，做人是第一位的，而文化知識是第二位的。

孟子的主張是兩手抓，只要兩手都硬，國不管大小都可以發展和壯大起來。小國可以打敗大國，弱國可以戰勝強國。畢竟，仁者是無敵的。

孟子也具體分析了敵對國的致命弱點，而後才鼓勵惠王，請他不要懷

疑自己的治國良方。實際上，不要說梁惠王，就是在當今社會，人們聽了
孟子的一番遊說，也照樣會覺得非常有道理。

第六章

【原文】

孟子見梁襄王①，出，語②人曰：「望之不似人君，就之而不見所
畏焉。卒③然問曰：『天下惡乎④定？』吾對曰：『定於一。』

「『孰能一之？』對曰：『不嗜殺人者能一之。』

「『孰能與⑤之？』對曰：『天下莫不與也。王知夫苗乎？七八月
之間旱，則苗槁矣。天油然作雲，沛然下雨，則苗浡然⑥興之矣。其
如是，孰能禦之？今夫天下之人牧⑦，未有不嗜殺人者也。如有不嗜殺
人者，則天下之民皆引領⑧而望之矣。誠如是也，民歸之，由⑨水之就
下，沛然誰能禦之？』」

【注釋】

①梁襄王：即魏襄王，名嗣，魏惠王的兒子，西元前318～西元前296
年在位，襄是他的諡號。

②語：告訴。　③卒：通「猝」，突然。

④惡乎：怎樣、如何。　⑤與：此處為「歸順」之意。

⑥浡（ㄅㄛˊ）然：蓬勃生長的樣子。

⑦人牧：管理百姓的人，指人君。牧，收養，引申為管理。

⑧引領：伸長脖子。領，即脖子。　⑨由：通「猶」，好像。

【譯文】

孟子見到梁襄王，出來之後告訴別人說：「遠看上去不像君主的
樣子，走近他面前也覺察不出能使人敬畏的地方。見到我之後，突然
問道：『天下要怎樣才能安定呢？』我回答說：『統一才能安定。』
他又問道：『誰能統一天下呢？』我對他說：『不喜好殺人的國君就
能統一天下。』

他再問道：『誰會來歸順他呢？』我再回答：『天下沒有哪個不

歸順他的。大王您知道禾苗生長的情況嗎？當七、八月間一遇上乾旱，禾苗就會枯萎；一旦天上佈滿烏雲，下起了滂沱大雨，禾苗就會蓬勃地挺立起來。要是像這樣，那有誰能夠阻擋得住呢？現在世上那些做國君的人，沒有不喜好殺人的，如若有不喜好殺人的，那天下的老百姓都會伸長脖子來盼望他了。真能如此，老百姓歸順他，就好比水往低處流，洶湧澎湃，有誰能阻擋得了呢」？」

【延伸閱讀】

「望之不似人君，就之而不見所畏焉。」深刻地揭露出了一個人不成器的樣子，更為有意思的是，就是這個不成器的公子哥兒，竟然一開口就問「天下惡乎定」？給人以小人說大話的感覺，他竟然還想平定天下呢！令我們吃驚的是，孟子並沒有以貌取人，沒有拂袖而去或緘口不言，而是照樣認真地給他做了一番關於統一天下的開導。這一點，要是換作當今社會的人就很難做到了，正所謂「話不投機半句多」，我們在人際交往中往往喜怒形於色，不能掩飾自己的感情好惡。尤其是遇到自己看不慣的領導人，往往心生不屑，而且表面上也不加掩飾，缺少孟老夫子那樣的涵養。

從理論上而言，孟子的政治學說和治國方略都有他特有的道理，人們聽後會很信服。然而從實踐上來看，則不一定適用於戰國那個特殊的時期。在戰爭年代，軍事和政治是合為一體、密不可分的，要謀求天下統一絕對離不開軍事。因此，國君普遍會認為孟子的思想過於「迂闊」而不實用，不如縱橫家或兵家的計策來得實在。梁襄王顯然也是持這種看法。也進一步證明，就在孟子離開後不久，蘇秦到了魏國，毫不費力就鼓動了梁襄王參加六國合縱抗秦。

第七章

【原文】

齊宣王[①]問曰：「齊桓、晉文之事[②]，可得聞乎？」

孟子對曰：「仲尼之徒，無道桓、文之事者，是以後世無傳焉，臣未之聞也。無以，則王乎？」

曰：「德何如則可以王矣？」

曰：「保民而王，莫之能禦也。」

曰：「若寡人者，可以保民乎哉？」

曰：「可。」

曰：「何由知吾可也？」

曰：「臣聞之胡齕③曰，王坐於堂上，有牽牛而過堂下者，王見之，曰：『牛何之？』對曰：『將以釁鐘④。』王曰：『舍之！吾不忍其觳觫⑤，若無罪而就死地。』對曰：『然則廢釁鐘與？』曰：『何可廢也？以羊易之！』」不識有諸？」

曰：「有之。」

曰：「是心足以王矣。百姓皆以王為愛也，臣固知王之不忍也。」

王曰：「然，誠有百姓者，齊國雖褊小⑥，吾何愛一牛？即不忍其觳觫，若無罪而就死地，故以羊易之也。」

曰：「王無異於百姓之以王為愛也。以小易大，彼惡知之？王若隱其無罪而就死地，則牛羊何擇焉？」

王笑曰：「是誠何心哉？我非愛其財而易之以羊也，宜乎百姓之謂我愛也。」

曰：「無傷⑦也，是乃仁術也，見牛未見羊也。君子之於禽獸也，見其生，不忍見其死；聞其聲，不忍食其肉。是以君子遠庖廚也。」

王說⑧曰：「《詩》云：『他人有心，予忖度之。』夫子之謂也。夫我乃行之，反而求之，不得吾心。夫子言之，於我心有戚戚焉。此心之所以合於王者，何也？」

曰：「有復於王者曰：『吾力足以舉百鈞⑨，而不足以舉一羽；明足以察秋毫之末⑩，而不見輿薪。』則王許之乎？」

曰：「否。」

「今恩足以及禽獸，而功不至於百姓者，獨何與？然則一羽之不舉，為不用力焉；輿薪之不見，為不用明焉；百姓之不見保，為不用恩焉。故王之不王，不為也，非不能也。」

曰：「不為者與不能者之形何以異？」

曰：「挾太山以超北海，語人曰：『我不能。』是誠不能也。為長者折枝⑪，語人曰：『我不能。』是不為也，非不能也。故王之不王，非挾太山以超北海之類也；王之不王，是折枝之類也。」

「老吾老，以及人之老⑫；幼吾幼，以及人之幼，天下可運於掌。

《詩》云：『刑於寡妻[13]，至於兄弟，以禦於家邦。』言舉斯心加諸彼而已。故推恩足以保四海，不推恩無以保妻子。古之人所以大過人者，無他焉，善推其所為而已矣。今恩足以及禽獸，而功不至於百姓者，獨何與？

「權[14]，然後知輕重；度，然後知長短。物皆然，心為甚。王請度之！

「抑王興甲兵，危士臣，構怨於諸侯，然後快於心與？」

王曰：「否，吾何快於是？將以求吾所大欲也。」

曰：「王之所大欲，可得聞與？」

王笑而不言。

曰：「為肥甘不足於口與？輕暖不足於體與？抑為采色不足視於目與？聲音不足聽於耳與？便嬖[15]不足使令於前與？王之諸臣皆足以供之，而王豈為是哉？」

曰：「否，吾不為是也。」

曰：「然則王之所大欲可知已，欲辟土地，朝秦、楚，莅中國[16]而撫四夷也。以若所為，求若所欲，猶緣木而求魚也。」

王曰：「若是其甚與？」

曰：「殆有甚焉。緣木求魚，雖不得魚，無後災；以若所為，求若所欲，盡心力而為之，後必有災。」

曰：「可得聞與？」

曰：「鄒人[17]與楚人戰，則王以為孰勝？」

曰：「楚人勝。」

曰：「然則小固不可以敵大，寡固不可以敵眾，弱固不可以敵強。海內之地，方千里者九，齊集有其一[18]。以一服八，何以異於鄒敵楚哉？蓋[19]亦反其本矣。

「今王發政施仁，使天下仕者皆欲立於王之朝，耕者皆欲耕於王之野，商賈皆欲藏於王之市，行旅皆欲出於王之途，天下之欲疾其君者，皆欲赴訴於王。其若是，孰能禦之？」

王曰：「吾惛[20]，不能進於是矣。願夫子輔吾志[21]，明以教我。我雖不敏，請嘗試之。」

曰：「無恆產而有恆心者，惟士為能。若民，則無恆產，因無恆心。苟無恆心，放辟邪侈[22]，無不為已。及陷於罪，然後從而刑之，是罔[23]民也。焉有仁人在位，罔民而可為也？是故明君制民之產，必使仰

足以事父母，俯足以畜妻子；樂歲終身飽，凶年免於死亡。然後驅而之善，故民之從之也輕。

「今也制民之產，仰不足以事父母，俯不足以畜妻子；樂歲終身苦，凶年不免於死亡。此惟救死而恐不贍，奚暇治禮義哉？

「王欲行之，則盍反其本矣：五畝之宅，樹之以桑，五十者可以衣帛矣。雞豚狗彘之畜，無失其時，七十者可以食肉矣。百畝之田，勿奪其時，八口之家可以無饑矣。謹庠序之教，申之以孝悌之義，頒白者不負戴於道路矣。老者衣帛食肉，黎民不饑不寒，然而不王者，未之有也。」

【注釋】

①齊宣王：齊國君主，齊威王之子，姓田，名辟疆，西元前319～西元前301年在位，宣是他的諡號。

②齊桓、晉文：齊桓公，名小白，任用管仲為國相，改革政治，成為春秋時代第一個霸主。晉文公，姓姬，名重耳，在位期間，整頓內政，增強國力，被中原諸侯尊為霸主。與秦穆公、楚莊王、宋襄公合稱為春秋五霸。

③胡齕（ㄏㄜˊ）：齊宣王左右的近臣。（齕：用牙齒咬）

④釁（ㄒㄧㄣˋ）鐘：古代新鐘鑄成時，宰殺牲口，取血塗在鐘上進行告祭的儀式，叫做血祭。

⑤觳觫（ㄏㄨˊ、ㄙㄨˋ）：言牛將要被屠殺時，因恐懼而渾身發抖。

⑥褊小：狹小。　⑦無傷：沒有關係，不妨事。

⑧說：同「悅」，高興。

⑨復：報告。鈞：古代重量單位，三十斤為一鈞。

⑩秋毫之末：比喻極細微的東西。

⑪折枝：枝通「肢」，替年老的人按摩肢體以解除疲勞。

⑫老吾老，以及人之老：第一個「老」字是動詞，尊重；第二、三個「老」字是名詞，父兄。下文「幼吾幼」與此類似。

⑬刑於寡妻：刑，同「型」，典型。寡妻，國君的正妻。

⑭權：秤錘，此作動詞，稱物。下句「度」字類似，量物。

⑮便嬖：指國君身邊受寵愛的人。　⑯蒞：臨。指當時的中原地區。

⑰鄒：當時小國，在今山東鄒縣一帶，孟子是鄒人。

⑱集有其一：朱熹《集注》云：「言集合齊地，其方千里，是有天下

九分之一也。」

　　⑲盍（ㄏㄜˊ）：何不。　⑳惽（ㄏㄨㄣ）：同「昏」，昏亂，糊塗。
　　㉑輔吾志：從思想上開導幫助我。　㉒放辟邪侈：放蕩，胡作非為。
　　㉓罔：同「網」，名詞用作動詞，網羅陷害。

【譯文】

　　齊宣王問孟子道：「您能告訴我齊桓公、晉文公春秋時稱霸於諸侯的事情嗎？」

　　孟子回答說：「孔子的門徒從不談論齊桓公、晉文公的霸業，所以後世沒有流傳，我也沒有聽說過。如果一定要我說，那就談談王道的事好嗎？」

　　齊宣王問道：「要具備怎樣的德行才能統一天下呢？」

　　孟子答道：「透過安撫的方法，使百姓安居樂業去實行王道，那就沒有誰能阻擋得了的。」

　　齊宣王又問：「像我這樣的人，能夠安撫百姓嗎？」

　　孟子答道：「能夠。」

　　齊宣王再問：「您怎麼知道我能夠呢？」

　　孟子繼續答道：「我聽到您的近臣胡齕說，有一次大王坐在殿堂上，有牽牛的人從堂下經過，您問他：『牽牛上哪兒去？』他回話道：『要殺牠來祭鐘。』您說：『放了牠吧？牠沒有罪過卻要去送死，看到牠那害怕被殺而嚇得發抖的樣子，我心裡實在不忍。』那人回問道：『那麼，就廢止祭鐘的儀式了？』您說：『怎麼可以廢止呢？換隻羊來代替。』不知有沒有這回事？」

　　齊宣王說：「有這回事。」

　　孟子說：「有這樣的好心腸就足以借此來施行王道了。百姓都以為大王您是因為吝嗇，我卻覺得您是於心不忍呢。」

　　齊宣王說：「是這樣，確實有百姓這樣想，齊國地方雖然狹小，我怎麼會捨不得一頭牛呢？只是不忍心看到牠嚇得發抖，這樣毫無罪過卻被送進屠場，所以才用羊換下牠。」

　　孟子說：「您不要怪百姓以為您吝嗇，用小的羊替換大的牛，他們又怎麼會知道您的用意呢？大王要是憐憫牲畜沒有罪而被送進屠場，那麼牛和羊又有什麼區別呢？」

齊宣王不禁笑道：「這到底是什麼心思呢？我並不是吝惜這點錢財而用羊來替換牛的，怪不得百姓要說我吝嗇。」

孟子說：「沒有關係，這正是仁愛之道，因為您只見到牛而沒有見到羊。君子對於禽獸，見到牠們活得那麼好，就不忍再見到牠們死去；聽到牠們鳴叫的聲音，便不忍心再吃牠們的肉，所以君子要把廚房安在離自己較遠的地方。」

齊宣王聽了，高興地說：「《詩經》裡面講過：『別人有想法，我能猜中它。』正是對先生而言的。我已經做了這件事，回過頭來尋求它的意義，反而得不出。經老先生這麼一講，我心裡便豁然明亮了。這種心地為什麼就能與王道仁政相合呢？」

孟子說：「假如有人向大王稟告說：『我的力氣能舉起三千斤重的東西，但拿不起一根羽毛；我的視力能看清秋天鳥的細毛，但看不見一大車木柴。』那麼，大王您會同意他這種說法嗎？」

齊宣王說：「不會。」

孟子接著說：「現在大王的一片仁心足以使禽獸沾恩，而百姓卻一無所得，這是什麼原因呢？可見，拿不起一根羽毛是因為不願用手力；看不見一車木柴是因為不願費眼力；百姓不能安居，是因為不願廣施恩惠。所以，大王沒行王道統一天下是不肯去做，並不是不能做。」

齊宣王問道：「不肯做和不能做的表現有什麼不同呢？」

孟子說：「要用胳膊挾著泰山跳過北海，對他人說：『我不能做。』這的確是不能做。為年長的人按摩肢體，對他人說：『我不能做。』這是不肯做，不是不能做。所以，大王沒有施行王道而統一天下，不是屬於要用胳膊挾著泰山跳過北海這一類的事，而是屬於為年長的人按摩肢體這一類的事。

「尊重自家的長輩，進而也尊重人家的長輩；愛護自家的晚輩，進而也愛護人家的晚輩，這樣治理天下就像運轉在自己手掌之上一樣容易治理了。《詩經》云：『在家先做妻兒的榜樣，然後兄弟也受到好的影響，再推廣到封邑和國家。』說的不過是以這樣的仁心來施加於他人罷了。所以，廣施恩澤就能保衛國家，否則，就連自己的妻兒也保護不了。古時候聖明君主之所以能勝過世人，沒有什麼祕訣，只不過善於推己及人罷了。現在大王的恩惠能夠施及禽獸，卻不能惠及

百姓，這是什麼原因呢？

「秤了才知道輕重，量了才知道短長，各種事物都是如此，人的心更是這樣，更加需要衡量。請大王您細加衡量吧！

「難道大王非得興師動眾，驚擾臣民，與諸侯結下仇怨，然後心裡才感到快活嗎？」

齊宣王說：「不，我對此有什麼快意呢？我之所以這樣做，是想藉此達到我最大的欲望。」

孟子問道：「大王最大的欲望，可以說給我聽聽嗎？」

齊宣王只是笑笑，沒有回答。

孟子問道：「是因為肥美的食物不能滿足於口腹嗎？還是輕暖的衣服不夠舒適？或者因為文采美色不中看？歌唱樂曲不中聽？侍奉左右的寵臣姬妾不夠役使？像這些，大王的臣子都能夠供奉，您難道是為了這些嗎？」

齊宣王說：「不，我不是為了這些。」

孟子說：「要是這樣的話，那麼大王的最大欲望我就明白了，您是想擴張疆土，使秦、楚等大國臣服，然後統治整個中原地帶，安撫四方邊遠部族地區。憑您這樣的做法，去求取您所想達到的目標，簡直好比是爬到樹上去抓魚一樣。」

齊宣王問道：「事情會這麼嚴重嗎？」

孟子說：「恐怕還要更嚴重呢！爬到樹上去抓魚，雖然抓不到魚，卻不會帶來災難；憑您的所作所為，去求取希望達到的目標，費盡心力去做了，結果必然會帶來災難。」

齊宣王說：「先生可以把必然帶來災難的道理講給我聽聽嗎？」

孟子反問道：「鄒國人跟楚國人作戰，大王認為誰能取勝呢？」

齊宣王回答說：「當然楚國人會取勝。」

孟子說：「可見，小國本來不敵大國，人數少的本來不敵人數多的，勢力弱的本來不敵勢力強的。當今天下方圓千里的土地共有九塊，齊國只佔其中的一塊。以一塊去征服八塊，這跟鄒國去和楚國對敵又有什麼不同？您又何不回到根本上來解決問題呢？

「現在大王如果能施行仁政，使天下想做官的人都願在您的朝中任職，耕田的人都願在您的田地上耕種，經商的人都願到您的街市上交易，旅行的人都願到您的國土上遊歷，天下那些對自己的君主不滿

的人都願來您這裡控訴。要是真能做到這樣，又有誰能抵擋得住呢？」

齊宣王說：「我糊塗了，沒有能力做到這種程度，希望先生幫助我完成志向，明確地教誨我。我雖然缺乏才幹，請讓我試著去做。」

孟子道：「沒有固定的產業而有一定道德觀念和行為準則的，只有讀書明理的人才能做到。若是一般民眾，沒有固定的產業，便也沒有一定的道德觀念和行為準則。一旦這樣，就會放蕩胡來，無所不為。等到陷入罪網，然後對他們施加刑罪，這等於設下網羅陷害民眾。哪有仁愛的國君當政，卻可以做出陷害民眾的事呢？所以賢明的君主規定，民眾的產業必須使他們上面足夠奉養父母，下面足夠養活他們的妻兒，豐年能夠終身溫飽，荒年可免於餓死，然後要求他們向善，百姓也就容易聽從了。

「而現在規定百姓的產業，上不足奉養父母，下不足養活妻兒，豐年勞苦艱辛，荒年難免要被餓死。這樣就連維持自家人的性命都還來不及，哪有空閒時間去講究禮義呢？

「大王既然想成就統一天下的大業，何不回到根本上來施行仁政呢！五畝宅田種植桑樹，五十歲以上的人能穿上絲綢；雞鴨豬狗不失時節地畜養，七十歲的人能吃到肉食了；百畝農田能及時得到耕種，八口之家就能不鬧饑荒了；注重學校的教育，強調孝敬長輩的道理，鬢髮斑白的老人就不至於在道路上肩挑背負了。老年人能穿上絲綢、吃上肉食，老百姓不受饑寒，做到了這些還不能得到廣大百姓的擁戴，以實現王道的事業，那樣的事是絕不會有的。」

【延伸閱讀】

從理論上來說，孟子的民本思想的確是非常有道理且令人深思的。

孟子慣常用的手法就是從心理分析入手去抓住對方，並掌握主動權，抽絲剝繭，將對方最終拉進自己的觀點中。上述的「君子遠庖廚」的心理分析便是典型的手法，精彩絕倫，切中要害。它所發揮的作用就是喚醒齊宣王內心的「不忍」和仁慈之心。只要把這種仁心喚醒，以後的事情，什麼王道、仁政之類的，齊宣王便通通有了接受的心理準備。

「君子遠庖廚」的意思並不難理解，只不過是說一種不忍殺生的心理狀態罷了，也就是齊宣王「以羊易牛」的心理，因為他親眼看到了牛即將被殺的樣子而沒有親眼看到羊即將被殺的樣子。正所謂「眼不見為淨」；君子切記要避免宰雞殺鴨的心思干擾。

　　不過話又說回來，「君子遠庖廚」這句話，並不是孟子首次提出的，早在《禮記‧玉藻》篇中就已出現：「君子遠庖廚，凡有血氣之類弗身踐也。」也就是說，凡有血氣的東西都不要親手去殺它們。但作為仁慈的品德而大加提倡，還是符合孟子的用意的。

　　然而，還是有不少人都曲解了「君子遠庖廚」的真正意思，這也就成為時下很多男人偷懶不下廚房的最佳藉口。

　　南懷瑾先生也曾提到了這一點，他幽默地指出：「近代的年輕人，當太太要他到廚房裡幫個小忙的時候，他就拿這句話來當作擋箭牌。太太請原諒！孟老夫子說的，『君子遠庖廚』，我要做君子，你的先生不能是小人哪！於是坐在客廳沙發上看電視，等太太把熱騰騰的菜飯端來。」

　　然而，南懷瑾先生的笑談也只是道破了其中一種情況。以我們今天見到的更多的家庭狀況來看，君子先生們「遠庖廚」的時代似乎已遠，當然，我們依然是肉食動物！「見其生，不忍見其死；聞其聲，不忍食其肉」被認為是過於迂腐。

　　那麼，到底仁好還是不仁好呢？恐怕只有等孟子轉世再來給我們分析一下了。

梁惠王章句‧下

第一章

【原文】

　　莊暴①見孟子，曰：「暴見於王②，王語暴以好樂③，暴未有以對也。」曰：「好樂何如？」

　　孟子曰：「王之好樂甚，則齊國其庶幾乎！」

　　他日，見於王曰：「王嘗語莊子④以好樂，有諸？」

　　王變乎色，曰：「寡人非能好先王之樂也，直好世俗之樂耳。」

　　曰：「王之好樂甚，則齊其庶幾乎。今之樂，猶古之樂也。」

　　曰：「可得聞與？」

　　曰：「獨樂樂，與人樂樂，孰樂？」

　　曰：「不若與人。」

　　曰：「與少樂樂，與眾樂樂，孰樂？」

　　曰：「不若與眾。」

　　「臣請為王言樂。今王鼓樂於此，百姓聞王鐘鼓之聲，管籥⑤之音，舉疾首蹙頞而相告曰⑥：『吾王之好鼓樂，夫何使我至於此極也？父子不相見，兄弟妻子離散。』今王畋獵於此，百姓聞王車馬之音，見羽旄⑦之美，舉疾首蹙頞而相告曰：『吾王之好畋獵，夫何使我至於此極也？父子不相見，兄弟妻子離散？』此無他，不與民同樂也。

　　「今王鼓樂於此，百姓聞王鐘鼓之聲，管籥之音，舉欣欣然有喜色而相告曰：『吾王庶幾無疾病與，何以能鼓樂也？』今王畋獵於此，百姓聞王車馬之音，見羽旄之美，舉欣欣然有喜色而相告曰：『吾王庶幾無疾病與，何以能畋獵也？』此無他，與民同樂也。今王與百姓同樂，則王矣。」

【注釋】

　　①莊暴：齊國的臣子。

　　②見於王：被王接見。王，齊宣王。

　　③樂（ㄩㄝˋ）：音樂。

　　④莊子：此指莊暴。

　　⑤管籥（ㄩㄝˋ）：笙簫之類的樂器。

⑥舉：都。疾首：頭痛。蹙頞（ㄘㄨˋ、ㄜˋ）：蹙，緊縮；頞，鼻樑。蹙頞，形容愁眉苦臉的樣子。

⑦羽旄（ㄇㄠˊ）：此指旗幟。

【譯文】

莊暴見到孟子，說：「我朝見齊王，齊王告訴我他喜好音樂的事，我一時沒有話應對。」接著問道：「國君喜好音樂，到底應不應該呢？」

孟子說：「齊王要是非常喜好音樂，那麼齊國就可以治理好了啊！」

幾天後，孟子在進見齊宣王時問道：「大王曾告訴過莊暴您喜好音樂，有這回事嗎？」宣王聽了變了臉色，說：「我並不是喜好先王的古樂，只不過喜好世俗流行的音樂罷了。」

孟子說：「大王要是非常喜好音樂，那齊國就能被治理好了。時下流行的音樂和古代遺留下來的音樂都一樣。」

齊宣王說：「可以把這個道理說給我聽聽嗎？」

孟子說：「一個人欣賞音樂，與別人一起欣賞音樂相比，哪一種更快樂？」

宣王說：「不如跟別人一起欣賞音樂更快樂。」

孟子問：「和少數人一起欣賞音樂，和同很多人一起欣賞音樂相比，哪一種更快樂？」

宣王說：「不如和很多人一起欣賞快樂。」

孟子接著說：「那就讓我來為大王講講音樂吧。假如大王在這裡奏樂，百姓們聽到大王鳴鐘擊鼓、吹簫奏笛的樂聲曲調，全都愁眉苦臉相互訴苦說：『我們大王只顧自己喜好音樂，為什麼要把我們弄得這般窮困呢？父子不能相見，兄弟和妻兒分離流散。』假如大王在這裡打獵，百姓們聽到大王車馬的聲音，見到華麗的旗幟，全都愁眉苦臉地相互訴苦說：『我們大王只顧打獵開心，怎麼把我們弄得這般窮困呢？父子不能相見，兄弟和妻兒分離流散。』這沒有別的原因，只是由於不和老百姓同樂的緣故。

「假如大王在這裡奏樂，百姓們聽到大王鳴鐘擊鼓、吹簫奏笛的樂聲曲調，大家都眉開眼笑地相互說：『我們大王大概沒有疾病吧，要不怎麼能奏樂呢？』假如大王在打獵，百姓們聽到大王車馬的聲音，

見到華麗的旗幟，大家都眉開眼笑地相互說：『我們大王大概沒有疾病吧，要不怎麼能打獵呢？』這沒有別的原因，只是由於和老百姓同樂的緣故。倘若大王能跟百姓同樂，那麼就會受到天下人的擁戴，能夠統一天下了。」

【延伸閱讀】

孟子這裡主要闡明為政者必須與民眾同樂的道理。當然，與民眾同樂本質上並不是簡單的與百姓一起娛樂，而是統治者是否關心民生的問題，此問題與孔子的「鳥獸不可與同群」有異曲同工之妙。

一個賢明仁愛的君主，必定會得到老百姓的愛戴和擁護。對於當政者如果能做到與民同樂，百姓愛戴之餘也會與其同甘共苦。如果老百姓能與當政者同樂，那才是真正的太平盛世。

第二章

【原文】

齊宣王問曰：「文王之囿①方七十里，有諸？」

孟子對曰：「於傳②有之。」

曰：「若是其大乎？」

曰：「民猶以為小也。」

曰：「寡人之囿方四十里，民猶以為大，何也？」

曰：「文王之囿方七十里，芻蕘③者往焉，雉兔④者往焉，與民同之。民以為小，不亦宜乎？臣始至於境，問國之大禁，然後敢入。臣聞郊關之內有囿方四十里，殺其麋鹿者，如殺人之罪，則是方四十里為阱⑤於國中。民以為大，不亦宜乎？」

【注釋】

①囿（一ㄡˋ）：養動物種花木的園地，古時稱為苑囿。

②傳：本是指解釋經文的著作，此指文獻記載。

③芻蕘（ㄔㄨˊ、ㄖㄠˊ）：朱熹《集注》云：「芻，草也；蕘，薪也。」這裡的芻蕘，指割草牧羊和打柴的人。

④雉兔：雉，野雞。這裡的「雉兔者」指獵取野雞和兔子的人。

⑤阱：捕捉野獸用的陷坑。

【譯文】

齊宣王問孟子道：「傳說周文王豢養禽獸、種植花木的園地有方圓七十里，有這回事嗎？」

孟子回答說：「在古書上是有這樣的記載。」

齊宣王說：「竟有這麼大嗎？」

孟子說：「百姓還覺得小了呢。」

齊宣王說：「我的園子只有四十里見方，百姓還覺得大，這是為什麼呢？」

孟子說：「周文王的園地七十里見方，割草砍柴的人可以到那裡去，打野雞、捕兔子的也可以到那裡去，文王與百姓一同享用，百姓覺得小，不是很自然的嗎？我剛踏上齊國的邊境時，先打聽一下齊國有哪些重大的禁令，然後才敢入境。我聽說齊國首都的郊外有個方圓四十里的園子，凡射殺園子裡的麋鹿的，按殺人的罪名處罰，這就等於設下了方圓四十里的大陷阱來坑害百姓。百姓覺得大，難道不是應該的嗎？」

【延伸閱讀】

此節其實是向齊宣王灌輸與民同樂的觀念。就是君王只要能為百姓著想，多建設一些公共設施讓普通百姓使用，再多老百姓也不會有怨言，如果搜刮民脂民膏來建造私家花園供 自己享樂，還設置障礙限制百姓自由，老百姓就會厭惡他。就正如現實中某地政府用百姓的稅金建造豪華的政府大樓及配套設施，百姓卻很難進入一樣。

第三章

【原文】

齊宣王問曰：「交鄰國有道乎？」

孟子對曰：「有。惟仁者為能以大事小，是故湯事葛①，文王事昆

夷②。惟智者為能以小事大，故太王事獯鬻③，勾踐事吳④。以大事小者，樂天者也；以小事大者，畏天者也。樂天者保天下，畏天者保其國。《詩》云：『畏天之威，於時保之⑤。』」

王曰：「大哉言矣！寡人有疾，寡人好勇。」

對曰：「王請無好小勇。夫撫劍疾視曰：『彼惡敢當我哉！』此匹夫⑥之勇，敵一人者也。王請大之！

「《詩》云⑦：『王赫斯怒，爰整其旅，以遏徂莒⑧，以篤周祜，以對於天下。』此文王之勇也。文王一怒而安天下之民。」

「《書》曰⑨：『天降下民，作之君，作之師，惟曰其助上帝寵之，四方有罪無罪惟我在，天下曷敢有越厥志⑩？』一人衡行⑪於天下，武王⑫恥之。此武王之勇也。而武王亦一怒而安天下之民。今王亦一怒而安天下之民，民惟恐王之不好勇也。」

【注釋】

①湯事葛：商湯王侍奉葛國的事。詳見本書《滕文公下》。

②昆夷：亦作「混夷」或「串夷」，是當時在周代西北邊境的少數民族。

③獯鬻（ㄒㄩㄣ　ㄩˋ）：我國古代北方的一個少數民族。

④勾踐事吳：勾踐，越國的國君。吳，吳國。吳王夫差在西元前494年打敗越國，勾踐派文種求和、對吳稱臣來爭取機會，奮發圖強，終於在西元前473年攻滅吳國。《左傳》、《史記》、《國語》均有記載。

⑤畏天之威，於時保之：引自《詩‧周頌‧我將》，這是祭祀周文王的頌歌。於時：於是。

⑥匹夫：一人。《詩》云：引自《詩‧大雅‧皇矣》，是首歌頌周朝先祖功業的詩歌。

⑧莒：國名。　⑨書：指《尚書》。此引文出自《尚書‧泰誓》上篇。

⑩越：違背。厥：用法同「其」。　⑪衡行：同「橫行」。指作亂。

⑫武王：西周的開國君王，在他統治時期，周攻滅了殷商、伐紂之後而成為天下諸侯的君主。

【譯文】

齊宣王問：「跟鄰國交往有一定的準則嗎？」

孟子回答說：「有的。只有仁君才能以大國服侍小國，所以商湯

王服侍過葛伯、周文王服侍過昆夷；只有智者之君才能以小國的身分服侍大國，所以周太王服侍過獯鬻、越王勾踐服侍過夫差。以大國身分服侍小國的，是喜愛天理美德的人；以小國身分服侍大國的，是敬畏天理威嚴的人。喜愛天理美德的人能夠保有天下，敬畏天理威嚴的人能夠保有自己的國家。《詩經·周頌》中的《我將》篇說：『敬畏上天的威嚴，所以得到安定。』」

宣王說：「先生說得太好了啊！可惜我有個毛病，我喜好勇敢。」

孟子答道：「希望大王不要喜愛小勇。有的人手按佩劍，瞪著雙眼說：『他怎敢抵擋我呢！』這是匹夫的勇武，只能抵敵一個人，我懇請大王把您喜愛的勇敢擴大些吧！

「《詩經·大雅》中的《皇矣》篇說：『文王對密須國人的侵犯暴行勃然大怒，義憤激昂，調兵遣將，抵擋侵略莒國的敵軍，增強威望，報答各國對周國的嚮往』。這就是文王的大勇。文王一怒，便能使天下的百姓安定。」

「《尚書》裡面說：『上天降生下人民，替他們造作了君主、安排了師傅。派給君主和師傅的任務只是幫助天帝慈愛下民。所以，四方的人有罪或是無罪，都由我負責。天下誰膽敢違背上天的意志起來作亂呢？』只要有一個人敢在世間橫行無忌，武王便感到恥辱。這就是武王的大勇，武王也是只要一發怒，便能使天下的百姓得到安全。現在，要是大王您也能做到一怒便使天下的百姓得到安全，那百姓便唯恐大王不喜愛勇敢呢！」

【延伸閱讀】

我們談孟子的言論時，通常集中在內政方面，而這裡齊宣王開口就問：「交鄰國有道乎？」直接將問題引向了外交方面。於是，孟子闡述了他的外交策略——大國要仁，不要弄大國沙文主義和霸權主義，並且要和小國友好相處；小國要智，不要閉關鎖國，不要夜郎自大，並且要和大國處好外交關係。做到了這兩方面，則大國安定天下、小國安定國家的世界和平格局就能得以實現。而做到這兩方面的心理基礎便是大國以天命為樂，順應「天地生萬物」的好生之德，不欺負弱小；小國敬畏天命，不與大國為敵，以維護自己的生存。此間的天命不一定是神祕化的東西，還可以是歷史、地理條件和時代形成的國際大方向。

作為戰國時代的一位國君，齊宣王所眼見的和親歷的國與國之間的問

題多半都是靠戰爭來解決的。於是，齊宣王採用了一種自認為高明的以退為進的辦法——一方面讚揚孟子的話很有道理且高深莫測；而另一方面卻自我批評說自己好勇，恐怕很難理解孟子的論斷。孟子不以為忤，反而引經據典告誡齊宣王不逞匹夫之勇，而應有安定國家的大勇。

大勇、小勇的區別，孟子已經解釋得十分清楚了。我們平時說的匹夫之勇就是小勇，是一種血氣之怒，動不動就會以性命相拚，而不是從理義上進行鬥爭。從效果上來看，小勇只能敵過一人，而大勇卻能安定天下。

第四章

【原文】

齊宣王見孟子於雪宮①。王曰：「賢者亦有此樂乎？」

孟子對曰：「有。人不得，則非其上矣。不得而非其上者，非也；為民上而不與民同樂者，亦非也。樂民之樂者，民亦樂其樂；憂民之憂者，民亦憂其憂。樂以天下，憂以天下，然而不王者，未之有也。

「昔者齊景公問於晏子曰②：『吾欲觀於轉附、朝儛③，遵海而南，放於琅邪；吾何修而可以比於先王觀也？』

「晏子對曰：『善哉問也！天子適諸侯曰巡狩。巡狩者，巡所守也。諸侯朝於天子曰述職。述職者，述所職也。無非事者。春省耕而補不足，秋省斂而助不給。』夏諺曰：『吾王不遊，吾何以休？吾王不豫，吾何以助？一遊一豫，為諸侯度。』今也不然，師行而糧食，饑者弗食，勞者弗息。睊睊④胥讒，民乃作慝⑤。方命⑥虐民，飲食若流。流連荒亡，為諸侯憂。從流下而忘反謂之流，從流上而忘反謂之連，從獸無厭謂之荒，樂酒無厭謂之亡。先王無流連之樂，荒亡之行。惟君所行也。』

「景公悅，大戒於國，出舍於郊。於是始興發補不足。召大師⑦曰：『為我作君臣相說之樂！』蓋《徵招》、《角招》是也⑧。其詩曰：『畜君何尤？』畜君者，好君也。」

【注釋】

①雪宮：齊國離宮名。趙岐注云：「離宮之名也，宮中有苑囿台池之飾、禽獸之饒。王自多有此樂，故問曰『賢者亦有此樂乎』。」

②齊景公：春秋時齊國國君，姓姜，名杵臼。晏子：齊國大臣，名嬰，字平仲。齊景公時賢相。

③轉附、朝儛：都是山名，在今山東省境內。

④睊睊（ㄐㄩㄢˋ）：側目而視的樣子。

⑤慝（ㄊㄜˋ）：悖逆暴亂。⑥方命：方，同「放」。命，王命。

⑦大師：即太師，樂官。《徵招》、《角招》：太師所作的樂曲名。一說皆是調名。徵，古時五音（宮、商、角、徵、羽）之一。

【譯文】

齊宣王在自己的別墅雪宮裡接見孟子。宣王說：「賢德的人也有這樣享樂的嗎？」

孟子答道：「有。人們得不到這樣的享樂，就會抱怨他們的君主。當然，因得不到這種享樂便抱怨他們的君主是不對的；可是作為民眾的君主卻不與民眾一同分享這種快樂，也是不對的。君主以民眾的快樂為自己的快樂，民眾也以君主的快樂為自己的快樂；君主以民眾的憂愁為自己的憂愁，民眾也以君主的憂愁為自己的憂愁。以天下人的快樂為快樂，以天下人的憂愁為憂愁，做到這樣，還不能使天下歸心，是絕不會有的。

從前齊景公問晏嬰：「我打算到轉附和朝儛兩座名山遊覽一番，然後沿著海岸向南走，直達琅邪邑，我應該怎樣做，才能和古代聖王的巡遊相比擬呢？」

「晏嬰答道：『問得好呀！天子前往諸侯國去叫做巡狩，巡狩就是巡視所擁有的疆土。諸侯朝見天子叫做述職，述職就是報告諸侯所擔負職守的情況。上述沒有不和政事有關的。春季視察耕種，補助農具、種子不足的農戶；秋季視察收穫，救濟勞力、口糧不夠的農戶。』夏朝時的諺語說：『我王不巡遊，我們怎能有養息？我王不視察，我們哪會獲補助？大王的巡遊視察，足以讓諸侯效法。』」現在不是這樣，國君出遊興師動眾，就要向下面籌糧，饑餓的人們得不到食物，勞苦的人們得不到息養。民眾側目而視、怨聲載道，民眾就會被迫作惡了。這樣放棄先王的教導，虐待百姓，豪飲暴食像流水似地沒完沒了。這種流連荒亡的行為，不能不使諸侯為之憂愁。什麼叫流連荒亡

呢？順流而下放舟遊樂不知返回叫做流，逆流而上挽舟遊樂不知返回叫做連，沒有厭倦地打獵叫做荒，沒有節制地酗酒叫做亡。古代聖賢君王既無流連的享樂，也無荒亡的行為。現在就看大王選擇哪一種做法了。

「齊景公聽了晏子的話很高興，在都城做好充分的準備，然後自己到郊外住下，行惠政，打開糧倉庫，補助貧困百姓，又把樂官召來說：『替我創作君臣共樂的樂曲吧！』這歌曲就是《徵招》、《角招》。那歌詞中說：『畜君有什麼不對呢？』『畜君』，正是熱愛國君呢。」

【延伸閱讀】

正所謂「樂以天下，憂以天下」。孟子不僅說到了樂，同時還說到了憂，直接展現了更為完整的孟子政治學說中的民本主義思想。

不由得想到范仲淹《岳陽樓記》中那句傳誦千古的名言——「先天下之憂而憂，後天下之樂而樂」，這不正是從孟子的「樂以天下，憂以天下」中引申過來的嗎？不同的是，比之孟子式的與民同樂同憂，這句話注入了更為強烈的自我犧牲精神和使命感。與此同時，也更具有一種濃厚的悲劇意識。因此，人們才能夠更為激情地傳誦它。

直到今天，當我們想到為人民大眾的利益而犧牲的原因時，同樣會想到這兩句話。追根溯源，這還是一種「以民為本」的思想在影響著我們的認識和思考方式。

第五章

【原文】

齊宣王問曰：「人皆謂我毀明堂，毀諸，已乎[1]？」

孟子對曰：「夫明堂者，王者之堂也。王欲行王政，則勿毀之矣。」

王曰：「王政可得聞與？」

對曰：「昔者文王之治岐[2]也，耕者九一[3]，仕者世祿[4]，關市譏而不徵，澤梁無禁，罪人不孥[5]。老而無妻曰鰥，老而無夫曰寡，老而無子曰獨，幼而無父曰孤。此四者，天下之窮民而無告者。文王發

政施仁，必先斯四者。《詩》云：『哿矣富人⑥。哀此煢（ㄑㄩㄥˊ）獨！』」

　　王曰：「善哉言乎！」

　　曰：「王如善之，則何為不行？」

　　王曰：「寡人有疾，寡人好貨。」

　　對曰：「昔者公劉⑦好貨，《詩》云：『乃積乃倉⑧，乃裹餱（ㄏㄡˊ）糧，於橐於囊⑨。思戢用光。弓矢斯張，干戈戚揚⑩，爰方啟行。』故居者有積倉，行者有裹糧也，然後可以爰方啟行。王如好貨，與百姓同之，於王何有？」

　　王曰：「寡人有疾，寡人好色。」

　　對曰：「昔者大王⑪好色，愛厥妃。《詩》云：『古公亶父，來朝走馬⑫，率西水滸，至於岐下。爰及姜女，聿來胥宇⑬。』當是時也，內無怨女，外無曠夫。王如好色，與百姓同之，於王何有？」

【注釋】

①明堂：在魯國境內泰山下，原是周天子東巡狩時接受諸侯朝見的處所，這時已被齊國侵佔。漢朝時遺址還存在。已：止。

②岐：周的舊國，在今陝西岐山縣一帶。

③耕者九一：公家徵收了農民九分之一的農業稅。

④仕者世祿：在朝任大夫以上官職的人，他們的子孫可以世代承襲其俸祿。

⑤不孥（ㄋㄨˊ）：不株連罪人的妻子和兒女。孥字名詞作動詞用。

⑥《詩》云：引自《詩・小雅・正月》。哿（ㄍㄜˇ）：可。

⑦公劉：傳說是后稷的曾孫，周代創業便是從他開始。

⑥《詩》云：引自《詩・大雅・公劉》，這是歌頌周族祖先之一的公劉功績的詩篇。倉：名詞動用，把糧積蓄倉中。

⑨橐（ㄊㄨㄛˊ）、囊（ㄋㄤˊ）：概指裝東西的器具。原指口袋。

⑩干戈戚揚：都是武器名。干，即盾。戚，大斧。揚，鉞，板斧形狀而較大。

⑪大王：大，同「太」。公劉九世孫，號稱古公亶父。

⑫《詩》：引自《大雅・綿》篇。是頌揚周族興起業績的詩歌。來朝走馬：避狄人之難。

⑬姜女：古公亶父的妃子，名太姜。胥：視察。

【譯文】

齊宣王問孟子道：「人們都向我進言說拆毀明堂，是拆毀它呢？還是不拆呢？」

孟子答道：「明堂是先代君王接見諸侯、發布政令的殿堂。如果大王打算施行王政，就不要拆毀它。」

齊宣王說：「能把施行王政講給我聽聽嗎？」

孟子回答說：「以前文王治理岐時，對耕田的人只收取九分之一的農業稅；大夫以上的朝官俸祿可以子孫世代承襲；關隘和市場只稽查防止壞人，並不徵稅；在湖泊池塘中捕魚撈蝦沒有禁令；對犯罪的人處罪不牽連妻子和兒女。年老失去妻子的人叫做鰥夫，年老而死了丈夫的叫做寡婦，年邁而沒有子女家室的叫做獨老，年幼而沒有父親的叫做孤兒，這四種人，是世間最無依無靠的窮苦人，文王施行仁政，必定把這四種人作為優先撫恤的對象。《詩經‧小雅‧正月》裡說：『過得稱心如意的是那富人，可憐無依無靠的人還是孤寡。』」

齊宣王說：「說得真好啊！」

孟子說：「大王認為王政好，您為什麼不去做呢？」

齊宣王說：「我有個毛病，我貪愛財貨。」

孟子答道：「這不要緊嘛，從前公劉也貪愛財貨，《詩經‧大雅‧公劉》篇說：『收拾穀物積滿倉，包裹乾糧裝滿囊，安撫百姓國運昌，備好干戈與戚揚，這才動身上前方。』因此，留在後方的人倉裡有穀物，出征前方的人袋裡有乾糧，這才率領隊伍出發。大王如果是貪愛財貨，能與百姓共同享用，對於實行王政有什麼困難呢？」

齊宣王又說：「我還有個毛病，我貪好女色。」

孟子答道：「以前的周太王古公亶父也好女色，寵愛妃子太姜。《詩經‧大雅‧綿》裡說：『古公亶父為立家，大清早騎著駿馬沿著西方河邊走，一直來到岐山。帶著妃子姜氏女，一心視察好安家。』那時，內室沒有閨怨無偶的女子，外邊沒有單身無妻的男子。大王若是喜好女色，也能想到百姓在這方面的需求，對實行王政又有什麼困難呢？」

【延伸閱讀】

孟子繼承和發揚了孔子的仁政，言必稱文、武、周公。因此，孟子向齊宣王介紹王道政治時也是以文王治理岐山的政策為依據。孟子話雖不

長，但包含的內容卻是很廣，牽涉到農業稅收、官吏制度、商業政策、漁業開放、刑法制度，等等，其中尤以社會福利問題最為重點。

　　孟子認為，要想治國、平天下，就不可不重視社會福利事業。由古思今，在當下社會，養老院、孤兒院等應大大加強，養老保險、人身保險等也應該加大推行力度。當然，要不要再開個婚姻介紹所，甚至是老年婚姻介紹所，這樣的事就不是孟老夫子能想像的了。

　　當齊宣王聽到孟子描繪出周文王的仁政藍圖時，他不由得脫口而出，讚揚孟子所說是「善哉言乎」。然而，有意思的是，當孟子自以為抓住了時機問齊宣王為什麼不向周文王學習施行仁政時，齊宣王竟然又一次找出遁詞來，從上一次孟子勸他採取和平共處外交政策時的「寡人好勇」上升到說「寡人好貨」，乃至於「寡人好色」來了，大有自甘墮落之態。針對齊宣王的問題，孟子又展開了說服之勢，同樣找出了史證，說周朝的始祖公就「好貨」，而文王的祖父古公亶父就「好色」。當然，最關鍵的兩句話依然是：「王如好貨，與百姓同之，與王何有？」、「王如好色，與百姓同之，與王何有？」一言以蔽之，還是「與民同樂」的思想，或者準確一點說是「與民同欲」。在孟子的心目中，只要你是能夠與老百姓同甘共苦的國君，做什麼都是不會錯的！

第六章

【原文】

　　孟子謂齊宣王曰：「王之臣，有託其妻子於其友而之楚遊者，比其反也[1]，則凍餒[2]其妻子，則如之何？」

　　王曰：「棄之。」

　　曰：「士師[3]不能治士，則如之何？」

　　王曰：「已[4]之。」

　　曰：「四境之內不治，則如之何？」

　　王顧左右而言他。

【注釋】

　　①比：及，到。反：同「返」。　②餒：饑餓。

③士師：獄官。其屬有鄉士、遂士之官。④已：罷去，罷免。

【譯文】

孟子對齊宣王說：「您的某個臣子，把妻子兒女託付給他的朋友照顧而自己出遊楚國，等他回來時，假如他的妻子兒女在受凍受餓，那麼，應該怎麼對待他那個朋友呢？」

齊宣王說：「與此人斷絕交情。」

孟子問道：「監獄官如果不能管理他的屬官，那該怎麼辦呢？」

齊宣王說：「罷免他。」

孟子再問道：「整個國家假如沒有治理好，那又該怎麼辦呢？」

齊宣王故意不答，把話題扯到其他事情上去了。

【延伸閱讀】

最後一句可謂孟子的點睛之筆，「王顧左右而言他」一句，更是生動傳神，入木三分。

孟子採用層層推進的論證法，先從生活中的事情入手，推論到中層管理者的行為，再推論到上層領導者的身上。逼得齊宣王無路可退、尷尬不已，只能「顧左右而言他」了。

其實讓齊宣王出洋相，並不是孟子的本意。只是因為齊宣王老是東推西擋，不肯積極實施仁政，所以孟子激他，迫使他思考如何治國。

工作、生活中，我們也常常遇到不知如何回答的情況，這時候，你雖然不是「王」，但「顧左右而言他」還是可以用來應一應急。不過，對待你的上司，尤其是在眾目睽睽之下，一定不要把他逼到「顧左右而言他」的程度。不然的話，他尷尬之後就有你受的了。孟子最終沒有在齊宣王那裡待下去，也可能是因為總使宣王尷尬而被排擠的原因。

第七章

【原文】

孟子見齊宣王曰：「所謂故國者，非謂有喬木之謂也①，有世臣②之謂也。王無親臣矣，昔者所進，今日不知其亡③也。」

王曰：「吾何以識其不才而舍之？」

曰：「國君進賢，如不得已，將使卑逾尊，疏逾戚④，可不慎與？左右皆曰賢，未可也；諸大夫皆曰賢，未可也；國人皆曰賢，然後察之；見賢焉，然後用之。左右皆曰不可，勿聽；諸大夫皆曰不可，勿聽；國人皆曰不可，然後察之；見不可焉，然後去之。左右皆曰可殺，勿聽；諸大夫皆曰可殺，勿聽；國人皆曰可殺，然後察之；見可殺焉，然後殺之。故曰，國人殺之也。如此，然後可以為民父母。」

【注釋】

①謂：所謂、非謂的兩個「謂」字為動詞，是「說」的意思。之謂的「謂」是名詞，可譯為「是說……的意思」。

②世臣：指累世建立功勳的臣子。

③亡：指離開君王出走。　④逾：超越。戚：親近。

【譯文】

孟子進見齊宣王時說：「我們所說的歷史悠久的國家，並不是說它有年代久遠的高大樹木，而是指有世代建立功勳的大臣。大王您現在沒有親信的臣子了，過去所任用的人，如今都離開您而去了。」

齊宣王說：「我怎樣才能識別出沒有賢能的人而不任用他呢？」

孟子說：「國君選賢用能時，在不得已時要使卑賤的人超越尊貴的人、疏遠的人超越親近的人，這樣的事能不慎重對待嗎？因此，國君任用人時，左右的親信都說某人賢能，不能輕信；諸位大夫都說他賢能，還是不能輕信；全國的人都說他賢能，然後才對他進行考察，若發現他確實賢能，再任用他。左右的親信都說某人不行，不要輕信；各位大夫都說他不行，不要輕信；國人都說他不行，然後才考察他，若發現確實不行才罷免他。左右的人都說某人該殺，不要輕信；各位大夫都說他該殺，不要輕信；國人都說他該殺，然後才考察他，若發現他確實該殺，然後才殺掉他。所以說是國人處決他的。能夠做到這樣，才能夠真正做百姓的父母官。」

【延伸閱讀】

孟子的人才選拔觀主要來自兩方面：一是他的先輩孔子，二是民本主義政治思想。

　　《論語‧子路》篇裡有言，子貢曾經問孔子說：「一鄉的人都喜歡他，如何？」孔子仍然說：「還難說。不如一鄉中的好人喜歡他，壞人厭惡他。」在〈衛靈公〉篇裡，孔子又進一步概括說：「眾惡之，必察焉；眾好之，必察焉。」我們不難發現，孟子對齊宣王的論述就是擴展了孔子的思想。區別只在於，孔子是就一般人品或人才的識鑑發表看法，而孟子則是具體到為國家選拔人才、提拔幹部的問題，所以又糅進了他「以民為本」的政治思想。他要求國君多聽國人的意見，放到今天來說，就是聽取人民群眾的心聲。

　　從生活與實踐中來說，我們不大可能就某一個人的情況而聽到「國人皆曰」，除非他是圍棋國手、體育世界冠軍、頂尖級的電影明星或歌星一流的人物，而政府部門的領導人，多半又不一定是這一類人物。因此，我們對孟子論述的理解也不能拘泥刻板，「國人皆曰」也不是絕對的。我們把握的精神實質應該是群眾路線，「從群眾中來，到群眾中去」，多傾聽人民群眾的意見。如此而已罷了。

第八章

【原文】

　　齊宣王問曰：「湯放桀①，武王伐紂②，有諸？」

　　孟子對曰：「於傳有之。」

　　曰：「臣弒③其君，可乎？」

　　曰：「賊④仁者謂之賊，賊義者謂之殘。殘賊之人，謂之一夫⑤。聞誅一夫紂矣，未聞弒君也。」

【注釋】

　　①湯放桀：湯，商朝開國君主。放，流放。桀，夏朝末世暴君。

　　②武王伐紂：殷商末代君主紂王無道，周的開國君主武王姬發兵伐紂，紂王兵敗自焚而死。

　　③弒：臣殺死君主或子女殺死父母。此指臣殺死君主。

　　④賊：損害，毀滅。

　　⑤一夫：言眾叛親離的獨夫。《尚書‧泰誓》曰：「獨夫紂。」

【譯文】

齊宣王問孟子道：「商湯王流放夏桀王，周武王討伐商紂王，有這樣的事嗎？」

孟子回答說：「在古代文獻上有這樣的記載。」

齊宣王說：「臣子殺掉他的君主，可以嗎？」

孟子答道：「毀滅仁愛的人叫做賊，毀滅正義的人叫做殘，殘賊的人叫做獨夫。我只聽說過周武王誅殺了個『獨夫』殷紂，沒有聽說殺過君主。」

【延伸閱讀】

這部分是孟子比較引人注目的言論，難怪有的版本將其刪除。從本質上說，孟子的主張與傳統的「天命轉移」是一脈相承的，只是表述上更為尖銳而已。據說，明代的開國皇帝朱元璋讀到了《孟子》書中與此類似的對君王「不敬」的言論，曾大為震怒，說：「這老頭要是活到今天，非嚴辦不可。」

其實，孟子如此言論，道出了什麼才是順勢而為，什麼才是真正的勇者！

第九章

【原文】

孟子見齊宣王曰：「為巨室①，則必使工師②求大木。工師得大木，則王喜，以為能勝其任也。匠人斫③而小之，則王怒，以為不勝其任矣。夫人幼而學之，壯而欲行之，王曰，『姑舍女所學而從我』，則何如？今有璞玉④於此，雖萬鎰⑤，必使玉人雕琢之。至於治國家，則曰，『姑舍女所學而從我』！則何以異於教玉人雕琢玉哉？」

【注釋】

①巨室：大宮室。②工師：管理工匠的官員。

③斫（ㄓㄨㄛˊ）：以刀斧砍削。

④璞玉：未經雕琢的玉石。

⑤鎰（一ˋ）：古時的金銀計量單位，二十兩為一鎰。萬鎰，言其極貴重。

【譯文】

孟子進見齊宣王時說：「您要建造大宮室，就一定要派工師去尋求大木料。工師找到了大木料，大王就高興，認為他能履行職責。一旦工匠把木料砍削小了，大王就要發怒，認為他不稱職。士人們從小學習，長大了打算運用實行，假如您說『暫且捨棄你所學的，聽從我的話去做』，那會怎麼樣呢？這裡有塊未經雕琢的玉石，即使價值很昂貴，也一定要請玉匠雕琢加工。至於治理國家，您卻說：『暫且捨棄你所學的那一套而照我說的辦吧！』那跟要玉匠按照您的吩咐去雕刻玉石又有什麼區別呢？」

【延伸閱讀】

孟子以工師、士人、玉匠為例，勸導齊宣王要針對每個人的特長對其加以任用，而不能讓每個人都根據自己的想法做事！

生活中，每個人都是不同的，每個人的特長和缺點也不相同，「姑舍女所學而從我」更是不現實的。正所謂「知人善用」，不論是古代的國君，還是現代的老闆，都應該先知人，才能運用其所學為自己創造效益。

第十章

【原文】

齊人伐燕①，勝之。宣王問曰：「或謂寡人勿取，或謂寡人取之。以萬乘之國伐萬乘之國，五旬而舉之，人力不至於此。不取，必有天殃②。取之何如？」

孟子對曰：「取之而燕民悅，則取之，古之人有行之者，武王是也。取之而燕民不悅，則勿取，古之人有行之者，文王是也。以萬乘之國伐萬乘之國，簞③食壺漿以迎王師，豈有他哉？避水火也。如水益深，如火益熱，亦運④而已矣。」

【注釋】

①齊人伐燕：齊宣王五年（西元前315年），燕王噲將燕國讓給他的相國子之，國人不服，發生內亂。次年，齊宣王趁機出兵伐燕，齊軍在五十天內就攻下了燕國的國都，取得了勝利。

②不取，必有天殃：《國語‧越語》云：「天與不取，反為之災。」

③簞（ㄉㄢ）：古代盛飯的圓形竹器。

④運：朱熹《孟子集注》云：「轉也，言齊若更為暴虐，則民將思考而望救於他人矣。」

【譯文】

齊國人進攻燕國，大獲全勝。齊宣王問孟子：「有人叫我不要佔取它，有人叫我佔取它。以擁有萬輛兵車的國家去攻打另一個擁有萬輛兵車的國家，只五十天便攻下了它，如果不是天意，人力無法取得這樣的成就，若不佔取它，必定會遭到天降的災禍。我佔取它，怎麼樣？」

孟子回答說：「如果佔取它，燕國的民眾高興，就佔取它，古代的周武王便是這樣做的。要是佔取它，燕國的民眾不高興，就不可佔取它，古代的周文王便是這樣做的。擁有萬輛兵車的齊國去攻打擁有萬輛兵車的燕國，燕國百姓用筐裝著乾飯、用壺盛著酒漿來迎接您的軍隊，難道還有別的用意嗎？不過是想避免再過那種水深火熱的生活啊。如果燕國被佔取後，老百姓蒙受的災難更加深重，那他們也會轉而去歡迎其他人了。」

【延伸閱讀】

在通常情況下儒者都是反對戰爭的。所以對於這個問題，孟子的態度非常謹慎，甚至有點模棱兩可。然而，如果我們仔細琢磨，可以進一步發現，孟子其實是支持齊宣王去佔領燕國的。究其根源，孟子與孔聖人一樣，並不是死搬教條的書呆子，他同樣具有非常靈活的通權達變思想。孟子認為當時燕國的老百姓是生活在水深火熱之中，因此不反對齊宣王佔領燕國。他認為戰爭只要是正義的，符合人民利益和願望的，就是仁義之師，就是值得支持的。

第十一章

【原文】

齊人伐燕，取之。諸侯將謀救燕。宣王曰：「諸侯多謀伐寡人者，何以待之？」

孟子對曰：「臣聞七十里①為政於天下者，湯是也。未聞以千里畏人者也。《書》曰：『湯一征，自葛始。』天下信之，東面而征西夷怨；南面而征北狄怨，曰：『奚為後我？』民望之，若大旱之望雲霓也。歸市者不止，耕者不變，誅其君而弔②其民，若時雨降，民大悅。《書》曰：『徯我後③，後來其蘇。』」

「今燕虐其民，王往而征之，民以為將拯己於水火之中也，簞食壺漿以迎王師。若殺其父兄，系累其子弟，毀其宗廟，遷其重器，如之何其可也？天下固畏齊之強也，今又倍地而不行仁政，是動天下之兵也。」

「王速出令，反其旄倪④，止其重器，謀於燕眾，置君而後去之，則猶可及止也。」

【注釋】

①七十里：湯是商朝的開國君主，在他滅夏朝前，商是一個僅有七十里的小國。此說法亦見於《荀子》、《史記》。

②弔：撫恤慰問。③徯：等待。後：君主。

④旄（ㄇㄠˋ）：同「耄」，八、九十歲的老人。倪（ㄋㄧˊ）：小孩。

【譯文】

齊國人攻打燕國，佔領了它。別的諸侯謀劃著要救助燕國。齊宣王問孟子說：「許多諸侯謀劃要討伐我，該用什麼辦法對付他們呢？」

孟子回答道：「我聽說有憑區區七十里地的國土而統一天下的，那就是成湯。沒聽說擁有國土千里而畏懼他人的。《尚書》說：『商湯王出征時，是從討伐葛國開始的。』普天之下都信任他、歡迎他。他向東征討，西方的夷人便埋怨他，他向南征討，北方的狄人也埋怨，

他們都說：『為什麼把我們擺在後面呢？』老百姓對他的盼望，如同大旱之年盼望烏雲和虹霓一樣，所到之處，趕集的不停止買賣，種田的照常工作，誅殺了殘暴的君主，而安撫慰問那兒的百姓，成湯到來，如同旱天及時降下甘霖一樣，老百姓非常喜悦。《尚書》說：『等待我們的君王啊，他來了，我們就得救了。』

「現在，燕國國君虐待他們的百姓，大王前去征討，百姓認為大王將他們從水深火熱中拯救出來，所以紛紛提著飯筐和酒壺來迎接大王的軍隊。如果您殺死他們的父兄，拘禁他們的子弟，拆毀他們的宗廟，搶走他們的國家寶器，這樣做怎麼可以呢？天下的諸侯本來就害怕齊國的強大，現在又擴展了疆域並且又不施行仁政，這就不免招惹各國的軍隊與齊國為敵。

「大王您趕快發布命令，把俘虜的老小送回去，停止運走燕國的寶器，與燕國人士共同商議，擁立新的燕王，然後撤出軍隊，這樣做還來得及阻止各國諸侯的興兵。」

【延伸閱讀】

透過此段，有人說孟子是出爾反爾之人，其實不然，畢竟是「進也民心，退也民心」。從根本上來說，民心向背是孟子政治思想的核心所在，國內問題如此，國際事務也如此。其實，無論哪個時代、哪個國家，不也應當如此嗎？

孟子談論完了燕國百姓是否高興後，齊宣王終於做出了選擇。他命令齊國的軍隊佔領燕國，結果激起了各國的憤怒，紛紛謀劃要討伐齊國這個侵略者，一場大戰眼看就要爆發，齊宣王不得不向孟子求教應對之策。

為了穩住齊宣王的情緒，孟子不露聲色，由商湯的征伐說起，又回到他那個以不變應萬變的話題——民心向背。他告訴齊宣王說，商湯王的討伐軍隨便到哪裡都受到當地人民群眾的歡迎，甚至他們不去，那裡的人民群眾還會抱怨。這是因為商湯王的軍隊只殺暴虐的君主，而根本不驚擾百姓，所以老百姓盼他們就像盼及時雨一樣。可現在倒好，本來燕國老百姓以為齊國的軍隊是來解放他們的，所以簞食壺漿夾道歡迎。殊不知卻是引狼入室，齊國的軍隊無惡不作，不幸被孟子言中，成了使人民「水益深，火益熱」的侵略者、強盜。燕國人民如何能容忍，各國的諸侯如何能服氣呢？分析完了之後，孟子又直抒己見，要齊宣王趕快撤軍，懸崖勒馬。只有這樣，才能避免一場大戰的爆發。

第十二章

【原文】

鄒與魯拱①。穆公②問曰：「吾有司③死者三十三人，而民莫之死也。誅之，則不可勝誅；不誅，則疾視其長上之死而不救，如之何則可也？」

孟子對曰：「凶年饑歲，君之民老弱轉乎溝壑，壯者散而之四方者，幾千人矣；而君之倉廩實，府庫充④，有司莫以告，是上慢而殘下也。曾子⑤曰：『戒之戒之！出乎爾者，反乎爾者也。』夫民今而後得反之也。君無尤⑥焉。君行仁政，斯民親其上，死其長矣。」

【注釋】

①鄒：即春秋時邾國，戰國時改為鄒國，在今山東鄒縣。魯：周朝初年分封的諸侯國，在今山東南部，其始封君主是武王的弟弟周公姬旦。戰國時淪為一般的小國，西元前256年為楚國所滅。拱（ㄍㄨㄥˇ）：同「哄」，交戰。

②穆公：即鄒穆公，鄒國君主。　③有司：指有關部門的官吏。

④倉廩（ㄌㄧㄣˇ）：儲藏糧食的房屋。府庫：貯存財物的房屋。

⑤曾子：名參，字子輿，魯國人，孔子的弟子。

⑥尤：責怪，怪罪。

【譯文】

鄒國跟魯國交戰。鄒穆公問孟子道：「在這次戰鬥中，我們的將官死了三十三個，而民眾卻沒有一個為他們獻身的。要是處罰他們，罰也罰不盡；若不處罰，又恨他們眼看著長官死難卻不加援助，要怎麼辦才好呢？」

孟子回答說：「在災荒的年月裡，您的百姓，年老體弱的被棄屍於山溝，年輕力壯的人四散逃荒，有近千人。而您的糧倉滿盈，國庫充足，官吏卻不把這嚴重情況上報，這簡直是怠慢而且殘害百姓。曾子說：『切切警惕啊！你怎樣對待人家，人家將照樣回報你。』民眾如今有機會回報了。您別責怪他們，只要大王您施行仁政，老百姓便

會敬愛君主和親近長官，並樂於為他們獻出自己的生命了。」

【延伸閱讀】

孟子這裡說的依然是「君與民、官與民」的關係問題。

其意思再簡單不過了，普通老百姓看到當官的戰死而見死不救顯然是不對的，但當老百姓鬧災荒，餓死或逃荒時，當官的見死不救就對嗎？當官不為民做主，要當官的來做什麼呢？這就是我們常說的「你不仁，我不義」，一報還一報，也就是曾子所說的「出乎爾者，反乎爾者也」。如果當官的關心民眾的疾苦施行仁政，自然就會出現「你仁我義」的情況，這不也是一報還一報，「出乎爾者，反乎爾者」嗎？

當然，不只是君與民、官與民之間才有這種關係，我們的人際交往中，這種關係也同樣存在著。在我們的身邊，「你不仁，我不義」的情況也為數不少，今天你打我一個小報告，明天我戳你一下脊梁骨，關鍵時刻讓你丟人現眼，下不了台。這樣愈演愈烈，最後釀成衝突，甚至大打出手。追根溯源，發生這種情況多半是「出爾反爾」所致。難怪曾子在說這句話時一再提醒我們：「戒之戒之！」我們真應該遵守這個原則啊！

第十三章

【原文】

滕文公①問曰：「滕，小國也，間②於齊、楚。事齊乎？事楚乎？」

孟子對曰：「是謀，非吾所能及③也。無已，則有一焉：鑿斯池④也，築斯城也，與民守之，效死⑤而民弗去，則是可為也。」

【注釋】

①滕文公：滕是西周初年所分封的諸侯國，在今山東滕縣西南，其始封君主是周文王的兒子錯叔繡，是周代一個弱小的封國，西元前414年為越所滅，不久復國，後為宋所滅。

②間：動詞，處於……之間。

③及：本意到達，引申為「辦到、解決」。

④池：古代為了防止敵人攻城的護城河。
⑤效死：獻出生命，報效國家。

【譯文】

滕文公問孟子道：「滕國是個弱小的國家，處在齊、楚兩個大國之間。是侍奉齊國好呢？還是侍奉楚國好呢？」

孟子答道：「這樣重大的國策謀劃，不是我的力量所能決策的。如果一定要我說，那就只有這麼一個辦法：把護城河挖深，把城牆築堅固，與百姓一同捍衛它，哪怕獻出生命，民眾也不願離開它，這樣就還是有辦法的。」

【延伸閱讀】

小國處於兩大國之間是相當難的。服從這個，那個會跟你過不去；服從另一個，這個又會來找你的麻煩。因此滕文公感到十分為難。

如此不如換一種思考、換一種方法了，孟子的意見就很明確：為什麼一定要服從於其中一個呢？「兩大之間難為小」的根本出路是自強自立。我哪個也不服從，哪個也不得罪。小固然是小，但也要小得有志氣，不做大國的附庸國，要保持自己的領土和主權完整，爭取獨立自主。

誠然，要做到這點並不容易，靠空口說白話是不行的，而要靠全國人民同心同德，深溝高壘，加強國防建設。要抱著「寧為玉碎、不為瓦全」的精神，一旦有侵略者來犯，就毫不猶豫，與國家共存亡。不只國家，我們每個人的立身處世也應如此，自強自立的精神才是解決問題之道。

第十四章

【原文】

滕文公問曰：「齊人將築薛①，吾甚恐，如之何則可？」

孟子對曰：「昔者大王居邠，狄人侵之，去之岐山之下居焉。非擇而取之，不得已也。苟為善，後世子孫必有王者矣。君子創業垂統②，為可繼也。若夫③成功，則天也。君如彼何④哉？強⑤為善而已矣。」

【注釋】

①築薛：意為築薛國的城牆以威脅滕國。薛是西周初年分封的諸侯國，故城在今山東滕縣東南。後被齊國滅掉了，齊威王將所得薛地作為小兒子田嬰（即孟嘗君）的封地。

②創業垂統：創業，創建功業。垂，流傳。統，指一脈相承的系統。意為創立功業，傳給後代子孫。

③若夫：至於。

④如彼何：意為拿他怎麼辦。⑤強：勉力、努力。

【譯文】

滕文公問孟子道：「齊國要加固薛城，我感到恐慌，怎麼辦才好呢？」

孟子答道：「從前周的祖先太王居住在邠地，狄人來侵犯，他就遷離了邠地在岐山下定居。這並不是經過選擇好哪塊地作定居之所，實在是迫不得已。一個國君要是能施行善政，他後世的子孫中必定有能創立王業的。眼光遠大、品德高尚的君子創立基業，並傳給後代，正是為了能世代相傳下去，至於能否成功，那就要看天意如何了。您怎樣對付齊國呢？只有努力施行善政了。」

【延伸閱讀】

齊人在滕國的邊地築城，其用意是很明顯的。孟子認為，齊強滕弱的態勢是明擺著的，因此明知齊國的意圖，滕國也沒有妥善的良策，唯一的出路只有施行仁政。

要想不被人欺負，就要自強；要想國家強盛就要施行仁政，與民共進步，從長遠出發，遵循道德，施行仁政，熱愛百姓，使國家穩固、繁榮、富強。

第十五章

【原文】

滕文公問曰：「滕，小國也；竭力以事大國，則不得免焉，如之何則可？」

孟子對曰：「昔者大王居邠，狄人侵之。事之以皮幣[1]，不得免焉；事之以犬馬，不得免焉；事之以珠玉，不得免焉。乃屬其耆老[2]而告之曰：『狄人之所欲者，吾土地也。吾聞之也：君子不以其所以養人者害人。二三子何患乎無君？我將去之。』去邠，逾梁山[3]，邑於岐山之下居焉。邠人曰：『仁人也，不可失也。』從之者如歸市[4]。

「或曰：『世守也，非身之所能為也。效死勿去。』」

「君請擇於斯二者。」

【注釋】

①皮幣：毛皮和絲綢。朱熹《集注》云：「皮，謂虎豹麋鹿之皮也；幣，帛也。」

②屬其耆老：屬，集合。耆，古稱六十為耆。老，古稱七十為老。此處耆老泛指老年人。

③梁山：在今陝西乾縣西北五里。

④歸市：形容人們像趕集一般踴躍。

【譯文】

滕文公問孟子道：「滕國是個小國，即使盡心竭力來侍奉周圍的大國，仍不能免受侵略，請問怎麼辦才好呢？」

孟子答道：「從前太王古公亶父居住在邠地，狄人來侵犯，太王把毛皮絲綢獻給狄人不能免災，把良犬名馬獻給狄也不能免災，把珠玉珍寶獻給狄仍不能免災。於是只得召集邠地的父老告訴他們說：『狄人所索求的，無非是我們的土地。我聽人說過：君子絕不拿用來養活百姓的東西去害百姓。諸位又何必擔心沒有君主呢？我準備離開這裡了。』於是離開了邠地，越過梁山，在岐山下築城定居。邠地百姓說：『古公是仁人，不可失去他這樣的好君主啊！』於是，追隨他遷居的

人多得像趕集一般。」

　　「但也有的人說：『這是世代相守的國土，不是自身所能做得了主的。寧可犧牲生命也不能離去。』

　　「請大王在這兩種做法中選擇一種吧。」

【延伸閱讀】

　　滕文公為一小國之君，無論謀略還是修養都無法與古之聖王相提並論。對於滕文公「吾甚恐」的直接表露，孟子用平淡的語氣告訴他：首先，調整心態。憂慮也無濟於事，先做好自己，做好自己是最重要的。其次，想辦法解決。就當前形勢分析，可以看出滕文公沒有遠慮，也就做不出深刻的分析和有效的解決辦法。然後孟子拿出他解決問題的辦法：修德、安民、王道治國。弱肉強食的社會，急功近利的君王們幻想自己能夠一夜之間壯大，沒有人願意接受長久的等待。孟子雖奔走呼號，為民立命，但終究還是收效甚微。而從中國歷史的發展來看，倒是「王道治天下」的思想流傳了下來，成為封建社會治國方略的重要一部分。

第十六章

【原文】

　　魯平公①將出，嬖人臧倉②者請曰：「他日君出，則必命有司所之。今乘輿③已駕矣，有司未知所之，敢請。」

　　公曰：「將見孟子。」

　　曰：「何哉，君所為輕身④以先於匹夫者？以為賢乎？禮義由賢者出；而孟子之後喪逾前喪。君無見焉。」

　　公曰：「諾。」

　　樂正子⑤入見，曰：「君奚為不見孟軻也？」

　　曰：「或告寡人曰：『孟子之後喪逾前喪。』是以不往見也。」

　　曰：「何哉，君所謂逾者？前以士，後以大夫；前以三鼎⑥，而後以五鼎與？」

　　曰：「否。謂棺槨衣衾⑦之美也。」

　　曰：「非所謂逾也，貧富不同也。」

　　樂正子見孟子，曰：「克告於君，君為來見也。嬖人有臧倉者沮⑧君，君是以不果⑨來也。」

　　曰：「行，或使之；止，或尼⑩之。行止，非人所能也。吾之不遇魯侯，天也。臧氏之子焉能使予不遇哉？」

【注釋】

　　①魯平公：名叔，魯景公的兒子，西元前314～西元前294年在位。平是他的諡號。

　　②嬖（ㄅㄧˋ）人：地位低而受寵愛的人。臧（ㄗㄤ）倉：小臣名。

　　③乘輿：國君出行所用的車馬。

　　④輕身：看輕自身。

　　⑤樂正子：名克，孟子的學生，當時正在魯國做官。

　　⑥三鼎：鼎是古代祭禮時用來盛豬羊等牲畜供品的器皿。按古代禮制，士祭奠用三鼎，大夫用五鼎。

　　⑦棺槨衣衾：指喪禮的用具。槨，古代套在棺材外面的大棺材，士以上的人家常用它。衣衾，是裝殮死者的衣被。

　　⑧沮：阻止。

　　⑨不果：不能如約。

　　⑩尼：阻止。

【譯文】

　　魯平公將要外出，受寵幸的小臣臧倉請示道：「以前大王外出時，一定要把您所去的地方告知管事的臣下。今天車馬已經備好而管事還不知道要去的地方，特前來請示。」

　　魯平公說：「我將要去見孟子。」

　　臧倉說：「您為什麼要降低身分去拜訪一個普通人呢？您認為孟子賢德嗎？禮義是賢者的行為準則，而孟子辦理母親的喪事超過先前辦父親的喪事，您別去見他了。」

　　魯平公說：「好吧。」

　　樂正子進宮參見魯平公，說：「您為什麼不去見孟軻呢？」

　　魯平公說：「有人告訴我說：『孟子辦母親的喪事超過先前辦父親的喪事』，所以我不去見他了。」

　　樂正子說：「您所說的『後喪超過前喪』指的是什麼呢？是指前

面用士的禮儀葬父，後面用大夫的禮儀葬母；還是指前面用三鼎禮祭父，後面用五鼎禮祭母呢？」

魯平公說：「不是。我指的是裝殮死者的棺槨衣衾的精美程度。」

樂正子說：「這不能說是『後喪超過前喪』，因為前後家境貧富有所不同。」

樂正子去見孟子，說：「我把您推薦給了魯君，魯君本來打算見您了。可是，寵臣臧倉阻止了他，魯君因此沒能來。」

孟子說：「一個人做某件事時，有一種力量在驅使；他不做這件事時，同樣是有一種力量在阻止。做與不做都不是人力所能左右的。我不能和魯君相見，是出於天命的支配。那個姓臧的小子怎麼能使我不與魯君相見呢？」

【延伸閱讀】

孟子對自己未能與魯平公見面一事表現得非常達觀，他認為一切是聽從天意，頗有點孔子厄於陳蔡時的風度。

一天，魯哀公約孔子及其弟子宰予交談社祭（祭土地神）之事。

哀公問宰予：「供奉土地神的牌位用什麼木料？」

宰予回答：「夏代用松木，商代用柏木，周代用栗木。周代用栗木的意思是使黎民百姓害怕得戰戰慄栗。」

對此，哀公請孔子加以評說。

孔子說：「已經完成的事就不要再說了；正在順勢辦的事，就不要再勸阻；而對已經過去的事，應既往不咎，不必再予追究了。」

宰予問：「老師，您談到『既往不咎』，對已經過去的錯誤不再追究責備，是廣義的，還是專指周代的做法？」

孔子認為周朝的做法及其用意是不妥當的，但又不便明講，只好用較為模糊的語言回答：「對於既成事實的事，何必再去追究而責備呢？把『既往不咎』的涵義推而廣之，又有何不可呢？」

宰予又問：「對於曾傷害過您而後來又認錯的人，您寬容他嗎？」

孔子果斷地回答：「能，也可以既往不咎！」

公孫丑章句・上

第一章

【原文】

公孫丑①問曰：「夫子當路②於齊，管仲、晏子之功，可復許乎？」

孟子曰：「子誠齊人也，知管仲、晏子③而已矣。或問乎曾西④曰：『吾子與子路⑤孰賢？』曾西蹙然⑥曰：『吾先子之所畏也。』曰：『然則吾子與管仲孰賢？』曾西艴然⑦不悅，曰：『爾何曾比予於管仲！管仲得君，如彼其專也；行乎國政，如彼其久也；功烈，如彼其卑也。爾何曾比予於是！』」曰：「管仲，曾西之所不為也，而子為我願之乎？」

曰：「管仲以其君霸，晏子以其君顯。管仲、晏子，猶不足為與？」

曰：「以齊王，由反手也。」

曰：「若是，則弟子之惑滋甚。且以文王之德，百年而後崩⑧，猶未洽於天下；武王、周公繼之，然後大行。今言王若易然，則文王不足法與？」

曰：「文王何可當也？由湯至於武丁⑨，賢聖之君六七作，天下歸殷久矣，久則難變也。武丁朝諸侯，有天下，猶運之掌也。紂之去武丁未久也，其故家遺俗，流風善政，猶有存者；又有微子、微仲、王子比干、箕子、膠鬲⑩，皆賢人也，相與輔相之，故久而後失之也。尺地，莫非其有也，一民，莫非其臣也；然而文王猶方百里起，是以難也。

「齊人有言曰：『雖有智慧，不如乘勢；雖有鎡基⑪，不如待時。』今時則易然也：夏后⑫、殷、周之盛，地未有過千里者也，而齊有其地矣；雞鳴狗吠相聞，而達乎四境，而齊有其民矣；地不改辟矣，民不改聚矣，行仁政而王，莫之能禦也。且王者之不作，未有疏於此時者也，民之憔悴於虐政，未有甚於此時者也。飢者易為食，渴者易為飲。孔子曰：『德之流行，速於置郵⑬而傳命。』當今之時，萬乘之國行仁政，民之悅之，猶解倒懸也。故事半古之人，功必倍之，惟此時為然。」

【注釋】

公孫丑：齊國人，孟子的弟子。　②當路：當政掌權。

③管仲：名夷吾，曾任國相輔佐齊桓公建立霸業。晏子：指晏嬰，字平仲，是齊景公的宰相。

④曾西：曾參的兒子，字子西。　⑤子路：孔子的弟子，字仲由。

⑥蹵（ㄘㄨˋ）然：不安的樣子。　⑦艴（ㄈㄨˊ）然：惱怒的樣子。

⑧百年而後崩：周文王去世時九十七歲，比舉其整數。崩，古代天子死叫崩。

⑨湯、武丁：商代的賢君，還有太平、太戊、祖乙、盤庚等，一共是六位君主，故說「六七作」。

⑩微子，微仲：是紂王同母的庶兄。王子比干：是紂王的叔父。孔子稱微子、比干、箕子為三仁。膠鬲（ㄍㄜˊ）：殷代的賢人。

⑪鎡（ㄗ）基：大鋤。

⑫夏后：禹治水有功，舜讓位給他，國號夏，也稱為夏后氏。

⑬置郵：古代用馬遞送公文叫置，步行遞送公文叫郵。

【譯文】

公孫丑問孟子：「先生要是在齊國當政，管仲、晏子那樣的功業能復興嗎？」

孟子答道：「你可真是個齊國人，只知道管仲、晏子而已。曾經有人問曾西：『您和子路相比哪個更賢能？』曾西不安地說：『子路是先祖父所敬畏的人。』那人又問：『那麼你和管仲相比哪個又強些呢？』曾西怒形於色，說：『你怎麼竟把我和管仲相比，管仲得到國君的信賴，主持政務是那樣的長久，然而取得的功績卻是那樣的微不足道，你怎麼拿他來和我相比呢？』接著，孟子說：「管仲那樣的人，連曾西都不屑和他相比，你認為我會願意嗎？」公孫丑說：「管仲輔佐他的國君稱霸，晏子輔佐他的國君揚威，管仲和晏子還不足以效法嗎？」

孟子說：「齊國稱王天下，易如反掌。」

公孫丑說：「您這樣說，弟子就更加不明白了。像文王那樣德高望重，又活了近百歲，尚且未能把德政推行於天下，武王、周公繼承了他的事業然後才大大地推行了王道。現在您說稱王天下是那樣的容

易，難道周文王也不足以效法嗎？」

　　孟子說：「文王怎麼能夠比得上呢？從商湯王到武丁，這中間出了六七個賢明的君主，天下歸向殷商已經很久了，時間久了就難以變動。武丁使諸侯來朝，治理天下，就像把一樣東西放在手心裡轉動一樣容易。商紂王離武丁沒多久，那些勳舊世家、良好習俗以及仁德政教還存在著，又有微子、微仲、王子比干、箕子、膠鬲這些賢德的人，一同來輔佐他，所以商紂延續了很久才失掉天下。那時，沒有一尺土地不是商王的土地，沒有一個老百姓不是商王的臣民，然而周文王那時剛憑藉著方圓百里的國土興起，所以當時要奪天下就很艱難。

　　「齊國人有句俗話：『縱然有智謀，不如趁時機；縱然有鋤頭，不如待農時。』現在的時機容易稱王天下，夏、商、周那樣興盛的時候，國土沒有超過千里的，而齊國卻超過了；雞鳴狗叫的聲音能互相聽見，從國都一直抵達四方的邊境，說明齊國有這樣稠密眾多的民眾。國土不需要再擴張了，民眾不需要再增多了，如果實行仁政以統一天下，那是沒有誰能阻擋得住的。況且賢明的君主再現，從來沒有比現在更久的了；老百姓對暴政迫害的擔心，沒有比現在更厲害的了。饑餓的人容易吃得香甜，乾渴的人容易喝得甘美。孔子說過：『德政的推行，比驛站郵亭傳遞上級的政令還要迅速。』現在這個時候，如果擁有萬乘兵車的大國出來施行仁政，那老百姓心裡的高興，就如同倒掛著的人被解救下來差不多，所以只要做古人一半多的事，就可以獲得比古人多一倍的成功，也只有這個時候才能如此。」

【延伸閱讀】

　　當今時代，不管是做生意、炒股票，還是選擇自己的職業，越來越突出的是機遇的問題。如何乘勢待時，抓住機遇，也就越來越引起人們的重視。孟子關於「王道」、「霸道」的論述也許不能引起你多大的興趣，但他關於「雖有智慧，不如乘勢；雖有鎡基，不如待時」的看法，關於如何做到「事半功倍」的討論，一定會引起你的一些思考。

　　先撇開孟子關於王道的種種論述不談，單講他關於乘勢待時、事半功倍的思想，給我們的啟示也是非常深刻的。

　　俗語說得好：「趕得早不如趕得巧，算得精不如運氣好。」實際上，只是強調抓住時機、捕捉機遇的重要性罷了，並沒有什麼神祕的地方。

　　從某種意義上說，工具優良的確不如時機重要，個人能力也的確不如

時勢重要。所以，很多人怨天尤人，認為自己懷才不遇，實際上是自己沒有抓住時機。居里夫人曾經說過：「弱者坐待良機，強者製造時機。」就是強調主動出擊，抓住時機。

　　這裡所說的「乘勢待時」，主要是說要分析情況，抓準時機，而不是說在政治上窺風向，趕形勢，做投機。所謂「識時務者為俊傑」。乘勢待進，其實也離不開智慧。有智慧才能正確分析各方面錯綜複雜的情況，做出決斷，抓準時機，收到事半功倍的效果。相反，則會讓時機從自己的身旁悄悄溜走而不自知。

第二章

【原文】

　　公孫丑問曰：「夫子加齊之卿相，得行道焉，雖由此霸王，不異矣。如此則動心否乎？」

　　孟子曰：「否，我四十不動心。」

　　曰：「若是，則夫子過孟賁①遠矣。」

　　曰：「是不難，告子②先我不動心。」

　　曰：「不動心有道乎？」

　　曰：「有。北宮黝③之養勇也：不膚撓，不目逃，思以一毫挫於人，若撻之於市朝；不受於褐寬博④，亦不受於萬乘之君；視刺萬乘之君，若刺褐夫；無嚴諸侯⑤，惡聲至，必反之。孟施捨⑥之所養勇也，曰：『視不勝猶勝也。量敵而後進，慮勝而後會，是畏三軍者也。舍豈能為必勝哉？能無懼而已矣。』孟施捨似曾子，北宮黝似子夏⑦。夫二子之勇，未知其孰賢，然而孟施捨守約也。昔者曾子謂子襄⑧曰：『子好勇乎？吾嘗聞大勇於夫子矣：自反而不縮，雖褐寬博，吾不惴焉；自反而縮，雖千萬人，吾往矣。』孟施捨之守氣，又不如曾子之守約也。」

　　曰：「敢問夫子之不動心與告子之不動心，可得聞與？」

　　「告子曰：『不得於言，勿求於心；不得於心，勿求於氣。』不得於心，勿求於氣，可；不得於言，勿求於心，不可。夫志，氣之帥也；氣，體之充也。夫志至焉，氣次焉；故曰：『持其志，無暴其

氣。』」

「既曰『志至焉，氣次焉』，又曰『持其志，無暴其氣』者，何也？」

曰：「志壹則動氣，氣壹則動志也。今夫蹶者趨者⑨，是氣也，而反動其心。」

「敢問夫子惡乎長？」

曰：「我知言⑩，我善養吾浩然⑪之氣。」

「敢問何謂浩然之氣？」

曰：「難言也。其為氣也，至大至剛，以直養而無害，則塞於天地之間。其為氣也，配義與道；無是，餒也。是集義所生者，非義襲而取之也。行有不慊於心，則餒矣。我故曰，告子未嘗知義，以其外之也。必有事焉，而勿正；心勿忘，勿助長也。無若宋⑫人然：宋人有憫其苗之不長而揠之者，芒芒然歸，謂其人曰：『今日病矣！予助苗長矣！』其子趨而往視之，則苗槁矣。天下之不助苗長者寡矣。以為無益而舍之者，不耘苗者也；助之長者，揠苗者也。非徒無益，而又害之。」

「何謂知言？」曰：「詖辭知其所蔽，淫辭知其所陷，邪辭知其所離，遁辭知其所窮⑬。生於其心，害於其政；發於其政，害於其事。聖人復起，必從吾言矣。」

「宰我、子貢⑭善為說辭；冉牛、閔子、顏淵⑮善言德行；孔子兼之，曰：『我於辭命，則不能也。』然則夫子既聖矣乎？」

曰：「惡！是何言也？昔者子貢問孔子曰：『夫子聖矣乎？』孔子曰：『聖則吾不能，我學不厭而教不倦也。』子貢曰：『學不厭，智也；教不倦，仁也。仁且智，夫子既聖矣。』夫聖，孔子不居，是何言也？」

「昔者竊聞之：子夏、子游、子張皆有聖人之一體⑯，冉牛、閔子、顏淵則具體而微，敢問所安。」

曰：「姑舍是。」

曰：「伯夷⑰、伊尹⑱何如？」

曰：「不同道。非其君不事，非其民不使；治則進，亂則退，伯夷也。何事非君，何使非民；治亦進，亂亦進，伊尹也。可以仕則仕，可以止則止，可以久則久，可以速則速，孔子也。皆古聖人也，吾未能有行焉。乃所願，則學孔子也。」

「伯夷、伊尹於孔子，若是班乎？」

曰：「否。自有生民以來，未有孔子也。」

曰：「然則有同與？」

曰：「有。得百里之地而君之，皆能以朝諸侯，有天下；行一不義，殺一不辜，而得天下，皆不為也。是則同。」

曰：「敢問其所以異？」

曰：「宰我、子貢、有若⑲，智足以知聖人，汙不至阿其所好。宰我曰：『以予觀於夫子，賢於堯、舜⑳遠矣。』子貢曰：『見其禮而知其政，聞其樂而知其德，由百世之後，等百世之王，莫之能違也。自生民以來，未有夫子也。』有若曰：『豈惟民哉？麒麟之於走獸，鳳凰之於飛鳥，太山之於丘垤，河海之於行潦，類也。聖人之於民，亦類也。出於其類，拔乎其萃，自生民以來，未有盛於孔子也。』」

【注釋】

①孟賁（ㄅㄣ）：衛國人，當時著名勇士。

②告子：名不害，墨子的弟子。

③北宮黝（ㄧㄡˇ）：齊國人，刺客。

④不受：指不接受挫辱。褐寬博：指穿粗布製的寬大衣服的人，實指卑賤之人。

⑤無嚴諸侯：意為心中沒有可敬畏的諸侯。 ⑥孟施捨：勇士。

⑦子夏：衛國人，孔子的弟子。 ⑧子襄：曾子的弟子。

⑨蹶：指失足摔倒的人。趨者：奔跑的人。

⑩知言：《趙注》云：「聞人言誦知其情所趨。」

⑪浩然：朱熹《集注》云：「盛大流行之貌。」

⑫宋：周初所封諸侯國，其始封國君是商王的後裔。今河南東部和山東、江蘇、安徽間地。西元前286年被齊國所滅。

⑬遁辭知其所窮：遁，逃避，躲閃。窮，理屈詞窮。宋代江西餘干的學者饒魯對於以上四句話做了這樣透闢的分析：「當看四個『所』字，如看病相似。『詖』、『淫』、『邪』、『遁』是病證，『蔽』、『陷』、『離』、『窮』是病源，『所蔽』、『所陷』、『所離』、『所窮』是病源之所在。」

⑭宰我、子貢：此二人都是孔門「言語科」的高材生。

⑮冉牛、閔子、顏淵：此三人都是孔門「德行科」的高材生。

⑯子夏、子游、子張皆有聖人之一體：此用比喻說法，意為上述三個弟子都只得了孔聖人一部分的長處。

⑰伯夷：商朝末年孤竹國君的大兒子，因與弟弟叔齊互讓王位而雙雙逃奔周國。周武王伐紂時，二人曾攔住馬頭勸諫，武王不聽，於是一同隱居在首陽山，「義不食周粟」而餓死。司馬遷在《史記》中曾為他們立傳，置《列傳》之首。

⑱伊尹：商初大臣，輔佐商湯王滅夏桀，有名的賢臣。

⑲有若：孔子的弟子，魯國人，比孔子小十三歲。據《史記‧仲尼弟子列傳》記載，因他的相貌像孔子，所以孔子死後，孔門弟子曾一度「相與共立為師，師之如夫子時也」。

⑳堯、舜：傳說中的上古時代的賢君，是儒家最推崇的人物之一。

【譯文】

公孫丑問孟子：「如果要您擔任齊國的卿相大官，能有機會實行您的王道抱負，成就王者霸業，都不足為怪。要是這樣，您是否會動心呢？」

孟子說：「不。我四十歲時就已不動心了。」

公孫丑說：「照這樣說來，先生比孟賁強多了。」

孟子說：「做到這個並不難，告子在我之前就做到不動心了。」

公孫丑說：「做到不動心有什麼訣竅嗎？」

孟子說：「有。北宮黝培養勇氣的方法是：肌膚被刺而不退縮，眼睛被刺而不逃避，即使有一根毫毛被他人傷害，便猶如在大庭廣眾之下遭到鞭打一樣；他既不受挫於卑賤的匹夫，也不受挫於大國的君主，把刺殺大國的君主視為與刺殺普通平民一樣；他不畏懼國君侯王，受到辱罵必定回罵。孟施捨培養勇氣的方法又不同，他說：『我對待不能戰勝的敵人和對待能夠戰勝的敵人沒有兩樣。如果先估量敵方的強弱然後才前進，思慮勝敗然後才交鋒，必定會畏懼眾多的敵軍，我怎麼能一定戰勝呢？我只是做到無所畏懼罷了。』孟施捨培養勇氣的方法像曾子，北宮黝卻像子夏。這兩個人培養勇氣的方法哪個更好些，我也說不準。我認為孟施捨能抓住培養勇氣的要領。從前，曾子對他的學生子襄說：『你崇尚勇敢嗎？我曾經聽孔夫子說過大勇；反問自己如果沒理，即使對方是平民，我也不能去凌辱他；反問自己確有道理，即使面對千軍萬馬，我也將勇往直前。』孟施捨保持勇氣的辦法，

又不如曾子能把握住要領。」

公孫丑說：「請問先生的不動心和告子的不動心，可以說給我聽聽嗎？」

孟子說：「告子說：『言論上有所不通，心裡不必去尋求道理；心裡有所不安，不必求助於意氣』對於一件事的道理心裡未弄明白，就應當抑制自己的心緒，千萬別再因此動氣，這是對的；如果對方語言的意思有弄不清的地方，便應當拋開他的話，不必在心裡去琢磨他的話有沒有道理，那就不對了。意思是說志是氣的將帥，氣是充滿身體的兵卒。意志到達哪裡，氣也會隨之到達那裡，所以說，要堅定自己的意志，不要隨便用自己的意氣。」

公孫丑又問道：「既然說『意志到達了哪裡，意氣也會到達哪裡，』又說『要堅定自己的意志，不要濫用自己的意氣，』這是什麼道理呢？」

孟子回答說：「志專一了就會鼓動氣，氣專一了就會鼓動志。譬如跌倒和奔跑，這只是體氣上專注的運動，然而卻能影響到心。」

公孫丑問道：「請問先生擅長於什麼呢？」

孟子說：「我善於分析別人的言辭，我善於培養自己的浩然之氣。」

公孫丑說：「請問什麼叫做浩然之氣呢？」

孟子說：「這個很難說透。它作為氣，是最偉大、最剛強的，靠正直去培養它而不加損害，它就會充滿於天地之間。它作為氣，必須與義和道相匹配，否則，就顯得軟弱乏力。它是義在內心累積起來所產生的，不是偶然地有過正義的舉動就能取得的。如果行為有愧於心，它馬上就沒有力量了。我之所以說告子未曾瞭解義，就是因為他把義看做是外在的東西。去做一件事自然合乎道義，必須堅持到底，不要故意做作，心中不要忘記養氣的事，但也不要用外力幫助它成長，千萬不要像宋國人那樣：宋國有個擔心他的禾苗長不快而把苗拔高的人，拖著疲倦不堪的身子回到家中，告訴家人說：『今天簡直累死了！我幫助禾苗都長高了。』他的兒子趕快跑去一看，禾苗全都枯萎了。世上不幫助禾苗生長的人是很少的，認為（培養浩然之氣）沒有益處而放棄不幹的，就是不鋤草耘苗的懶漢，妄自幫助它生長的人，就是揠苗助長的人。這樣做不但沒有好處，反而會傷害它。」

公孫丑又問道：「什麼叫做知言呢？」

　　孟子說：「偏頗的言語知道它侷限在哪裡；誇張的言語知道它過分在哪裡；怪僻的言語知道它離奇在哪裡；躲閃的言語知道它理窮在哪裡。上述四種言辭，如果萌生於內心，便會危害於施政，如果萌生於政治措施，便會妨害於實行。如果聖人再出現，也一定會同意我的見解。」

　　公孫丑說：「宰我、子貢善於言談辭令，冉牛、閔子和顏淵善於闡述德行，孔子則兼有他們的長處，但他還是說：『我對於辭令，就不擅長了。』如此說來，先生您既知言，又善養浩然之氣，已經稱得上聖人了吧？」

　　孟子說：「哎！你這是什麼話呢？從前子貢向孔子問道：『老師您已經成了聖人了了吧？』孔子說：『聖人，我還不敢當，我只是學習不感到滿足，教誨不感到疲倦罷了。』子貢說：『學習不感到滿足，是智的表現；教誨不感到疲倦，是仁的表現。有仁有智，您已經稱得上是聖人了啊。』聖人，孔子都不敢當，您講我是聖人，這是什麼話呢？」

　　公孫丑問道：「從前我聽說過，子夏、子游和子張，都學得了孔聖人某一方面的特長，冉牛、閔子、顏淵大體上具備了孔夫子的才德，只是不及他的博大。請問先生，您在上面這些人中間與哪一個更近似呢？」

　　孟子說：「暫且不談這些吧。」

　　公孫丑又問：「伯夷和伊尹怎麼樣呢？」

　　孟子說：「他們處世之道並不相同。不夠格的君主不侍奉，不夠格的民眾不使喚，世道太平就做官，世道昏亂就退隱，是伯夷的處世之道；任何君主都侍奉，任何民眾都使喚，世道太平也做官，世道昏亂也做官，是伊尹的處世之道；能做官就做官，能退隱就退隱，能長久做就長久做，能離開就快離開，是孔子的處世之道。他們都是古代的聖人，我沒能做到他們那樣。至於我個人的願望，便是要學習孔子。」

　　公孫丑又問：「伯夷、伊尹能與孔子相提並論嗎？」

　　孟子說：「不能！自有人類以來，無人比得上孔子那樣偉大。」

　　公孫丑說：「那麼，他們有共同之處嗎？」

　　孟子說：「有。如果他們能得到方圓百里的疆土而又被擁立為君

主，他們都能使諸侯來朝見，擁有天下；如果要他們做一件不合道義的事，殺一個無辜的人來得到天下，他們都不會做的，這是他們的共同之處。」

公孫丑說：「請問孔子與他們的不同在於什麼地方？」

孟子說：「宰我、子貢、有若，他們的智慧足以瞭解聖人，即使他們不好，但不至於奉承他們所喜愛的人。宰我說：『依我看來，孔夫子比堯、舜強多了。』子貢說：『見到一個國家所行的禮制就明瞭它的政事，聽到一國的音樂就明瞭它的德行，即使從百世之後來評價這百世之中的君王，也沒有一個能違背孔夫子的觀點。自有人類以來，從未有過孔夫子這樣的聖人。』有若說：『難道只有民眾有高下之分嗎？麒麟對於走獸、鳳凰對於飛禽，泰山對於土丘、河海對於水塘，都是同類；聖人對於民眾，也是同類。高出他的同類，超越他的群體，自有人類社會以來，從未有過比孔夫子更偉大的人了。』」

【延伸閱讀】

古往今來，至大至剛之氣，才是浩然之氣。不是一般所謂的「精氣」、「血氣」可比，而是充滿正義，充滿仁義道德的正氣、骨氣。浩然之氣不屬於醫學的生理範疇，而是存在於人文的精神範疇。

文天祥那名揚千古的句子：「天地有正氣，雜然賦流形。下則為河嶽，上則為日星；於人曰浩然，沛乎塞蒼冥。」然而，這種氣「是集義所生者，非義襲而取之也」，培養它不能揠苗助長，急於求成，而是要日積月累，水到渠成。

孟子還說過：「天下之不助苗長者寡矣。」古往今來，普天之下，能不急功近利、揠苗助長的又有幾許呢？再看看你的周圍，那些追名逐利，急如律令的人們，一個個不正像宋人那樣「芒芒然」嗎？

記得上學的時候，老師常常這樣講：地裡的莊稼，即使你站在它面前，眼睛緊盯住它不放，也絕不會看到它生長的過程；但是隔一段時間去看它，卻發現它已經長高了。人的身體長高也是同樣的道理。那時，老師給我們講這個道理，是勉勵我們要勤奮學習。只要耕耘，就有收穫，不要心急圖快，囫圇吞棗。現在想來，也包含著老師不揠苗助長的一份苦心在內。

其實，不僅學習技藝是如此，累積知識也是如此。我們進德修業，立身處世的方方面面，又何嘗不是這樣呢？

關鍵在於營養的吸取，閱歷的增強。萬事總有規律，不是急於求成就可以如願以償的。

第三章

【原文】

孟子曰：「以力假仁者霸，霸必有大國；以德行仁者王，王不待大，湯以七十里，文王以百里。以力服人者，非心服也，力不贍①也；以德服人者，中心悅而誠服也，如七十子②之服孔子也。《詩》云：『自西自東，自南自北，無思不服③。』此之謂也。」

【注釋】

①贍（ㄕㄢˋ）：足。
②七十子：據《史記·孔子世家》記載，孔子的弟子多達三千人，其中身通六藝者七十二人，通稱「七十子」。在《仲尼弟子列傳》作「七十七人」。此取整數而言。
③《詩》云各句：引自《詩經·大雅·文王有聲》篇裡的詩。這是一首歌頌周文王的詩歌。

【譯文】

孟子說：「倚仗武力假借仁義可以稱霸於諸侯，這種稱霸必定是大國；依靠道德施行仁政能夠稱王天下，這種實行王道稱王天下就不一定是大國，商湯王憑藉的國土方圓七十里，周文王憑藉的國土也只有方圓百里。倚仗勢力征服別人的，別人並不是真心服從，而是出於力量不足。依靠道德使人歸附的，才是心悅誠服的，如同孔子門下七十二弟子拜服孔子一樣。《詩經》裡說：『從西到東，從南到北，無不心悅誠服。』就是指這種情況。」

【延伸閱讀】

孟子以德服人的主張，與孔子是一脈相承的，都是以攻心為上、以柔克剛的千古決策。

　　需要討論的是，以德服人到底還要不要武力？

　　實際情況告訴我們，以德服人還是離不開武力。以諸葛亮七擒孟獲的情況為例，當諸葛亮第一次放走孟獲後，眾將都很不理解，一起來問諸葛亮。諸葛亮笑了笑說：「我要捉他，就像在口袋中取東西一樣容易，但只有使他口服心服，南方才會真正平定。」可見，諸葛亮之所以能夠七擒七縱，還有賴於軍事上的絕對優勢。用他自己的話來說，叫做「如囊中取物」般容易。如果武力上不佔絕對優勢，那就很可能放龍歸海，放虎歸山，嚴重時還會自食其果。

　　鑑於此，德和力兩方面一個都不能少，只不過力是手段而不是目的，攻心為上才能長治久安，以德服人才是上策。

第四章

【原文】

　　孟子曰：「仁則榮，不仁則辱；今惡辱而居不仁，是猶惡濕而居下也。如惡之，莫如貴德而尊士，賢者在位，能者在職。國家閒暇，及是時，明其政刑。雖大國，必畏之矣。《詩》云：『迨天之未陰雨，徹彼桑土①，綢繆牖戶②。今此下民，或敢侮予？』孔子曰：『為此詩者，其知道乎！能治其國家，誰敢侮之？』今國家閒暇，及是時，般樂怠敖，是自求禍也。禍福無不自己求之者。《詩》云：『永言配命③，自求多福。』《太甲》曰：『天作孽④，猶可違⑤；自作孽，不可活。』此之謂也。」

【注釋】

　　①《詩》云：此處的詩引自《詩經・豳風・鴟鴞》，以鴟鴞設喻，申述周王室危急，表明周公救亂扶傾的苦心。迨：趁著。徹：剝取。桑土：桑根的皮。

　　②綢繆：纏綿。牖戶：門窗，此指鳥巢的出入口。

　　③《詩》云：引自《詩經・大雅・文王》篇。永言配命：意為周朝之命與天命相配。

　　④《太甲》：相傳《尚書》中的《太甲》是商初伊尹告誡商王太甲的

訓詞。

　　⑤孽：指妖孽，即不祥、怪異的徵兆現象。違：設法躲避。

【譯文】

　　孟子說：「國君只要施行仁政，就能國泰民安身享榮耀；不施行仁政，就將國破民亂身遭屈辱。現在人們雖然厭惡屈辱，卻又安於不仁的現狀，這好比是厭惡潮濕卻甘心居住在低窪的地方。如果真的厭惡屈辱，不如重視德行而尊重士人，使賢德的人治理國家，讓能幹的人擔任官職，國家就沒有內憂外患了，再趁著這大好時機，修明政治法律制度，這樣即使是大國也必定會對此感到畏懼了。「《詩經》云：『趁著天還沒有陰雨，剝些桑樹根上皮，以便修整好門窗。那些下面的人，誰還敢欺侮我。』孔子說：『作這首詩的人真是懂得道理啊！君主能治理好自己的國家，誰還敢欺侮他呢？』現在國家安定，如果國君這時享樂怠惰，這簡直是自取災禍。一個人的禍福無不是自己招來的。《詩經》中說：『我們永遠要和天命相配，好為自己尋求更多的幸福。』《太甲》說：『上天降災禍，還可設法躲避，自己造成的禍害，簡直沒法逃脫。』說的正是這個意思。」

【延伸閱讀】

　　孟子苦心提醒大家，既然厭惡潮濕，就不要自居於低窪的地方；既然厭惡恥辱，就不要自居於不仁的境地。說到底，還是要求當政者實施仁政。

　　現實中，「惡濕居下」的現象非常普遍，可能是個人生活中的小事，也可能是國家行政上的大事。比如：酗酒是要誤大事的，抽菸是有損健康的，睡懶覺也是對健康不利的……儘管我們厭惡這些後果，可是我們偏偏要抽菸、喝酒、睡懶覺……誰還去管「未雨綢繆」或「天作孽，猶可違；自作孽，不可活」這些警句格言呢？

第五章

【原文】

孟子曰：「尊賢使能，俊傑在位，則天下之士皆悅，而願立於其朝矣；市，廛而不徵①，法②而不廛，則天下之商皆悅，而願藏於其市矣；關，譏而不征，則天下之旅皆悅，而願出於其路矣；耕者，助而不稅③，則天下之農皆悅，而願耕於其野矣；廛，無夫里之布④，則天下之民皆悅，而願為之氓⑤矣。信能行此五者，則鄰國之民，仰之若父母矣。率其子弟，攻其父母，自有生民以來，未有能濟者也。如此，則無敵於天下。無敵於天下者，天吏也。然而不王者，未之有也。」

【注釋】

①廛（ㄔㄢˊ）：儲藏或堆積貨物的貨棧。徵：徵收租稅。
②法：貿易法，名詞用於動詞，按法定價格收購。
③助：幫助耕種公田。稅：名詞動用，徵收租稅。
④布：錢。 ⑤氓（ㄇㄤˊ）：自由民。

【譯文】

孟子說：「尊重賢達，任用能人，讓才德出眾的人來治理國家，那麼天下的士子們都會感到喜悅，願意在這樣的朝廷裡任職；在市場上，提供貨棧而不徵稅，滯銷的貨物由國家按法定價格收購，天下的商人們都會感到喜悅，願意在這樣的市場來做買賣；在關卡上，僅僅進行稽查，並不徵收稅金，那麼天下的旅客們都會感到喜悅，願意在這樣的道路上行走；種田的人只需按井田制助耕公田而不必繳納租稅，那麼天下的農夫們都會感到喜悅，願意到那裡去種田了；里弄的居民們，不必繳納雇役錢和地稅，那麼天下各國的百姓們都會感到喜悅，願意到那裡去居住。如果誰能實行這五項，那麼鄰國的老百姓便會像尊重父母般愛戴他。假如別國的國君妄圖進犯他，就好像是率領兒女去攻打他們的父母，從有人類以來，是沒有能夠獲得成功的。要是這樣，就能無敵於天下。天下無敵的人，就是上天派遣到下界來的使者。要是做到這樣，卻還不能統一天下的，那還從未有過。」

【延伸閱讀】

　　孟子的論述要點是發展經濟的治國策略：從用人政策到商業、農業、城市居民等各方面，發展是解決問題的最佳方法。可見，只有發展才能得民心，只有得民心國家才能興旺。古代已是如此，當今更是必然的趨勢。

　　當然，關於用人，關於稅收（商業稅、關稅、農業稅、城市人口土地佔用稅，等等），無論是在古代還是現代，恐怕都還有很多地方不能盡如人意。這裡面錯綜複雜的原因非常之多，其中根本的一條恐怕還是理論與實踐的衝突。一方面，理論畢竟含有很多理想的成分；另一方面，治理一個國家（甚至一個地區）絕非紙上談兵那樣容易，其中千頭萬緒的矛盾、千絲萬縷的糾葛，就連個中人也難以體會。

　　即使如此，我們也不能否認，孟子描繪出的是一幅誘人的關於開放的藍圖。尤其是在他所處的那個戰火紛飛、兵禍不斷的時代，如果有哪一個君王真能實踐他這一系列規劃，那的確是非常難能可貴的。

第六章

【原文】

　　孟子曰：「人皆有不忍人之心。先王有不忍人之心，斯有不忍人之政矣。以不忍人之心，行不忍人之政，治天下可運之掌上，所以謂人皆有不忍人之心者，今人乍見孺子將入於井，皆有怵惕惻隱之心[1]。非所以內交[2]於孺子之父母也，非所以要譽[3]於鄉黨朋友也，非惡其聲而然也。

　　「由是觀之，無惻隱之心，非人也；無羞惡之心，非人也；無辭讓之心，非人也；無是非之心，非人也。惻隱之心，仁之端也；羞惡之心，義之端也；辭讓之心，禮之端也；是非之心，智之端也。人之有是四端也，猶其有四體[4]也。有是四端而自謂不能者，自賊者也；謂其君不能者，賊其君者也。凡有四端於我者，知皆擴而充之矣，若火之始然[5]，泉之始達。苟能充之，足以保四海；苟不充之，不足以事父母。」

【注釋】

①怵惕（ㄔㄨˋ　ㄊㄧˋ）：驚慌的樣子。惻隱：傷痛不忍。
②內交：內通「納」，結交。
③要譽：要通「邀」，謀求。要譽，求得好名聲。
④四體：四肢。　⑤然：同「燃」。

【譯文】

　　孟子說：「人都有憐憫他人之心。先王有憐憫他人的心，於是才有憐憫百姓的仁政。用憐憫他人之心，來施行憐憫百姓的仁政，治理天下就能像把小東西放在手掌上運轉那樣容易了。我之所以說人都有憐憫他人之心，是因為如果人們突然見到小孩將要掉入井中，都會立即產生驚慌同情之心。這樣做並非是為了和孩子的父母拉交情，並非是為了在鄰里朋友中獲得好名聲，也並非是由於厭惡孩子的哭叫聲。

　　「由此看來，沒有同情之心的不能算是人；沒有羞恥之心的不能算是人；沒有禮讓之心的不能算是人；沒有是非之心的也不能算是人。同情之心是仁的開端；羞恥之心是義的開端；禮讓之心是禮的開端；是非之心是智的開端。一個人有這四個開端，就好比他的身體有四肢一樣。具有這四個開端而自認為不行的，是自暴自棄；認為自己君主不行的，是暴棄自己的君主。凡是自身具備這四個開端的人，如果能夠把它們都擴大開來，就好比火剛開始點燃，泉水剛開始流出。如果能夠擴充這四個開端，就可以保護天下的百姓安居樂業；假如不去擴充它們，那就連自己的父母也無法奉養了。」

【延伸閱讀】

　　孟子的思路非常明確：仁政是天經地義的，是自古有之的。

　　推行「仁政」是孟子畢生的追求，但他的推導本身似乎沒有產生很大影響，倒是他推導的前提——「人皆有不忍人之心」產生了巨大的影響，尤其是在此基礎上所提出的「仁義禮智」都來源於這種「不忍人之心」的看法，更是成了中國古代哲學中「性善論」的起源和理論基礎。

　　孔子有言：「性相近也，習相遠也。」他表明，人性本來是相近的，只因為教養的不同，便相差很遠。然而孔子既沒有說相近的人性是什麼，是善還是惡，也沒有展開論述。

　　孟子與孔子不同，他指出了相近的人性就是源於仁義禮智的「不忍人

之心」。與此同時，他還舉出生動的例證論證這種「不忍人之心」是人與生俱來的。沒有「仁」，簡直就不是人。他把「仁義禮智」這些社會性質的道德觀念說成是人的本性，從這個角度來說，孟子的人性理論是主觀唯心主義。

話又說回來，後天培養的作用，孟子也不完全否認。因為他認為「不忍人之心」包含四個方面，即「惻隱、羞惡、辭讓、是非」之心。而這「四心」只是「仁義禮智」這四種道德範疇的發端，或者說「四端」。這「四端」就像剛剛燃燒的火或剛剛流出的泉水一樣，還需要「擴而充之」才能夠發揚光大。不然的話，就會熄滅或枯竭。

由上可知，從理論基礎來說，孟子的確是從天賦性善論（「四心」）推導出天賦道德論（「四端」），再推導出「不忍人之政」（仁政）。然而從實踐來說，孟子還是重視後天努力（「擴而充之」）的作用。撇開關於先天還是後天、唯心還是唯物的抽象討論，聯繫孟子所處的戰國時代的社會狀況來看，主張人性本善，強調天賦道德，推行仁愛政治，這些都具有積極的現實意義。

第七章

【原文】

孟子曰：「矢人豈不仁於函人哉①？矢人唯恐不傷人，函人唯恐傷人。巫、匠②亦然。故術③不可不慎也。孔子曰：『里仁為美，擇不處仁，焉得智？』夫仁，天之尊爵④也，人之安宅也。莫之禦而不仁，是不智也。不仁不智，無禮無義，人役⑤也。人役而恥為役，由弓人而恥為弓，矢人而恥為矢也。如恥之，莫如為仁。仁者如射：射者正己而後發，發而不中，不怨勝己者，反求諸己而已矣。」

【注釋】

①矢人：造箭的工匠。函人：製造鎧甲的人。
②巫：以為活人祈禱求福為職業的人。匠：為死人製作棺材的木匠。
③術：指職業。
④尊爵：最崇高的爵位。「仁義禮智」仁為長，仁對於人來說最寶

貴，所以稱為「天之尊爵」。

⑤人役：被別人所役使的人。

【譯文】

孟子說：「造箭的人難道不如造鎧甲的人仁愛嗎？造箭的人唯恐箭不能傷人，製甲的人唯恐甲破而使人受傷，想法截然不同是由他們的職業決定的。專為人求福多壽的巫師和專為人製棺材望人早死的木匠也是如此。所以，一個人選擇職業不可不持謹慎的態度。孔子說：『住在仁德的地方才好。經過選擇卻不住在仁德的地方，哪能算聰明？』仁，是上天賜的最尊貴的爵位，是人們最安全的住宅。沒有阻礙卻不去行仁，這便是人們不聰明的地方。一個人不仁不智、無禮無義，那就只配當他人的僕役。當了僕役卻又恥於為他人所役使，那就好比造弓的以造弓為恥，造箭的以造箭為恥一樣。要是覺得可恥，不如去行仁。行仁的道理如同射藝一樣，射箭的人先端正自己的姿勢然後放箭，箭發而不中，不去埋怨勝過自己的人，只是返回來從自身尋找原因罷了。」

【延伸閱讀】

本章最大的看點是孟子提出的「術不可不慎」的問題。

造鎧甲的人怕自己所造的鎧甲保護不了人，而造箭的人怕自己所造的箭不能夠傷害人；醫生怕自己的醫術不高明救不了人，而棺材店的老闆卻怕沒有人死，棺材賣不出去。這並不是因為造箭的人和棺材店的老闆不如造鎧甲的人和醫生仁慈，而是職業使他們各自產生不同的心理狀態，或者說是職業心理在作怪。

所以，選擇職業一定要謹慎。正如孟子得出結論說：「術不可不慎。」

從另一方面來說，假如大家都把孟子的話聽進去了，誰還願意去開棺材店或殯儀館呢？誰還去造軍火呢？

因此，社會分工和職業選擇是同時存在的。

儘管有「做一行，愛一行」、「三百六十行，行行出狀元」的說法，有「職業無高低貴賤之分」的教育和宣傳，但是，教育和宣傳的事實本身就說明了職業之間確實有差異存在。強調無高低貴賤之分，正說明有高低貴賤，只不過不同的時代和不同的人有不同的衡量標準罷了。比如說，孟

子所提出來的造弓箭的人和賣棺材的人的問題，你從不同的角度來理解，造弓箭的人是為了讓你去射殺如桀紂那樣的不仁之人，賣棺材的人是為了讓你死後屍首有安放之處，不也是仁」嗎？

第八章

【原文】

孟子曰：「子路，人告之以有過則喜；禹聞善言則拜①。大舜有大焉②，善與人同③，舍己從人，樂取於人以為善。自耕稼、陶、漁以至為帝④，無非取於人者。取諸人以為善，是與人為善者也。故君子莫大乎與人為善⑤。」

【注釋】

①禹：相傳上古時代治水有功的賢君，他接受舜的讓位建立夏朝。拜：即拜首。後來便沿用為行禮的通稱。

②有大焉：有，同「又」。焉，語助詞，此在句末作兼語，等於介詞「於」加代詞「是」。

③善與人同：即與人同善。

④耕、稼、陶、漁：據《史記·五帝本紀》記載，舜為帝前曾經從事過種地、燒製陶器和捕魚等各種勞動。

⑤與人為善：與字有兩說，一是偕同，和別人一起；一是贊許、 明。朱熹《集注》云：「與，猶許也、助也。」兩解都可通。

【譯文】

孟子說：「子路聽到別人指出他的過錯，便表示高興；夏禹聽到有益的話，便向人拜謝。偉大的舜帝在這方面更偉大，他願意和別人一起行善，拋棄自己的缺點，吸取別人的優點，並樂於用來行善。從他當百姓時種田、製陶、打漁一直到當上天子帝王，沒有哪個時候不向別人學習的。吸取別人的優點來行善，就是協同別人一道行善。君子的所作所為沒有比和別人一起行善更偉大的了。」

【延伸閱讀】

通常，我們主張與人為善，意思是善意地幫助他人。這與本章的大意雖密切相關卻有著些許的區別。孟子的與人為善是與別人一起行善，其前提是吸取別人的優點，改正自己的缺點。

子路正是聞過則喜的典範，聽到別人給自己指出過錯就高興。此外，夏禹也是這方面的模範，他只要一聽到別人對他說有教益的話，不僅高興，而且還要行上一個大禮。當然，比起子路和夏禹來，大舜的「與人為善」就更為高明了，不但高興、下拜，還要切實吸取並付諸行動，這就等於與別人一起行善了。

從聞過則善，聞善言則拜，到與人為善，儘管程度有所不同，其實質是一樣的，就是善於吸取別人的優點而改正自己的缺點。但是，現實中要真正做到「與人為善」也是非常不容易的，究其原因，最根本的一點是沒有寬廣的胸襟和肚量來處理人與我之間的關係，莫說與人為善，就是聞過則喜也是難以做到的。就算能做到的，也只是徒有其表罷了。

第九章

【原文】

孟子曰：「伯夷，非其君不事，非其友不友；不立於惡人之朝，不與惡人言；立於惡人之朝，與惡人言，如以朝衣朝冠坐於塗炭①。推惡惡②之心，思與鄉人立，其冠不正，望望然③去之，若將浼④焉。是故諸侯雖有善其辭命而至者，不受也。不受也者，是亦不屑就已。

「柳下惠⑤不羞汙君，不卑小官；進不隱賢，必以其道；遺佚而不怨，厄窮而不憫。故曰：『爾為爾，我為我，雖袒裼（ㄒㄧ）裸裎⑥於我側，爾焉能浼我哉？』故由由然⑦與之偕而不自失焉，援而止之而止。援而止之而止者，是亦不屑去已。」

孟子曰：「伯夷隘，柳下惠不恭。隘與不恭，君子不由也。」

【注釋】

①塗炭：比喻污穢不堪的地方。塗，污泥。炭，炭灰。

②惡惡：前一個惡（ㄨˋ），厭惡。後一個惡（ㄜˋ），惡人。
③望望然：拋下不顧的樣子。
④浼（ㄇㄟˇ）：污穢。
⑤柳下惠：魯國的大夫。本名展獲，字禽，因他的食邑在柳下，諡號為惠，所以人們稱他為柳下惠。在儒家著作中，曾多次將他與伯夷等賢人並列，譽為有德行的人。
⑥袒裼（ㄊㄢˇ ㄒㄧˊ）：露臂。裸裎（ㄔㄥˊ）：露身。
⑦由由然：自得的樣子。

【譯文】

　　孟子說：「伯夷不侍奉不夠格的君主，不交往不夠格的朋友，不在惡人的朝廷裡做官，不和惡人談話。他覺得在惡人的朝廷裡做官，和惡人談話，就好比穿戴著上朝的衣帽坐在污泥和炭灰之中一樣。把這種厭惡壞人的心思推廣開去，他和鄉里平民在一起，如果那人的帽子沒有戴正，他便會憤憤然離開，好像將會被玷污一樣。因此，各國的諸侯儘管用好言好語來聘請他去做官，他卻不接受。他之所以不接受，是不屑於去俯就他們。

　　「柳下惠不以侍奉品質壞的君主為羞辱，不以自己的官職卑微為低下；進身任職不隱瞞自己的才幹，必定按照自己的原則辦事；不被上面任用也毫無怨言，處境極端困難也不憂傷。他說：『你是你，我是我，縱然赤身露體地站在我旁邊，你又怎麼能玷污我呢？』所以他能自然地與他人共處而不失常態，別人挽留他留下，他便留下。他之所以被挽留便留下，是用不著離開而已。」

　　孟子說：「伯夷的心胸過於狹隘，柳下惠的態度又不太嚴肅。狹隘和不嚴肅，賢德的君子是不會這樣做的。」

【延伸閱讀】

　　儘管伯夷、柳下惠德行高尚，但秉性還是有缺陷，正如孟子所言，一個真正的君子，應該按中庸之道來行事處世。

　　行事處世的道理，孔子也很有心得。為了加深弟子們對「貪欲」與「剛正」的理解，孔子故意提出了一個明確的觀點──「我沒見過剛正不屈的人。」

　　鄭邦說：「我們同學中的申棖是剛正之人。」

孔子說：「申棖貪欲，怎麼可能剛正呢？」

冉季請教：「應怎樣理解『貪欲』與『剛正』之間的關係呢？」

「如上所說，『貪欲』則不『剛正』，『無欲』則『剛正』。換言之，無欲則剛，貪欲不剛。」孔子說完，接著問：「在現實生活中，有無欲則剛、貪欲不剛之人嗎？」

石作蜀說：「我是秦國人，秦國有一個叫榮玉的邑宰，他色慾極強，時常姦淫美女。幾年前，他剛到一地赴任不久，便有三位女子聯合起來，和持刀攜劍的丈夫一起衝進衙署找榮玉算賬。榮玉嚇得魂飛魄散，不敢露面，只好委託差頭代他向三對夫婦道歉，並分別付一百兩銀子作為謝罪禮，此事才勉強作罷。這說明榮玉是貪欲美色而不剛毅之人。」

任不齊說：「在楚國葉地有一個富豪叫公冶產，喝醉酒之後，惡性發作，一連殺死兩個僕人。二位僕人的父兄皆去衙署，向沈諸梁（即葉公）告狀，強烈要求葉公為民做主，報仇雪恨。公冶產一看事情鬧大了，立即派大管家送給葉公一名貌若天仙的僕女和一千兩銀子。葉公卻沒有理會，而是立即派差役將公冶產捉拿歸案，並於當天的集市上公審。葉公怒問公冶產：『你無辜殺害兩個僕人，又用一名美女和千兩紋銀賄賂本官，你可知罪？』面對威嚴的葉公和極度憤恨的黎民百姓，公冶產只好認罪畫供。葉公說：『對殺人犯公冶產行賄的千兩紋銀，補償兩位死者家屬各四百五十兩，其餘一百兩銀子補償慘遭傷害的僕女回家謀生。』說完，當眾宣判：『依條律判處殺害兩名僕人的公冶產死刑，立即執行！』公冶產被就地砍頭示眾。黎民百姓無不稱頌葉公是個清官。像葉公這樣的官吏不就是無欲則剛的好官嗎！」孔子說：「任不齊，石作蜀從正反兩個方面舉例說明了『無欲則剛』、『貪欲不剛』的道理。要做一個好人、君子、仁人、清官，必須節制貪欲。否則，一旦陷入無度的貪欲之中，不僅無剛正可言，還會身敗名裂、自取滅亡！」

孔子還說：「我和你們都應加強自我修養，努力做到無欲則剛！」

公孫丑章句·下

第一章

【原文】

孟子曰：「天時不如地利，地利不如人和。三里之城，七里之郭①，環而攻之而不勝。夫環而攻之，必有得天時者矣；然而不勝者，是天時不如地利也。城非不高也，池非不深也，兵革非不堅利也，米粟非不多也；委而去之，是地利不如人和也。故曰：域民②不以封疆之界，固國不以山谿之險③，威天下不以兵革之利。得道者多助，失道者寡助。寡助之至，親戚畔之④；多助之至，天下順之。以天下之所順，攻親戚之所畔，故君子有不戰，戰必勝矣。」

【注釋】

①郭：外城。

②域民：限制人民。

③固：使動詞，固國，使國防堅固。谿，同「溪」。

④親戚：指內外親屬。《禮記・曲禮》孔疏云：「親指族內，戚指族外。」畔：通「叛」。

【譯文】

孟子說：「有利的時機不如有利的地勢，有利的地勢不如人的齊心協力。三里見方的城邑，七里見方的外城，敵人包圍攻打卻無法取勝。敵人既來圍攻，必定選擇好的時機，但是卻不能奪取，這正說明有利的時機不如有利的地勢。城邑牆不是不高，護城河不是不深，武器盔甲不是不好，糧食草料不是不多，守兵們卻棄城而逃，這正說明有利的地勢不如人的齊心協力。所以說，約束民眾不能只靠國家的疆界，鞏固國防不能只靠山河的險要，揚威天下不能只靠武器的銳利。擁有道義的人援助他的便多，失掉道義的人援助他的便少。援助少到極點時，連自己的內親外戚也會反叛他；援助多到極點時，整個天下的人都願意順從他。讓整個天下都願意順從的人，去攻打連親戚都反叛他的人，擁有道義的君子除非不戰，一旦去攻打就一定會獲得勝利。」

【延伸閱讀】

民心向背非常重要，孟子雖然只舉了軍事的例子作比喻，其意義和重點絕不限於軍事戰爭，由此所引出的「得道者多助，失道者寡助」，則成了千古傳誦的名句，激勵著一切為正義而抗爭的人們。

現實生活中，民心向背的問題更多展現在人際交往上。人與人之間的關係非常奇妙，有些友誼維繫一生，有些則緣盡而散。友誼的褪色可能是因為志趣各異，但更多則是由於分歧沒有處理好，產生誤會鬧出矛盾便彼此不再往來，甚至視為怨敵。

友情是需要細心呵護的，就像穀倉需要照料一樣。想說而沒有說出的話，想打而沒有打的電話，想參加而最終沒去參加的聚會，辜負過別人的信任，爭執後沒有和解，為一樁誤會或一點分歧而心存芥蒂。

總之，一個人不論多麼堅強、能幹、有成就，仍要靠良好的人際關係，才能展現出自身的價值。同時，我們要重視和善於交際，也包括重視和善於重修舊好、化敵為友。做到這些當然需要抓住時機，掌握方法技巧，但最重要的是要主動爭取，運用心理策略。發揮自己的能動性，才能掌握時機和技巧。

第二章

【原文】

孟子將朝王，王使人來曰：「寡人如就見者也，有寒疾，不可以風；朝將視朝[①]，不識可使寡人得見乎？」

對曰：「不幸而有疾，不能造朝。」

明日，出弔於東郭氏[②]。公孫丑曰：「昔者辭以病，今日弔，或者不可乎？」

曰：「昔者疾，今日癒，如之何不弔？」

王使人問疾，醫來。孟仲子對曰[③]：「昔者有王命，有采薪之憂[④]，不能造朝；今病小癒，趨造於朝，我不識能至否乎？」使數人要[⑤]於路，曰：「請必無歸，而造於朝！」

不得已而之景丑氏[⑥]宿焉。景子曰：「內則父子，外則君臣，人

之大倫⑦也；父子主恩，君臣主敬。丑見王之敬子也，未見所以敬王也。」

曰：「惡，是何言也！齊人無以仁義與王言者，豈以仁義為不美也？其心曰，『是何足與言仁義也』云爾，則不敬莫大乎是。我非堯舜之道，不敢以陳於王前，故齊人莫如我敬王也。」

景子曰：「否，非此之謂也。《禮》曰『父召無諾；君命召，不俟駕。』固將朝也，聞王命而遂不果，宜與夫禮若不相似然。」

曰：「豈謂是與？曾子曰：『晉、楚之富，不可及也。彼以其富，我以吾仁；彼以其爵，我以吾義，吾何慊⑧乎哉！』夫豈不義而曾子言之？是或一道也。天下有達尊⑨三：爵一，齒一，德一。朝廷莫如爵，鄉黨莫如齒，輔世長民莫如德。惡得有其一以慢其二哉！」

「故將大有為之君，必有所不召之臣，欲有謀焉，則就之。其尊德樂道，不如是，不足與有為也。故湯之於伊尹，學焉而後臣之，故不勞而王；桓公之於管仲，學焉而後臣之，故不勞而霸。今天下地醜德齊，莫能相尚⑩，無他，好臣其所教，而不好臣其所受教。湯之於伊尹，桓公之於管仲，則不敢召。管仲且猶不可召，而況不為管仲者乎！」

【注釋】

①朝將視朝：前一個朝（ㄓㄠ），早晨；後一個朝（ㄔㄠˊ），視朝，指上朝視察辦事。

②東郭氏：據《風俗通》記載，東郭氏是齊國的大夫，東郭咸陽是他的後人。《趙注》云：「齊大夫家也。」

③孟仲子：是孟子的堂兄弟，曾學於孟子。

④采薪之憂：是說有病不能上山打柴的委婉之詞。《禮記・曲禮》云：「君使士射，不能，則辭以疾，言曰：『某有負薪之憂。』」

⑤要：攔阻。

⑥景丑氏：齊大夫景丑家。

⑦倫：倫常，封建社會以君臣、父子、夫婦、兄弟、朋友為五倫，並以父子有親、君臣有義、夫婦有別、長幼有序、朋友有信為人倫的常道，簡稱倫常。

⑧慊（ㄑㄧㄢˋ）：少，此處為意動用法，以為少之意。

⑨達尊：指普天下所尊敬的事。

⑩莫能相尚：互相不能超過。尚：朱熹《集注》：「過也。」

【譯文】

　　孟子正準備去朝見齊王，齊王派人來傳話道：「本來我將要去看望你的，無奈得了感冒，不能吹風，明早我將臨朝聽政，不知道能讓我見到你嗎？」

　　孟子答道：「我也不幸染了點病，不能到朝堂上去。」

　　第二天，孟子出門到東郭氏家去弔喪。公孫丑說：「昨天推說有病，今天卻去弔喪，也許不合適吧？」

　　孟子說：「昨天得了病，今天病好了，怎麼不能去弔喪呢？」

　　齊王派人來詢問病情，並且帶來了醫生。孟仲子應付來人說：「昨天大王派人召請，先生病了不能上朝堂去。今天病剛好了點，就趕快到朝堂上去了，我不知道他能不能到達朝中？」於是打發幾個人到路上攔住孟子，告訴說：「請您一定別回家，上朝去走一趟吧！」

　　孟子不得已，只得來到交好的齊大夫景丑氏家借住一夜。景丑知情後便說：「在家講父子之親，出外講君臣之義，這是為人的重大倫常關係。父子之間以慈愛為主，君臣之間以尊敬為主，我只看到大王敬重你，卻沒看到你敬重齊王。」

　　孟子說：「呀！這是什麼話？你們齊國人沒有一個與大王談論仁義的，難道是認為仁義不好嗎？他們心裡在想：『這樣的大王哪裡夠得上談論仁義呢？』我看再沒有什麼比這種態度更不敬重齊王了。而我呢，不是堯舜之道不敢在大王面前陳說，所以齊人沒有誰比我對齊王更恭敬了。」

　　景丑說：「不，我說的不是這個。《禮》書中說：『父親召喚輕輕答應就起身，君命傳喚不等馬車駕好就前去。』你本來準備上朝，聽到齊王傳喚反而不去了，恐怕與禮的要求不相符合吧。」

　　孟子說：「難道你說的是這個嗎？曾子說過：『晉國和楚國的富有，是別國不能相比的。不過，他們依仗的是財富，我實行的是仁愛；他們憑的是爵位，我守的是義，我為什麼覺得比他們少什麼呢？』要是不合乎義，曾子會這樣說嗎？應該是有道理的吧。天下普遍尊重的東西有三：一個是爵位，一個是年齡，一個是德行。朝廷上最尊重爵位，鄉里中最尊重年齡，輔佐君王、治理百姓最尊重德行，怎麼能仗著有一個爵位，就去怠慢既年長又有德行的人呢！

「因此，要有大作為的君主，一定要有他不敢召喚的臣子，要有事情商議，那就（親自）前去請教。國君重視德行、樂於施行仁政，如果不是這樣做，就不能與賢德的臣子有所建樹。因此，商湯王對於伊尹，先向他學習，然後才把他當作臣子，所以不費力氣就統一了天下；齊桓公對於管仲，也是先向他學習，然後再用他為臣，所以不費力氣就能稱霸諸侯。當今天下各國的領土相差無幾，君王的德行不相上下，誰也沒能超過誰，這沒有別的緣故，就因為他們喜歡用聽從自己教導的人做臣子，而不喜歡用有能力教導自己的人做臣子。商湯王對於伊尹，齊桓公對於管仲，就不敢召喚。管仲尚且不能召喚，何況不屑做管仲的人呢！」

【延伸閱讀】

這個不屑於做管仲的人就是孟子，可見孟子是非常清高的。

從旁人的角度來看，孟子既然如此自視清高，當然不願意被當權者呼來喚去。自己主動要去朝見是一回事，被召喚去朝見又是另一回事。因此，孟子才有為景丑等人所不理解的行為。這種行為，不僅孟子有，孔子也是有的。說得明白一點，就是自視甚高的人都很注意自己的立身「出處」。這種做法，在民間看來可就不一樣了，說得好聽一點是「清高」，說得難聽一點是「架子太大」，再說得難聽一點那可就是「迂腐」或「酸溜溜」的了。或許正是因為他們的「清高」而不肯苟且，所以無論是孔子還是孟子空有滿腹經綸和濟世良方，周遊列國卻不被重用。而像蘇秦、張儀那樣的縱橫家，雖沒有孔、孟的「清高」，「展開談天說地口，來說名利是非人」，只管遊說取悅於君王，不拘泥於言行，結果卻大行其道，甚至能夠掛六國相印。

孟子對待人才的主張很明確，他要求君王「尊賢使能」、「尊德樂道」、禮賢下士，主動放下架子來啟用賢才，甚至需要拜賢才為老師。其實，這也是儒家在用人方面的基本觀點。

既然當政者多半「好臣其所教，而不好臣其所受教」，既然任人唯賢、禮賢下士是如此困難，作為被用的人，有一點「不可召」的清高和骨氣，也就不足為奇了。正如曾子所說：你有你的官位，我有我的正義，我又有什麼不滿的呢？

第三章

【原文】

陳臻①問曰：「前日於齊，王餽兼金一百而不受；於宋，餽七十鎰而受②；於薛③，餽五十鎰而受。前日之不受是，則今日之受非也；今日之受是，則前日之不受非也。夫子必居一於此矣。」

孟子曰：「皆是也。當在宋也，予將有遠行，行者必以贐；辭曰：『餽贐』④。予何為不受？當在薛也，予有戒心；辭曰：『聞戒，故為兵餽之。』予何為不受？若於齊，則未有處也，無處而餽之，是貨之也。焉有君子而可以貨取乎？」

【注釋】

①陳臻：孟子的弟子。

②餽：贈送。兼金：好金，它的價格比一般金價高出一倍，所以叫兼金。先秦時代所謂的金，多是指黃銅，並不是現在的黃金。一百：百鎰，古時一鎰為一金。鎰，二十兩。

③薛：是齊國田嬰的封邑，故城在今山東滕縣。

④贐（ㄐㄧㄣˋ）：臨別時贈送的財物。

【譯文】

陳臻問道：「以前在齊國，齊王贈送上等金一百鎰您不接受；現在在宋國，宋王贈送七十鎰金您卻接受了；在薛地，薛君贈送五十鎰金您也接受了。如果以前的不接受是對的，那麼現在接受就不對了；如果現在接受是對的，那麼以前的不接受就不對了。您一定有一次做錯了。」

孟子說：「都是對的。在宋國時，我準備長途旅行，對旅行的人理應送盤費，宋王說：『送上一些盤纏。』我為什麼不接受呢？在薛地時，我因為有人將暗中謀害，需有戒備之心，薛君說：『聽說您需要戒備，所以送上一點買兵器的錢。』我又為什麼不接受呢？至於在齊國，就沒有任何理由。沒有理由卻要送給我一些錢，這等於是用錢來收買我。哪有賢德的君子可以用金錢收買的呢？」

【延伸閱讀】

今天，我們身處市場經濟時代，金錢的收與不收、辭與不辭的問題也時常擺在有權者的面前。孟子的基本原則是「焉有君子而可以貨取乎？」也就是說，不拿不明不白的錢。在這個原則下，當收則收，當辭則辭。

孟子的論證可謂是具體問題具體分析，擺脫了「兩難推論」的限制，針對不同情況不同對待，這就是通權達變。這種處事方法，值得我們借鑑。

《論語‧雍也》篇裡，孔子派公西華出使齊國，冉有幫公西華多要了一些安家口糧，孔子認為，公西華做大使「乘肥馬，衣輕裘」，有的是錢財口糧，因此並沒有多給他安家口糧。可是，當原憲做孔子家的總管而自己覺得俸祿太高時，孔子卻勸他不要推辭。這與孟子在齊國推辭而在宋國和薛地卻接受一樣，都令一般人不理解。但無論是孔子還是孟子，他們之所以這樣做，都是有自己的一番道理的，就是孔子所說的：「富與貴，是人之所欲也，不以其道得之，不處也。」也就是我們常說的「君子愛財，取之有道」。從思想方法上來說，就是既堅持原則又通權達變。不僅處理經濟問題如此，個人的立身處世更要如此。

孔子的名言「用之則行、舍之則藏」和孟子的名言「窮則獨善其身，達則兼善天下」等，就是說要懂得通權達變而識時務，孔子就深諳其道，所以孟子說他是「可以仕則仕，可以止則止；可以久則久，可以速則速」的「聖之時者」。

第四章

【原文】

孟子之平陸①，謂其大夫②曰：「子之持戟之士，一日而三失伍③，則去之否乎？」

曰：「不待三。」

「然則子之失伍也亦多矣。凶年饑歲，子之民，老羸轉於溝壑，壯者散而之四方者，幾千人矣。」

曰：「此非距心之所得為也。」

曰：「今有受人之牛羊而為之牧④之者，則必為之求牧與芻矣⑤。求牧與芻而不得，則反諸其人乎？抑亦立而視其死與？」

曰：「此則距心之罪也。」

他日見於王曰：「王之為都者⑥，臣知五人焉。知其罪者，惟孔距心。」為王誦之。

王曰：「此則寡人之罪也。」

【注釋】

①平陸：齊國邊境的縣，在今山東汶上縣北。汶水流經此地。

②大夫：指平陸縣的長官。

③失伍：是說士兵擅自離開隊伍是失職的表現。

④牧：放牧。⑤牧：牧地。芻：草料。

⑥為都者：治理城邑的官吏。

【譯文】

孟子來到平陸，對那個縣的長官孔距心說：「你縣裡守衛邊疆的戰士，如果一天三次失職，要不要將他除名呢？」

孔距心縣令說：「不必等三次。」

孟子說：「你失職的地方也很多了。災荒歉收的年月，你的百姓，老弱病殘的拋屍露骨於山溝中，年輕力壯的四方逃難，有近千人。」

孔距心說：「這不是我個人所能解決的。」

孟子說：「現在假如有個人接受了替他人放牧牛羊的任務，就一定要替他們尋找牧場和草料。要是找不到牧場和草料，那麼是把牛羊還給牠們的主人呢，還是站在一邊看著牛羊餓死呢？」

孔距心說：「這就是我的罪過了。」

另一天，孟子覲見齊王說：「大王的地方長官，我結識了五位，其中能認識自己失職罪過的，只有孔距心。」於是，就向齊王複述了與孔距心的對話。

齊王聽後說：「這也是我的罪過啊！」

【延伸閱讀】

孟子強調，無論是官員還是國君，都要有責任心。

我們對自身能力的信心，是以一種自身的責任心、對人生價值的正確

認識和我們對社會的貢獻為依託的，這種對能力的信心，只有達到一個新
的目標時，才能體會到。

　　沒有新的挑戰，我們的思想就會僵化。當你認為回憶比你的目標重要
得多時，你就算是步入老年了。一個依賴過去成就生活的人，和那些不能
使自己增強自信的人，會逐漸失去對自己能力的信任。

第五章

【原文】

　　孟子謂蚳鼃①曰：「子之辭靈丘②而請士師，似也③，為其可以言
也。今既數月矣，未可以言與？」

　　蚳鼃諫於王而不用，致為臣④而去。

　　齊人曰：「所以為蚳鼃則善矣；所以自為，則吾不知也。」

　　公都子⑤以告。

　　曰：「吾聞之也：有官守者，不得其職則去；有言責者，不得
其言則去。我無官守，我無言責也，則吾進退，豈不綽綽然有餘裕
哉？」

【注釋】

　　①蚳（ㄔˊ）鼃（ㄨㄚ）：齊國的大夫。
　　②靈丘：齊國的邊邑，在今山東高唐和茌平之間。
　　③似也：指所做的事近似有理。
　　④致為臣：即致仕，指辭職引退。
　　⑤公都子：孟子的弟子。

【譯文】

　　孟子對蚳鼃說：「你辭去靈丘縣令，請求去擔任獄官，似乎有點
道理，因為這個職位能向君王進諫。現在你當獄官已經幾個月了，難
道還不能進諫嗎？」

　　蚳鼃向齊王進諫卻沒有被採納，就辭掉官職離去了。

　　齊國有人議論此事道：「孟子替蚳鼃打算得很好，他怎麼為自己

考慮，我們就不知道了。」

孟子的學生公都子把聽到的議論告訴了孟子。

孟子說：「我聽說，有官職的人，不能盡職就得辭職不幹；有進諫責任的人，他進了諫而沒被採納，也得辭職不幹。我沒有職位在身，沒有進諫之責，我的進退豈不是寬寬綽綽地有很大的餘地嗎？」

【延伸閱讀】

有官有職就有責任。如果為官者做不到為官本分，那你何必去當官呢？

但是官場黑暗腐敗，爾虞我詐，你死我活，盡職盡責的官免不了要與人爭鬥，免不了耍弄權術，違背了當官的本意，仍舊是苦悶與煩惱同在。因此當官免不了進退兩難，不得抽身！

如此說來，還是無官一身輕啊，無官無職才能進退自如。

可是，對於大多數人來講，畢竟這樣的「輕」是「人生不能承受之輕」，真正「輕」下來了反而覺得異常沉重。

關於這一點，還是孟子看得最為透徹：「我無官守，我無言責也，則吾進與退，豈不綽綽然有餘裕哉？」

對那些想瀟灑走一回，輕輕鬆鬆度過一生的人而言，孟子的話還是有極大借鑑意義的。

第六章

【原文】

孟子為卿於齊，出弔於滕①，王使蓋大夫王驩為輔行②。王驩朝暮見，反齊、滕之路，未嘗與之言行事也。

公孫丑曰：「齊卿之位，不為小矣；齊、滕之路，不為近矣，反之而未嘗與言行事，何也？」

曰：「夫既或治之，予何言哉？」

【注釋】

①出弔於滕：孟子去弔唁滕文公。

②蓋：邑名，在今山東沂水西北。王驩（ㄏㄨㄢ）：齊王的寵臣，當時為蓋邑大夫。輔行：副使。

【譯文】

孟子在齊國擔任國卿，受命到滕國弔喪，齊王還另派了蓋邑大夫王驩作副使。王驩與孟子朝夕相處，一起往返於齊、滕兩國的道路上，孟子卻從未和他商量過怎樣行使公事。

公孫丑不禁發問道：「齊國國卿的職位不算小了，從齊到滕的路程不算近了，往返途中您卻從未和他商談出使的公事，這是什麼緣故呢？」

孟子說：「他既已獨斷專行，我還說什麼呢？」

【延伸閱讀】

孟子奉命出使，王驩是他的副手，按理應事事請示於孟子，但是他卻獨斷專行，因此孟子從不與他談論公務。孟子的態度很嚴厲，然而在言語上卻異常謹慎，不與王驩爭執、論理。這就是孔子所說的「邦無道，危行言遜」的處事態度的實際應用。從全書看來，孟子並不是每次都是這樣的態度，他有時抨擊時政的言論並不「遜」，然而其中似乎有隱隱約約的界限：他作為正式任職的官員時是遵從此道，而作為沒有職位的士人時則言語犀利，得理絕不讓人。這既有身分、地位不同的因素，也有社會條件不同的緣故。畢竟孟子所處的時代與孔子不一樣，不可同日而語啊！

第七章

【原文】

孟子自齊葬於魯①，反於齊，止於嬴②。

充虞③請曰：「前日不知虞之不肖，使虞敦匠事④。嚴⑤，虞不敢請。今願竊有請也：木若以⑥美然。」

曰：「古者棺槨無度⑦，中古⑧棺七寸，槨稱之。自天子達於庶人，非直為觀美也。然後盡於人心。不得⑨，不可以為悅；無財，不可以為悅。得之為⑩有財，古之人皆用之，吾何為獨不然？且比化者⑪無

使土親膚，於人心獨無恔乎⑫？吾聞之：君子不以天下儉其親。」

【注釋】

①自齊葬於魯：孟子在齊國時，隨行的母親過世，孟子從齊國把母親遺體送回國安葬。

②嬴：地名，故城在今山東萊蕪西北。③充虞：孟子的學生。

④敦：治，管，監督。匠事：木匠製作棺材的事。

⑤嚴：急，忙。⑥以：太。

⑦棺槨（ㄍㄨㄢ　ㄍㄨㄛˇ）無度：棺與槨都沒有尺寸規定。

⑧中古：指周公治禮以後的時代。⑨不得：指禮制規定所不允許。

⑩為：這裡是「與」的意思。⑪比：為了。化者：死者。

⑫恔（ㄒㄧㄠˋ）：快，快慰，滿足。

【譯文】

孟子從齊國到魯國去（安葬母親），返回齊國時，在嬴地停留。

充虞請問道：「前些日子承蒙老師您不嫌棄我，派我監理打造棺槨的事，當時事情匆迫，我不敢請教。現在想冒昧地問一下：那棺槨似乎太華美了吧？」

孟子說：「上古時，棺槨沒有規定的厚度，中古時，棺厚七寸，槨的厚度同棺相稱。從天子到平民百姓，（棺槨講究）不只是為了好看，而是這樣才能盡到孝心。（由於等級限制）不能用（好的棺槨），就不會稱心；沒有錢財用好的棺槨，也不會稱心。既有資格又有錢財，古人就都用好棺槨，為什麼偏我不能這樣？而且為了避免泥土挨近死者的肌膚（而用厚棺槨），對孝子來說豈不是一件感到慰藉的事？我聽說過這樣的話：君子不因愛惜天下財物而從儉辦理父母的喪事。」

【延伸閱讀】

從不少典籍中我們可以知道，孟子的母親實在是一位慈母，對孟子的教育頗費了一番周折。所以，在母親去世之時，孟子的盡孝之心是可以理解的，把棺材做得好一點也是理所當然的。

但是，這裡如此說，絕不單單是為了對孟子為母親做上等棺槨一事做解釋，而是為了表達孟子的思想：在處理父母後事的問題上，只要是禮制和財力兩方面允許，就要盡量做得好一些。

　　在《論語》裡，存在好多孔子及其弟子關於「孝」、「喪」的論述。孔子在〈八佾〉篇裡說：「與其易也，寧戚。」意思是說，喪禮與其鋪張浪費，寧可悲哀可度。因此，孔子其實更重視的是內在情感方面，而要求在物質方面節儉，反對喪事過分鋪張。這一點，在孟子這裡顯然已發生了變化。時代變化，個人所處地位而異，財力狀況不同都導致了這種變化。但萬變不離其宗的是強調喪事是「孝心」的重要展現，一定要對其引起高度的重視。

　　然而，高度重視並不意味著要刻意追求鋪張。就是為母親做上等棺材的孟子，不是也仍然堅持了禮制與財力條件允許這兩條基本原則嗎？

　　其實，喪事並非越鋪張越好。例如，有的動用幾十輛豪華公車和大量金錢大辦喪事，或者修建豪華祖墳，都是不符合孔、孟對「孝」的觀點。而是要根據自己的實際情況，真正盡自己的財力，在禮俗許可的範圍內辦好喪事，更重要的是用真情實意表達對失去親人的悲痛和悼念，才是先賢聖哲們所宣導的做法。

第八章

【原文】

　　沈同以其私問曰①：「燕可伐與？」

　　孟子曰：「可。子噲不得與人燕②，子之不得受燕於子噲。有仕③於此而子悅之，不告於王而私與之吾子之祿爵，夫士也，亦無王命而私受之於子，則可乎？何以異於是？」

　　齊人伐燕，或問曰：「勸齊伐燕，有諸？」

　　曰：「未也。沈同問：『燕可伐與？』吾應之曰：『可。』彼然而伐之也。彼如曰：『孰可以伐之？』則將應之曰：『為天吏則可以伐之。』今有殺人者，或問之曰：『人可殺與？』則將應之曰：『可。』彼如曰：『孰可以殺之？』則將應之曰：『為士師，則可以殺之。』今以燕伐燕④，何為勸之哉？」

【注釋】

　　①沈同：《趙注》云：「齊大臣。」以其私問：《趙注》云：「自以

其私情問，非於命也，故曰私。」

②子噲：燕國國君，名噲，西元前320年～西元前318年在位。他在位期間厲行政治改革，並於西元前318年讓位於相國子之，不久爆發內亂，齊國乘機攻佔燕國，他與子之均被殺。此處所說「不得與人燕」，即指其讓位之事。

③仕：通「士」，指官員。

④以燕伐燕：朱熹《集注》云：「言齊無道與燕無異，如以燕伐燕也。」

【譯文】

沈同以個人的身分問道：「燕國可以討伐嗎？」

孟子說：「可以。子噲不能把燕國交給他人，子之不能從子噲手裡接受燕國。假如有一位官員，你對他有好感，不向國君稟告就私自把你的俸祿爵位給他，這個人也不要國君的任命就私自從你手裡接受，這樣行嗎，燕國的事與這有什麼不同呢？」

齊人去討伐燕國，有人問孟子：「你勸說齊國討伐燕國，有這件事嗎？」

孟子說：「沒有。沈同問我：『燕國可以討伐嗎？』我回答他說：『可以。』他便去討伐燕國了。他如果問：『誰能討伐燕國？』我就會回答他說：『是天吏才能討伐燕國。』現在有個殺人犯，有人問我說：『這人可以處死嗎？』我就會回答他說：『可以。』他如果問：『誰能處死他？』我就會回答他說：『做官的才能處死他。』現在，讓一個跟燕國一樣無道的國家去征伐燕國，我為什麼去勸說它呢？」

【延伸閱讀】

齊國討伐燕國，是戰國中期的一個重大事件。孟子對此事的態度很明顯：燕國的國政敗壞，民眾因此遭受苦難，因此可以去討伐，但討伐者必須施行優於燕的政策，否則，伐燕是沒有意義的，而且也不可能得到民眾的支持。在此，衡量的準則是和民眾的利害、愛憎相一致的。

人活於世，做人做事若能「率性而為」，這樣的人生就沒什麼好遺憾的了。問題是，你不是天地間唯一的存在，可以想做什麼就做什麼，而別人也不可能為了你而存在、對你言聽計從。人的一生中，總會遇到許多人際關係和事業上的不如意，這些不如意需要以智慧和耐心去解決，而不是

靠你一時的好惡和脾氣。

　　如果遇到問題就順著性子去做，有時候你真解決了問題，但也為你自己的將來埋下了禍根。也許你得罪了很多人，即使他們不說，日後還是會伺機報復的。長久下去，對你的事業和人際關係就會破壞多，建設少，甚至還有可能帶來毀滅。一旦你給人「不能控制情緒」的印象，那真的是難以翻身。所以落魄的人、自我毀滅的人，多半是一些性情中人。

　　或許你會說，某人有顯赫的家世、雄厚的家產，當然可以「任性而為」。這種說法不妥。事實上不加約束的「任性而為」不僅會影響自己，還會影響他人，以至影響社會。

　　所以，無論在事業上或人際關係上，遇到不如意時，請別說「只要我喜歡，有什麼不可以」，而是應該：先忍耐，再考量輕重，最後做決定。

第九章

【原文】

　　燕人畔①。王曰：「吾甚慚於孟子②。」

　　陳賈③曰：「王無患焉。王自以為與周公孰仁且智？」

　　王曰：「惡！是何言也？」

　　曰：「周公使管叔④監殷，管叔以殷畔。知而使之，是不仁也；不知而使之，是不智也。仁、智周公未之盡也，而況於王乎？賈請見而解之。」

　　見孟子，問曰：「周公何人也？」

　　曰：「古聖人也。」

　　曰：「使管叔監殷，管叔以殷畔也，有諸？」

　　曰：「然。」

　　曰：「周公知其將畔而使之與？」

　　曰：「不知也。」

　　「然則聖人且有過與？」

　　曰：「周公，弟也；管叔，兄也，周公之過不亦宜乎？且古之君子過則改之，今之君子過則順之⑤。古之君子，其過也如日月之食⑥，民皆見之；及其更也，民皆仰之。今之君子豈徒順之，又從為之辭

⑦。」

【注釋】

①燕人畔：畔通「叛」。齊攻佔燕國後，有亡燕的意圖，引起諸侯的不滿，趙國與燕人合謀迎立流亡在外的燕王噲庶子職為王，與齊國對抗。

②甚慚於孟子：孟子在齊滅燕後曾勸說齊王行仁政，見本書《梁惠王下》。齊王沒有及時聽取孟子的告誡，以致燕人背叛了齊國，所以他說「甚慚於孟子」。

③陳賈：齊國大夫。

④管叔：名鮮，周武王的弟弟。周武王滅殷後，封紂的兒子武庚祿父為諸侯以延續殷的世系、治理殷的遺民，並將弟弟叔鮮、叔度封於管、蔡以監視他。周武王去世後，繼位的成王年幼，周公攝政，管叔、蔡叔認為他有篡位之意，便與武庚一起作亂。周公奉王命進行討伐，殺了武庚與管叔，放逐蔡叔，平定了叛亂。

⑤順之：《趙注》云：「順過飾非。」

⑥其過也如日月之食：《論語·子張》云：「子貢曰：『吾子之過也，如日月之食焉。過也人皆見，更也人皆仰之。』」此處之「古之君子」似指子貢。

⑦辭：朱熹《集注》云：「辯也。」

【譯文】

燕人反抗齊國，齊王說：「我非常有愧於孟子。」

陳賈說：「大王不要憂慮。您自以為與周公比哪個更仁而智啊？」

齊王說：「呀！這是什麼話？」

陳賈說：「周公指派管叔監視殷人，管叔卻率領殷人叛亂。周公如果預知而指派他，是不仁。如果不預知而指派他，是不智。仁、智連周公都沒有完全做到，何況大王呢？請讓我去見孟子解釋這件事。」

陳賈去見孟子，問道：「周公是怎樣的人？」

孟子說：「是古時候的聖人。」

陳賈說：「他指派管叔監視殷人，管叔卻率領殷人叛亂，有這回事嗎？」

孟子說：「不錯。」

陳賈說：「周公指派他時預知他將會叛亂嗎？」

孟子說：「不知道。」

陳賈說：「那麼聖人也有過失嗎？」

孟子說：「周公是弟弟，管叔是哥哥，周公的過失不也合乎情理嗎！古時候的君子有過失就改正，現在的君子有過失卻只管錯下去。古時候的君子，他們的過失如同日食、月食一樣，民眾都看得見；當他們改正時，民眾都仰望著他們。現在的君子非但只管錯下去，竟還為過失辯解。」

【延伸閱讀】

孟子在齊國戰勝燕國之初就提醒齊王，如不施「仁政」，就不能保持已取得的成果，所以，齊王此時覺得有愧於孟子。大臣陳賈不僅不勸說齊王檢討自己，反而想透過「聖人也有過失」的事實強為齊王的錯誤辯解，這種不實事求是的惡劣態度，理所當然地遭到了孟子的駁斥。

要改正惡習，並不是一件難事，你只要記住：未來要去成就的豐功偉業還很多，現在即使有了一點點小成就，比起未來的成就只是微乎其微。即使有人已對你大加讚美，也只是表明他們的眼界太低，而不能說明你的成就已到頂峰。當你對人說話時，應該打定主意：你是在向對方吸取學識經驗，而不是把你淺薄的學識全部搬出來獻禮；你發表意見，必須抱著求人將它改善的目的，而不是用來壓倒他人。因為實際上沒有一個人是情願被迫接受任何意見的。

第十章

【原文】

孟子致為臣而歸[1]，王就見[2]孟子，曰：「前日願見而不可得，得侍同朝[3]，甚喜，今又棄寡人而歸，不識可以繼此而得見乎？」

對曰：「不敢請耳，固所願也。」

他日，王謂時子[4]曰：「我欲中國[5]而授孟子室，養弟子以萬鐘[6]，使諸大夫、國人皆有所矜式[7]。子盍[8]為我言之？」

時子因陳子[9]而以告孟子，陳子以時子之言告孟子。

孟子曰：「然夫時子惡知其不可也？如使予欲富，辭十萬[10]而受

萬，是為欲富乎？季孫曰：『異哉子叔疑⑪！使己為政，不用則亦已矣，又使其子弟為卿。人亦孰不欲富貴？而獨於富貴之中有私龍⑫斷焉。古之為市也，以其所有易其所無者，有司治之耳。有賤丈夫⑬焉，必求龍斷而登之，以左右望而罔市利，人皆以為賤，故從而征之，征商自此賤丈夫始矣。」

【注釋】

①致為臣而歸：朱熹《集注》云：「孟子久於棄而道不行，故去也。」

②就見：親自去看望。

③得侍同朝：舊讀以「得侍」為句，以「同朝」屬下讀，焦循《正義》引孔廣森說謂：「『得侍同朝』者謙詞，言與孟子得為君臣而同朝也。『甚喜』，王自言甚喜也。俗讀『得侍』絕句者謬。」譯文從之。

④時子：《趙注》云：「齊臣也。」

⑤中國：朱熹《集注》云：「當國之中也。」

⑥萬鐘：朱熹《集注》云：「鐘，量名，受六斛四斗。」

⑦矜式：《趙注》云：「矜，敬也；式，法也。」

⑧盍：「何不」的合音。⑨陳子：孟子的弟子陳臻。

⑩十萬：焦循《正義》引閻若璩《孟子生卒年月考》謂：「此蓋孟子通計仕齊所辭之數，非一歲有也。」

⑪季孫、子叔疑：《趙注》云：「孟子弟子也。」朱熹《集注》云：「不知何時人。」

⑫龍：通「壟」，高出地面而類似於田埂的土堆。

⑬丈夫：成年人。《穀梁傳·文公十二年》云：「男子二十而冠，冠而列丈夫。」

【譯文】

孟子辭掉官職要返回故鄉，齊王去看望孟子，說：「過去希望見到你而沒有機會，後來能同朝相處，我很高興，現在你又要拋下我返回故鄉，不知道以後還能再相見嗎？」

孟子答道：「對此我只是不敢請求罷了，但內心是很企盼的。」

另一天，齊王對時子說：「我想在都城中送幢房屋給孟子，用萬鐘粟米來養活他的弟子，讓大夫和國人們都有所效法。你能否替我告

訴孟子？」

時子託陳臻轉告孟子。陳臻就把時子的話告訴了孟子。

孟子說：「可是時子哪裡知道這事不妥當呢？如果我貪圖財富，辭去了十萬鐘粟米的官職去接受這一萬鐘粟米，這是貪圖財富嗎？季孫說：『子叔疑這個人好奇怪啊！自己去做官，別人不用也就罷了，又讓自己的兒子、兄弟去當國卿。哪個人不想升官發財？而他卻要把升官發財私下壟斷起來。』古時候的集市交易，以自己有餘的東西來換取所沒有的東西，由有關部門加以管理。有個卑鄙男子，必定要找個高處登上去，藉以左右觀望，恨不得把全市場的利益都由他一人撈去。人們都覺得他卑鄙，因此向他徵稅。徵收商稅就是從這個卑鄙男子開始的。」

【延伸閱讀】

孟子認為齊國的執政者不可能理解、採納自己的主張，所以就離開了。齊王覺得孟子離去很可惜，卻又不想切實地採納孟子的建議，因此想用財利來留住他。這個方案顯然不為孟子所接受，孟子最後所說的一段話意味深長，他實際是批評齊王壟斷了財利，卻又沒有決心施行仁政，這種做法是很卑鄙而不足取的。

孟子這段話對現代社會的我們而言，也非常有啟迪作用。由於市場經濟競爭的激烈，經商者已經把「賺進每一分可以賺進的錢」作為心願。但如果只想著賺錢而「罔市利」，不顧他人利益，很可能就會成為孟子所說的「賤丈夫」，受到眾人的攻擊。結果很可能事與願違，不僅不能「罔市利」，反而會受其所累，甚至走投無路。

第十一章

【原文】

孟子去齊，宿於晝①。

有欲為王留行者，坐而言②，不應，隱几而臥③。客不悅曰：「弟子齊宿④而後敢言，夫子臥而不聽，請勿復敢見矣。」

曰：「坐，我明語子。昔者，魯繆公無人乎子思之側，則不能

安子思⑤；泄柳、申詳⑥無人乎繆公之側，則不能安其身。子為長者⑦慮，而不及子思，子絕長者乎，長者絕子乎？」

【注釋】

①晝：齊國邑名，在今山東臨淄的附近。

②坐而言：《趙注》云：「客危坐而言留孟子之言也。」危坐，即恭恭敬敬地跪坐。

③隱几而臥：斜倚著坐几憩息。几是供老年人坐時倚靠的家具。朱熹《集注》云：「隱，憑也。客坐而言，孟子不應而臥也。」

④齊宿：齊通「齋」，齋戒。前一天進行齋戒，稱「齊宿」，以示慎重。

⑤魯繆公：即魯穆公（繆、穆通），名顯，西元前407～西元前377年在位。子思：孔子的孫子，名伋。《趙注》云：「繆公尊禮子思，子思以道不行則欲去，繆公常使賢人往留之，說以方且聽子為政，然後子思復留。」

⑥泄柳：據本書《告子‧下》所述，他是魯繆公時的賢臣。朱熹《集注》云：「子張之子也。」《趙注》云：「繆公尊之不如子思，二子常有賢者在繆公之側，勸而復之！其身乃安也。」

⑦長者：《趙注》云：「孟子年老，故自稱長者。」

【譯文】

孟子離開齊國，在晝邑過夜。有個人想替齊王挽留孟子，恭坐著進行勸說，孟子不加理會，斜倚著坐几憩息。

那人不高興地說：「在下提前一天潔淨了身心才斗膽進說，先生躺臥著不聽，恕我再不敢與您相見了。」

孟子說：「坐下，讓我明白地告訴你。過去，魯穆公如果沒有人在子思身邊，就不能使子思安心留下；泄柳、申詳如果沒有人在魯穆公身邊，就不能使自身安心。你為我這個老年人考慮，還想不到魯穆公怎樣對待子思，是你與我這個老年人決絕呢，還是我這個老年人與你決絕呢？」

【延伸閱讀】

孟子的意思是說，君主要挽留賢者，必須使賢者安心；反過來，賢者

所顧慮的，也是能否用自己的主張影響君主。齊王想挽留孟子，但又不理解孟子，所以孟子選擇離去。

抛開齊王不論，我們說一說孟子的心態。面對齊王的挽留，面對想替齊王挽留自己的人，依然能夠保持平和心態，是十分不易的。

平和是一種心態，謙遜是一種美德。秉持平和的心態和謙遜的美德，自然能妥善地對待世間的人和事，既尊重自己，又尊重他人；既能處高，又能處低。這也是低調做人的另一要義。

第十二章

【原文】

孟子去齊，尹士①語人曰：「不識王之不可以為湯、武，則是不明也；識其不可然且至，則是干澤②也。千里而見王，不遇故去，三宿而後出晝，是何濡滯③也？士則茲不悅。」

高子④以告。

曰：「夫尹士惡知予哉？千里而見王，是予所欲也；不遇故去，豈予所欲哉？予不得已也！予三宿而出晝，於予心猶以為速，王庶幾⑤改之。王如改諸則必反予，夫出晝而王不予追也，予然後浩然⑥有歸志。予雖然，豈舍王哉？王由足用為善，王如用予，則豈徒齊民安，天下之民舉⑦安。王庶幾改之，予日望之。予豈若是小丈夫然哉？諫於其君而不受則怒，悻悻然見⑧於其面。去則窮日之力而後宿⑨哉？」

尹士聞之曰：「士誠小人也。」

【注釋】

①尹士：《趙注》云：「齊人也。」
②干澤：《趙注》云：「幹，求也；澤，祿也。」
③濡滯：朱熹《集注》云：「遲留也。」
④高子：《趙注》云：「齊人，孟子弟子。」
⑤庶幾：也許、可能。
⑥浩然：朱熹《集注》云：「如水之流不可止也。」又，《趙注》云：「心浩浩然有歸志也。」

⑦舉：皆、都。

⑧悻悻：朱熹《集注》云：「怒意也。」見：同「現」。

⑨窮日之力而後宿：《趙注》云：「極日力而宿，懼其不遠者哉。」

【譯文】

孟子離開齊國，尹士對他人說：「不知道齊王不能成為商湯、周武，就是不明；知道齊王做不到還要前去，就是求取富貴。不遠千里來見齊王，得不到賞識因而離去，卻在晝邑留宿三夜才上路，為什麼如此遲緩呢？我就看不慣這種做法。」

高子把尹士的話告訴孟子。

孟子說：「尹士哪裡會理解我呢？不遠千里來見齊王是我所願意的，得不到賞識因而離去難道是我所願意的嗎？我是不得已啊！我在晝邑留宿三夜才上路，從我內心來說還覺得急促，齊王也許會改變態度。齊王如果改變了態度就必定會召回我。我離開了晝邑而齊王沒有追我回去，我才決心毫無留戀地返回故鄉。我雖然這樣做，難道會拋下齊王嗎？齊王還可以好好地做一番事業，齊王若能重用我，不但齊國的民眾得以平安，天下的民眾都能平安。齊王也許會改變態度，我每天都在盼望。我難道是那種器量狹小的人嗎？向君王進諫而不被接受就發怒，氣憤的神色便表現在臉上。難道離去了非得用盡氣力走上一天才留宿嗎？」

尹士聽說之後說：「我真是小人。」

【延伸閱讀】

此章充分表達了孟子以天下為己任的道德責任感。尹士之所以批評孟子，正是因為他不瞭解孟子。孟子雖然不像孔子那樣「知其不可而為之」，但只要有一線希望，他還是不肯輕易放棄的。

常見有人指責某某人說：他是一個沒有責任感的人！這是一種很嚴厲的批評，甚至比罵他遊手好閒還要難聽！

責任是一條無形的鞭子。少年時，也許我們在父母保護下，不曾覺察到它的存在。這時我們只要唸好書，考好學校，父母師長就認為很滿意。但是，當我們有了自立的能力，踏入社會，責任就一圈又一圈地裹纏在我們身上。身為人夫或人妻時，生活逼使我們去開創一個幸福的小家庭，我們不能不去努力賺錢，求得物質上的自尊和舒適。

　　當然，除了這些外，我們對親友和社會也有責任。親友在生活上有困難，社會中有人孤老困苦，甚至遭逢大難，我們不能袖手旁觀、見死不救。這是良心上的負荷，是內心的責任！

　　一個人的責任感越強，他的成就也越大。因為在責任的鞭策下，每個人都會孜孜不倦地工作，怎能不在事業上創下一番業績呢？

第十三章

【原文】

　　孟子去齊，充虞路問曰：「夫子若有不豫①色然。前日虞聞諸夫子曰：『君子不怨天，不尤人②。』」

　　曰：「彼一時，此一時也。五百年必有王者興，其間必有名世者③。由周而來，七百有餘歲矣。以其數，則過矣；以其時考之，則可矣。夫天未欲平治天下也；如欲平治天下，當今之世，舍我其誰也？吾何為不豫哉？」

【注釋】

　　①豫：快樂，愉快。
　　②不怨天，不尤人：這是引孔子的話，見《論語·憲問》。尤，責怪，抱怨。
　　③名世者：命世之才。

【譯文】

　　孟子離開齊國，充虞在路上問道：「夫子神色上似乎有些不高興。前些日子我曾聽夫子說：『君子不埋怨上天，不責怪他人。』」

　　孟子說：「那時是那時，現在是現在。每五百年必定有稱王天下的人興起，其間必定有著稱於世的賢人。周興起以來已有七百多年，從年數上說已經超過五百年了，以時勢而論也該有聖賢出現了。上天大概還不想天下太平，如果想天下太平，當今之世除了我還會有誰呢？我為什麼不高興呢？」

【延伸閱讀】

「當今之世，舍我其誰也？」，歸根結柢是一種「以天下為己任」的社會責任感和使命感。誠然，孟子的表達是有憤激情緒的，所以也就成了後世批判孔、孟之道時的靶子之一，認為他目中無人，狂妄至極。要說狂妄，偉大的人物總是有那麼一點點的。

孟子的學生實在是不錯，他們深知老師的心情，因此引用了老師平時所說的「不怨天，不尤人」來加以慰藉老師。

孟子也\坦然承認「彼一時，此一時也」。人非聖賢，怎麼可能沒有自己的情緒呢？因此，平時說「不怨天，不尤人」是對的，但事情真正落到自己頭上，有抱怨情緒當然也是可以理解的。

接著，孟子話說天下大勢，其實是向學生解釋了自己不愉快的原因。「五百年必有王者興，其間必有名世者」。這是孟子的政治歷史觀，成為名言，對後世有著深刻影響。按照這個觀點推算，孟子的時代正應該有「王者」興起了。可孟子周遊列國，居然沒有發現這樣的「王者」，好不容易遇到齊宣王，看來還有些眉目，可最終還是鬥不過那些「賤丈夫」，自己沒有能夠說服齊宣王實施「王天下」的一套治國平天下的方案。沒有「王者」，「名世者」又怎麼顯現出來呢？而孟子分明覺得自己就是那「名世者」，所以才有如許惆悵，又怎能「不怨天，不尤人」呢？所以他說「夫天未欲平治天下也」，反過來又自我安慰說，如果老天還想使天下太平，「當今之世，舍我其誰也？」這樣一想，也就沒有什麼不快樂了。「吾何為不豫哉？」與其說是對學生充虞的解答，倒不如說是自我安慰、自我解嘲更準確些。

第十四章

【原文】

孟子去齊，居休①。公孫丑問曰：「仕而不受祿，古之道乎？」

曰：「非也。於崇②吾得見王，退而有去志，不欲變③，故不受也。繼而有師命④，不可以請，久於齊非我志也。」

【注釋】

①休：地名，在今山東滕縣西北。焦循《正義》引閻若據《四書釋地》謂該地「距孟子家約百里」。

②崇：地名。

③不欲變：朱熹《集注》云：「謂變其去志。」

④師命：軍命。《趙注》云：「師旅之命。」一說即齊人伐燕之戰事。朱熹《集注》云：「國既被兵，難請去也。」

【譯文】

孟子離開齊國，停留在休邑。公孫丑問道：「任職而不接受俸祿，是古代的規矩嗎？」

孟子說：「不是的。在崇邑我見到了齊王，回來後就有離去的意願，因為不想改變這個意願，所以不接受俸祿。不久，齊國有戰事，不能提出離開的要求，在齊國久留並不是我的意願。」

【延伸閱讀】

公孫丑對孟子在齊國任職而不接受俸祿的行為不理解，孟子告訴他，之所以這樣做，是因為齊王不能採納自己的主張，早就有離去的意向，至於在齊國逗留時間較長，則是客觀局勢所決定的。孟子之所以留在齊國並不是為了個人的財富利益，而是為了實現自己的政治主張，濟世蒼生。無奈齊國上下只顧眼前的利益，一心想用武力稱霸，更有一批「賤丈夫」，他們就像市場上壟斷利益的人一樣，也壟斷了官場，阻止了孟子說服齊王去施行仁政。在齊國既然不能實現自己的理想，孟子只能選擇離開，用財富來挽留他是行不通的。孟子因天下局勢，為百姓蒼生，所以隱忍自己的意願，因而成為今天人人稱頌的聖人。

古人說：「行忍情性，然後能修」，又說：「能忍則安，全身遠禍」。這些論述，特別適合給暫時在名利場上得意的人予以警示。

此余畫中歲朝松作頌介十年吳秋瀆
被劉五好章書屬為補記
辛卯九月陳广梅圖圖

滕文公章句・上

第一章

【原文】

滕文公為世子①，將之楚，過宋而見孟子。孟子道性善，言必稱堯、舜。

世子自楚反，復見孟子。孟子曰：「世子疑吾言乎？夫道一而已矣。成覸謂齊景公曰：『彼，丈夫也，我，丈夫也，吾何畏彼哉？』顏淵曰：『舜，何人也？予，何人也？有為者亦若是。』公明儀③曰：『文王，我師也；周公豈欺我哉？』今滕，絕長補短，將五十里也，猶可以為善國。《書》曰④：『若藥不瞑眩⑤，厥疾不瘳⑥。』」

【注釋】

①世子：即「太子」，天子或諸侯的嫡長子。

②成覸（ㄐㄧㄢˋ）：齊景公手下的一名以勇敢出名的臣子。

③公明儀：魯國的賢人，曾子的弟子。

④《書》曰：此處所引語句係《尚書》之〈逸〉篇。後來被納入偽古書《尚書》的〈說命〉篇。

⑤瞑眩：眩暈。

⑥瘳（ㄔㄡ）：病痊癒。此二句是說藥力不猛，便治不好病。

【譯文】

滕文公做太子時，奉命出使楚國，路過宋國時便特地看望了孟子。孟子跟他講性善的觀點，開口言論不離堯、舜。

太子從楚國回來時，又會見了孟子。孟子說：「太子懷疑我的話嗎？道理只有一個罷了。成覸對齊景公說：『他是男子漢大丈夫，我也是男子漢大丈夫，我為什麼要怕他呢？』顏淵說過：『舜是什麼樣的人？我是什麼樣的人？有作為的人也就應該像他一樣。』公明儀曾經說：『文王是我們的榜樣，周公難道會欺騙我們嗎？』現在的滕國雖小，長短丈量折算下來將近方圓五十里，還是能夠治理成一個好國家的。《尚書》上說：『如果藥力不猛到使人暈眩，病根是不能痊癒的。』」

【延伸閱讀】

　　孟子向滕世子講述自己的主張，滕世子心中疑惑，因此再次向孟子求教。孟子告訴他，古往今來，不論聖賢還是普通人，本性都是善的，聖賢能做到的，普通人經過努力也能做到，除此之外別無他理。

　　在當今這個經濟社會中，金錢是商人經濟的擔保，而品德是信譽的擔保。說到經商成功，人們最先想起的是聰明、勤奮、機遇，等等。然而人們不會想到，有時品德卻在不經意之間決定了一切。

　　現實生活中，但凡取得事業成功的商人，大都具有良好的品格，僥倖的事不常有，而可貴的品質會獲得更多人的好感，而且還是擴大事業的重要條件。事實證明，如果你能夠以良好的道德標準去處理每一件事，甚至對於那些舉止過分的人也能以德報怨，那麼你必定能獲得人們的理解和支持。

第二章

【原文】

　　滕定公薨①，世子謂然友②曰：「昔者孟子嘗與我言於宋，於心終不忘。今也不幸至於大故，吾欲使子問於孟子，然後行事③。」

　　然友之鄒問於孟子④。

　　孟子曰：「不亦善乎！親喪，固所自盡也。曾子曰：『生，事之以禮；死，葬之以禮，祭之以禮，可謂孝矣。』諸侯之禮，吾未之學也；雖然，吾嘗聞之矣：三年之喪，齊疏之服⑤，飦粥之食⑥，自天子達於庶人，三代共之。」

　　然友反命，定為三年之喪。父兄百官皆不欲，曰：「吾宗國⑦魯先君莫之行，吾先君亦莫之行也，至於子之身而反之，不可。且《志》曰：『喪祭從先祖。』曰：『吾有所受之也。』」

　　謂然友曰：「吾他日未嘗學問，好馳馬試劍；今也父兄百官不我足也，恐其不能盡於大事，子為我問孟子。」

　　然友復之鄒問孟子。

　　孟子曰：「然；不可以他求者也。孔子曰：『君薨，聽於塚宰

⑧，歠⑨粥，面深墨，即位而哭，百官有司莫敢不哀，先之也。』上有好者，下必有甚焉者矣。君子之德，風也；小人之德，草也。草上之風，必偃。是在世子。」

然友反命。

世子曰：「然，是誠在我。」

五月居廬⑩，未有命戒。百官族人可，謂曰知。及至葬，四方⑪來觀之，顏色之戚，哭泣之哀，弔者大悅。

【注釋】

①滕定公：太子滕文公的父親。薨（ㄏㄨㄥ）：死。古代稱侯王死叫「薨」，唐代以後用於指二品以上官員死。

②然友：人名，太子的師傅。③行事：指辦喪事。

④鄒：這時孟子已從宋返鄒，鄒離滕僅四十餘里。

⑤齊疏之服：用粗布並縫邊製成的喪服。

⑥饘（ㄓㄢ）粥之食：古代按禮制規定，在喪事期間只能食粥。饘粥即稠粥。

⑦宗國：滕和魯都是文王的後代所封的國家，而魯的祖先周公為長，兄弟宗之，所以滕稱魯為宗國。

⑧塚宰：六卿之長，相當於宰相。

⑨歠（ㄔㄨㄛˋ）：飲、喝、啜。

⑩五月居廬：按古代禮制，諸侯死後五個月下葬。未葬之前，孝子住在守喪的「孝廬」中。

⑪四方：指前來參加葬禮的諸侯和來賓。

【譯文】

滕定公去世了，太子對師傅然友說：「上次在宋國的時候孟子和我談了許多，我心裡一直沒有忘記。現在父親不幸去世了，我想派你去向孟子請教，然後再辦喪事。」

然友到鄒國向孟子請教。

孟子說：「問得很好啊，辦理父母的喪事，孝子本來就該竭盡自己的心力。曾子說過：『父母健在時依禮侍奉，父母去世時依禮安葬，依禮祭禮，可以稱得上盡孝了。』有關諸侯喪葬的禮儀，我沒有學習過；但是我曾聽說過：父母去世，守孝三年，穿著縫了邊的粗布孝服，

喝稀飯充饑，上至天子，下至百姓，夏、商、周三代都是這樣做的。」

然友回去向太子彙報了，於是定為守孝三年。滕國公族的父老和朝裡的百官都不願意，說：「輩分比我們高的魯國，歷代國君都沒有實行三年之喪，我們的歷代君主也沒有實行過，到了你的手上卻要改變，是不行的，何況《志》上說過：『喪葬、祭禮依從祖宗的規矩。』又說：『我們應該是有所繼承的。』」

太子對然友說：「我過去未曾學藝問禮，喜好跑馬比劍，現在父老、百官都對我不滿，我真擔心他們這樣一來，使我對這次喪禮不能做到竭誠盡力了，煩你再替我去向孟子請教一下。」

然友又一次到鄒國去向孟子請教。

孟子說：「對，這件事是不能求之於他人的。孔子說過：『君主去世，政務聽命於宰相，稀粥充饑，面色深黑，一走到孝子之位就悲哀痛哭，這樣下屬的百官沒有人敢不悲哀，是因為太子自己帶了頭。』在上位的人有所喜好，下面必定會喜好得更厲害。君子的德行是風，小人的德行像是草，風吹到草上面去，草必定隨風向倒；事情辦得好壞取決於太子。」

然友回去向太子彙報。

太子說：「對，這件事確實取決於我。」於是太子住在喪棚裡整整五個月之久，沒有下達過命令、指示。朝中百官和親族都表示贊同，說太子懂禮。到了舉行葬禮時，四面八方的人都來觀看葬禮，太子容顏悲傷，哀痛哭泣，令前來弔喪的客人看了都感到非常滿意。

【延伸閱讀】

上行下效是孔子反覆重申的一個話題，孟子也繼承和發展了孔子的思想。他在本章裡所說的「君子之德，風也；小人之德，草也。草上之風，必偃。」正是孔子於《論語》中提到的「君子之德，風，小人之德，草，草上之風，必偃。」的翻版。所以，以身作則、上行下效是孔子、孟子都非常看中的政治領導原則。

滕文公的父親死了，他拿不定主意如何辦喪事，於是想到了與他「道性善，言必稱堯、舜」的孟子，並託自己的老師去向孟子請教如何辦喪事。得到孟子的意見回來以後，太子發出了實施三年喪禮的命令，結果遭到了大家的反對。太子再次請老師去請教孟子，這一次孟子講了上行下效、以身作則的道理，希望太子親自帶頭這樣做。後來喪事辦得非常成

功，大家都很欣賞。

　　鑑於此，我們不僅可以看到儒家對於喪禮的觀點，更值得我們深思的還是領導人以身作則的魄力和行動力。

第三章

【原文】

　　滕文公問為國。

　　孟子曰：「民事不可緩也。《詩》云①：『晝爾於茅，宵爾索綯②，亟其乘屋，其始播百穀。』民之為道也，有恆產者有恆心，無恆產者無恆心。苟無恆心，放辟邪侈，無不為已。及陷乎罪，然後從而刑之，是罔民也。焉有仁人在位罔民而可為也？是故賢君必恭儉禮下，取於民有制。陽虎③曰：『為富不仁矣，為仁不富矣。』夏后氏五十而貢，殷人七十而助，周人百畝而徹，其實皆什一也。徹者，徹也；助者，藉也。龍子④曰：『治地莫善於助，莫不善於貢。』貢者，校⑤數歲之中以為常。樂歲粒米狼戾，多取之而不為虐，則寡取之；凶年糞其田而不足，則必取盈焉。為民父母，使民盻盻然⑥，將終歲勤動，不得以養其父母，又稱貸而益之，使老稚轉乎溝壑，惡在其為民父母也？夫世祿，滕固行之矣。《詩》云⑦：『雨我公田，遂及我私。』惟助為有公田。由此觀之，雖周亦助也。

　　「設為庠序學校以教之。庠者，養也；校者，教也；序者，射⑧也。夏曰校，殷曰序，周曰庠；學則三代共之，皆所以明人倫也。人倫明於上，小民親於下。有王者起，必來取法，是為王者師也。《詩》云⑨：『周雖舊邦，其命維新』，文王之謂也。子力行之，亦以新子之國！」

　　使畢戰⑩問井地。

　　孟子曰：「子之君將行仁政，選擇而使子，子必勉之！夫仁政，必自經界始。經界不正，井地不鈞，穀祿不平。是故暴君汙吏必慢其經界。經界既正，分田制祿可坐而定也。

　　「夫滕，壤地褊小，將為君子焉，將為野人焉。無君子，莫治野人；無野人，莫養君子。請野九一而助，國中什一使自賦。卿以下必

有圭田⑪，圭田五十畝；餘夫⑫二十五畝。死徙無出鄉，鄉田同井，出入相友，守望相助，疾病相扶持，則百姓親睦。方里而井，井九百畝，其中為公田。八家皆私百畝，同養公田；公事畢，然後敢治私事，所以別野人也。此其大略也；若夫潤澤之，則在君與子矣。」

【注釋】

①《詩》云：此處詩句引自《詩·豳風·七月》篇。這是一首描寫農事的詩篇。

②索綯（ㄊㄠˊ）：搓絞繩索。

③陽虎：即陽貨。魯國執政大夫季氏的家臣，曾挾持季桓子，操縱國政。魯定公八年，他因廢除三桓勢力失敗而逃亡他國。

④龍子：古代賢人。⑤挍：通「校」，比較。

⑥盼盼（ㄒㄧˋ　ㄒㄧˋ）然：勤苦不休息的樣子。

⑦《詩》云：此處詩句引自《詩·小雅·大田》第三章。《大田》是西周記述農事的詩。

⑧射（ㄧˋ）：通「繹」，陳列，指陳列人倫秩序以教導。

⑨《詩》云：此處詩句引自《詩·大雅·文王》第一章。

⑩畢戰：滕國的臣子。⑪圭田：用於祭禮的田。

⑫餘夫：為一家戶主「丁男」之外的未成年男丁。

【譯文】

滕文公向孟子詢問治理國家的方法。

孟子說：「百姓生產的事務是刻不容緩的。《詩》說：『白天趕緊割茅草，晚上搓麻繩，房屋趕快修整好，來年莊稼種得早。』百姓的一般規律，有固定產業就會人心穩定，沒有固定產業的人心就不會穩定。一旦民心不穩，就會放蕩不拘，無所不為。等到陷入罪網，然後再加刑罰，這是禍害百姓。哪有仁君當政而去禍害百姓的呢？所以賢明的君主必定做到謙恭儉樸，禮賢下士，向百姓徵稅有定規。陽虎說過：『要想發財就不能講仁愛，要講仁愛就別想發財。』夏朝每家授田五十畝，稅行貢法。商朝每家授田七十畝，稅行助法。周朝每家授田百畝，稅行徹法。實際上徵的稅率都是十分取一。徹是抽取的意思，助是借助的意思。龍子說：『管理土地的稅制沒有比助法更好的，沒有比貢法更不好的。』所謂貢法就是計量，核定九年中收成的平均

數作為稅收的定數。不管豐年、歉年都得按這個定數徵稅。豐收年景糧食到處拋撒，多徵收一點也不算苛暴，卻徵得少；荒年饑歲，田裡的收成連購買來年的肥料都不夠，卻一定要徵足這個定數。作為百姓父母的國君，卻使子民憂愁勤苦，即使終年辛勞也不足以贍養自己的父母，卻還要靠借貸來湊足租稅，致使老弱幼小拋屍露骨於山溝中，哪裡還稱得上是百姓的父母呢？世代承襲俸祿的制度，滕國本來早就實行了。但有利於百姓的稅制助法卻始終沒採用，以致百姓如此窮困。《詩》說：『雨水澆灌我們的公田，然後潤澤到我的私田。』只有實行助法才會有公田，由此看來，周朝也是實行助法的。

「基本上解決了老百姓的生產、生活問題後，還要設立庠、序、學、校等來教育他們，庠是教養的意思，校是教導的意思，序是陳列的意思。夏朝稱校，商朝稱序，周朝稱庠，學是三代都有的，都是用來使人們懂得人與人的倫常關係。在上位的人明白了倫理關係，百姓在下自然就會相親相愛。只要有願意施行王道的出現，便一定要來向您模仿學習的，這樣您就成了行王道的人的老師了。《詩》裡說過：『姬周雖是個歷經夏商兩朝的古老之國，天命卻有意使它來一番革新。』這裡講的是周文王。您努力實行吧，也可以使您的國家煥然一新。」

滕文公又打發畢戰來向孟子詢問有關井田制的問題。

孟子說：「你的國君要施行仁政，選派你來，你一定要努力完成使命啊！實行仁政，必須從分清田界著手。田界沒有劃分理清，井地的大小就不能做到均衡一律，作為俸祿所分的穀物就不公平，因此，暴君和貪官污吏總是不重視田地分界。田界既已理清了，分配田地、制定俸祿這兩件事，就能毫不費力地確定。

「滕國的疆土雖然狹小，但一樣要有執政的君子，要有耕田的農民。沒有執政的君子就不能治理耕田的農民，沒有耕田的農民就不能養活執政的君子。請考慮在農村實行九分抽一的助法，在都市自行繳納十分抽一的賦稅。國卿以下的官員要有用於祭禮的圭田五十畝。每戶的未成年男丁給田二十五畝。喪葬、遷居都不出鄉里，每個鄉里同耕一塊井田，出入勞作時相互伴隨，抵禦寇盜時相互幫助，有病痛事故時相互照顧，這樣百姓就友愛和睦了。一里見方作為一塊井田，一塊井田有九百畝，中央的一百畝是公田，八家各以一百畝為私田，共同料理好公田。公田上的事情做完了，才可以做私田上的事情，是為了使耕田的農民跟官吏有所區別。這是井田制的大概情況，至於怎樣

弄得更完善、更理想一些，那就得靠你們的君主和你去實行了。」

【延伸閱讀】

　　此章是孟子談論仁政的點睛之筆。孟子的主要觀點大致表現在兩個方面：一方面，施仁政首先要安定民眾，使他們富庶起來，其具體的措施則是井田制；另一方面，民眾富庶之後，要對他們進行「明人倫」的道德教育。孟子　述井田制度的文字引起了學者的普遍注意和深思，後世研究先秦的井田制度，大都少不了要引述這一段材料，也因此引發了不少爭論。有人認為，孔子時已感歎「文獻不足徵」，而孟子卻能對這一套古制言之鑿鑿，可見它的真實性值得懷疑。荀子曾指出，思孟學派的特點是「見聞博雜，按往舊造說」。所以，這裡的井田狀況，很可能也是「按往舊造說」的產物。不過，我們可以由此窺見，孟子的社會理想乃是保持舊有的階層分野（恆產、恒心），維護帶有原始公社遺風的鄉村宗族社會，他的理想還是有時代局限性的。

第四章

【原文】

　　有為神農之言者許行①，自楚之滕，踵門而告文公曰：「遠方之人聞君行仁政，願受一廛而為氓。」文公與之處。其徒數十人，皆衣褐，捆屨②、織席以為食。

　　陳良③之徒陳相與其弟辛，負耒耜而自宋之滕，曰：「聞君行聖人之政，是亦聖人也，願為聖人氓。」

　　陳相見許行而大悅，盡棄其學而學焉。

　　陳相見孟子，道許行之言曰：「滕君則誠賢君也；雖然，未聞道也。賢者與民並耕而食，饔飧而治。今也，滕有倉廩府庫，則是厲民而以自養也，惡得賢？」

　　孟子曰：「許子必種粟而後食乎？」

　　曰：「然。」

　　「許子必織布而後衣乎？」

　　曰：「否；許子衣褐。」

「許子冠乎？」

曰：「冠。」

曰：「奚冠？」

曰：「冠素。」

曰：「自織之與？」

曰：「否，以粟易之。」

曰：「許子奚為不自織？」

曰：「害於耕。」

曰：「許子以釜甑爨（ㄘㄨㄢˋ ㄘㄨㄢˋ），以鐵耕乎？」

曰：「然。」

「自為之與？」

曰：「否，以粟易之。」

「以粟易械器者，為不厲陶冶；陶冶亦以其械器易粟者，豈為厲農夫哉？且許子何不為陶冶，舍皆取諸其宮中而用之？何為紛紛然與百工交易？何許子之不憚煩？」

曰：「百工之事固不可耕且為也。」

「然則治天下獨可耕且為與？有大人之事，有小人之事。且一人之身，而百工之所為備，如必自為而後用之，是率天下而路也。故曰，或勞心，或勞力；勞心者治人，勞力者治於人；治於人者食人，治人者食於人，天下之通義也。

「當堯之時，天下猶未平，洪水橫流，氾濫④於天下，草木暢茂，禽獸繁殖，五穀不登，禽獸偪⑤人，獸蹄鳥跡之道交於中國。堯獨憂之，舉舜而敷治焉。舜使益掌火，益烈山澤而焚之，禽獸逃匿。禹疏九河，瀹濟、漯⑥而注諸海，決汝、漢，排淮、泗而注之江，然後中國可得而食也。當是時也，禹八年於外，三過其門而不入，雖欲耕，得乎？

「后稷教民稼穡⑦，樹藝五穀；五穀熟而民人育。人之有道也，飽食、煖（ㄋㄨㄢˇ）衣、逸居而無教，則近於禽獸。聖人有憂之，使契為司徒⑧，教以人倫──父子有親，君臣有義，夫婦有別，長幼有序，朋友有信。放勳⑨曰：『勞之來之，匡之直之，輔之翼之，使自得之，又從而振德之。』聖人之憂民如此，而暇耕乎？

「堯以不得舜為己憂，舜以不得禹、皋陶⑩為己憂。夫以百畝之不易為己憂者，農夫也。分人以財謂之惠，教人以善謂之忠，為天下得

人者謂之仁。是故以天下與人易，為天下得人難。孔子曰：『大哉，堯之為君！⑪　惟天為大，惟堯則之，蕩蕩乎民無能名焉！君哉舜也！魏魏乎有天下而不與焉！』堯舜之治天下，豈無所用其心哉？亦不用於耕耳。

「吾聞用夏變夷者，未聞變於夷者也。陳良，楚產也，悅周公、仲尼之道，北學於中國。北方之學者，未能或之先也。彼所謂豪傑之士也。子之兄弟事之數十年，師死而遂倍⑫之。昔者孔子沒，三年之外，門人治任將歸，入揖於子貢，相向而哭，皆失聲，然後歸。子貢反，築室於場，獨居三年，然後歸。他日，子夏、子張、子游以有若似聖人，欲以所事孔子事之，強曾子。曾子曰：『不可；江漢以濯之，秋陽以暴之，皜皜乎不可尚已。』今也南蠻鴃⑬舌之人，非先王之道，子倍子之師而學之，亦異於曾子矣。吾聞出於幽谷遷於喬木者，未聞下喬木而入於幽谷者。《魯頌》⑭曰：『戎狄是膺，荊舒是懲。』周公方且膺之，子是之學，亦為不善變矣。」

「從許子之道，則市賈不貳，國中無偽；雖使五尺之童適市，莫之或欺。布帛長短同，則賈相若；麻縷絲絮輕重同，則賈相若；五穀多寡同，則賈相若；屨大小同，則賈相若。」

曰：「夫物之不齊，物之情也；或相倍蓰⑮，或相什百，或相千萬。子比而同之，是亂天下也。巨屨小屨同賈，人豈為之哉？從許子之道，相率而為偽者也，惡能治國家？」

【注釋】

①神農：炎帝神農氏，相傳他是上古時代發明農業和醫藥的聖人。許行：是孟子時期研究神農學說的學者。

②捆：織。屨（ㄐㄩˋ）：古時用麻、葛等織成的草鞋。

③陳良：楚國的儒者。

④氾濫：江河湖泊中的水四處溢出。

⑤偪：古「逼」字。

⑥瀹（ㄩㄝˋ）：疏通。漯（ㄊㄚˋ）：水名，自河南浚縣進山東。

⑦后稷：名棄，周族的始祖。相傳他善於種植各種糧食作物，曾在堯、舜時代擔任過農官，掌管農事，教民耕種。稼穡：原指播種和收穫。此泛指一般農事。

⑧契：傳說是商代的祖先，因輔佐禹治水有功，被舜任命為司徒，掌

管教化。司徒：當時掌管民事的官職。

　　⑨放勳：帝堯的稱號。

　　⑩皋陶（ㄍㄠ　一ㄠˊ）：虞舜時的司法官，傳說是東夷族的首領。

　　⑪孔子曰：此處引語見於《論語・泰伯》，是孔子讚頌堯舜的話。

　　⑫倍：同「背」，是古字借用。

　　⑬鶪（ㄐㄩㄝˊ）：即伯勞。

　　⑭《魯頌》：此處詩名引自《詩・魯頌》篇。這是一首讚頌魯僖公功績的詩歌。

　　⑮蓰（ㄒㄧˇ）：五倍。

【譯文】

　　有位研究神農學說的學者名叫許行，他從楚國來到了滕國，登門求見滕文公時說：「我這偏遠地方的人聽說您施行仁政，希望得到一間住所而成為您的子民。」文公給了他一個住所。他的門徒有幾十個，都穿著粗麻編織的衣裳，靠編草鞋、織蓆子謀生。

　　儒者陳良的門徒陳相和他弟弟陳辛一道背著農具從宋國走到滕國，對滕文公說：「聽說您施行聖人的仁政，您也就是聖人了，我們願意成為您的子民。」陳相見了許行後十分高興，拋棄了原有的學問去向他學習。

　　陳相見了孟子，轉述許行的話說：「滕君確實是個賢君，然而還不懂得做賢君的道理。賢君應該與百姓一起種地，還要自己做飯吃，兼理國事。現在滕國有糧倉錢庫，那就是損害百姓來奉養自己，又怎麼算是賢德呢？」

　　孟子說：「許子一定要自種莊稼然後才吃飯嗎？」

　　陳相說：「是這樣。」

　　孟子說：「許子一定要織出布來才穿衣服嗎？」

　　陳相說：「不，許子穿粗麻編織的衣裳。」

　　孟子說：「許子戴帽子嗎？」

　　陳相說：「戴帽子。」

　　孟子說：「戴什麼樣的帽子？」

　　陳相說：「白色的粗綢帽子。」

　　孟子說：「是自己織出來的嗎？」

陳相說：「不，用糧食換來的。」

孟子說：「許子為什麼不自己織呢？」

陳相說：「這會妨礙種莊稼的工作。」

孟子說：「許子是用瓦罐煮飯、鐵器種地嗎？」

陳相說：「對。」

孟子說：「這些器具是自己製造的嗎？」

陳相說：「不是，是用糧食換來的。」

孟子說：「農夫用糧食換用具，並沒有損害陶工、鐵匠；陶工、鐵匠也用自己所造的用具來換糧食，難道能說是損害了農夫嗎？而且許子為什麼不自己燒窯煉鐵，把做出來的用具都拿到自己家中使用，為什麼這樣忙碌地跟各種工匠去交換？難道許子如此不嫌麻煩嗎？」

陳相說：「各種工匠的工作，本來就不可能邊耕作邊做的。」

孟子說：「那麼，治理天下的事偏能邊耕作邊做的嗎？當官的有當官應做的事務，做百姓的有百姓應做的事務。以一人的生活來說，各種工匠的製品都不可缺少，如果必須自己製作才來使用，這簡直是指使天下的人疲於奔命。所以說有的人勞動心力，有的人勞動體力，勞動心力的人治理人，勞動體力的人被人治理；被人治理的人養活人，治理人的被人養活，這是普天之下通行的法則。

「在堯的時代，天下還不安定，洪水亂流，四處氾濫成災，草木遍地叢生，鳥獸成群地繁殖，莊稼沒有收成，惡禽猛獸危害人們，飛鳥走獸的蹤跡橫七豎八地遍布中原國土。堯對此獨自憂慮，選拔了舜來進行治理。舜派伯益掌管焚火，伯益在山野沼澤點起烈火進行焚燒，鳥獸奔逃藏匿。接著，禹疏浚九河，治理濟水、漯水，引流入海；開掘汝水、漢水，疏通淮水、泗水，導流入江，這樣一來，民眾才能在中原大地上得以生息。在那時，禹一連八年在外邊奔走，三次經過自己的家門都沒空回去，縱使他要耕種，又哪裡有時間呢？

「后稷教民眾耕種收穫，種植穀物，穀物成熟了才能養育民眾。人有人的行事準則，吃飽、穿暖、住得安逸卻沒有教養，就和禽獸差不多了。聖人對此感到憂慮，派契擔任司徒，把倫理道理教給人民——父子之間要親密無間，君臣之間要禮義忠誠，夫婦之間要內外有別，長幼之間要尊卑有序，朋友之間要遵守信用。放勳說：『督促他們，糾正他們，幫助他們，使他們各得其所，隨後再提升他們的品德。』

聖人為民眾思慮到這種程度，還有閒暇耕種嗎？

「堯以不能得到舜這樣的人作為自己的憂慮，舜以不能得到禹和皋陶這樣的人作為自己的憂慮。把耕種不好百畝田地當做自己憂慮的是農夫。把財物分給別人叫做惠，把善德教給別人叫做忠，為天下民眾找到賢才叫做仁。因此，把天下讓給別人是容易的，為天下民眾找到賢才是困難的。孔子說：『堯作為君主偉大啊！唯有天最高大，唯有堯效法它。（堯的功德）浩蕩無邊啊，人民簡直無法用言語來形容。真正的好君主啊，舜！崇高啊，擁有了天下卻不佔有它。』堯舜的治理天下，難道不用心嗎？只是沒有用在親自耕作上罷了。

「我只聽說用中原的文化風俗去影響邊遠落後民族，沒聽說過反被他族所影響的。陳良是楚人，喜愛周公、孔子的學說，北來中原進行學習，北方的學者沒有一個能超過他的，他就是一位豪傑之士。你們兄弟侍奉他數十年，老師死了卻背叛他的學說。過去孔子去世，門徒們守喪三年之後收拾行李準備回去，進屋與子貢揖別，相對而哭，都泣不成聲，然後才回去。子貢回到墓地，在祭壇邊築屋獨自居住了三年，然後才回去。過了些日子，子夏、子張、子游認為有若長得像孔子，打算像侍奉孔子那樣禮待他，並強求曾子也這樣做。曾子說：『不行！（老師的人品）如同在江漢之水中洗濯過，又好似在盛夏驕陽下曝曬過，夫子那種光明高大的境界簡直沒法達到。』如今許行這個話語難懂的南蠻人來非難先王之道，你卻背叛了你的老師向他學習，與曾子真是相差太遠了。我只聽說鳥兒從幽暗的山谷飛往高大的樹木，從沒聽過從高大的樹木飛到幽暗的山谷中去的。《魯頌》說：『痛擊戎狄，遏止荊舒。』周公正要痛擊他們，你卻贊同他們的學說，這真算不上是好的改變。」

陳相說：「要是按照許子的辦法去做，就可以使市面上物價統一，都市裡沒有弄虛作假的；即使是五尺高的兒童去買東西，也沒有人會欺負他。布匹絲綢長短相等，價錢就一樣；麻線絲絮的分量相等，價錢就一樣；粟米穀物的多少相等，價錢就一樣；鞋子大小相等，價錢就一樣。」

孟子說：「各種貨物的品種品質不相一致，這是貨物存在的客觀情況。有的相差一倍到五倍，有的相差十倍到百倍，有的相差千倍到萬倍。你要把它們等同看待，將造成天下的混亂。粗劣的鞋子和優質的鞋子賣同樣的價錢，人們怎麼會接受呢？按照許子的辦法去做，簡

直是引導天下的人去做欺騙的勾當，怎麼能治理好國家呢？」

【延伸閱讀】

社會分工既是人類歷史發展的必然規律，又是文明的表現。從理論上說，生產力的發展必然導致社會分工，這是不可阻擋的歷史趨勢和社會潮流。社會分工又將進一步促進生產力的發展和社會進步，這也是必然的結果。

從實際情況也可以知道，在原始社會中出現了農業和畜牧業的分離，這是第一次社會大分工。在原始社會末期，又出現了農業和手工業的分工。隨著人類由原始社會向文明社會過渡，腦力勞動和體力勞動之間、管理者與被管理者之間的分工也不可避免地出現了。而這種分工的出現，必然導致統治者與被統治者、管理者與被管理者，甚至是壓迫者與被壓迫者，剝削者與被剝削者，這些階級對立的出現。這種分工和矛盾的出現，從人類總體發展上來看，是不可轉移的必然趨勢，但從局部階段性的角度來看是充滿了尖銳的抗爭，充滿了暴力和邪惡。

思想家們根據這種令人疑惑的複雜情況，提出了各自的觀點和解決問題的方法。

許行的農家學說就是其中的一種觀點。他把各種社會問題的出現歸咎於社會分工，認為「賢者與民並耕而食，饔飧而治」是解決社會矛盾的最佳辦法。他不僅從理論上這樣認為，而且還身體力行地進行實踐，率領弟子「衣褐，捆屨，織蓆以為食」。他的這種觀點和做法怪異而新鮮，吸引了不少人，就連一向奉行儒家學說的陳相兄弟也從宋國趕來滕國，成為許行的門徒。陳相兄弟不僅背叛了師門，而且還公開去拜訪孟子，宣傳自己新學到的農家學說。

孟子當然不會容忍陳相兄弟的所作所為，因此對許行的學說展開批駁。於是他又使出了自己一貫擅長的推謬手法──一問一答，逐步讓陳相認為許行及其門徒的做法極其荒唐，並宣揚「百工之事固不可耕且為也」的理論，實際上就是讓陳相承認社會分工的合理性，然後再展開自己的正面論述。孟子首先提出著名的論斷：「或勞心，或勞力；勞心者治人，勞力者治於人；治於人者食人，治人者食於人；天下之通義也。」然後再「言必稱堯舜」，以堯舜等古代聖王的事蹟來論證社會分工的必要性。最後，駁倒了許行的觀點和行為後，孟子鞭撻陳相兄弟背叛師門、拋棄儒學的行為。

　　孟子所提出的「勞心者治人，勞力者治於人」的論斷，與《左傳‧襄公九年》知武子已經說過：「君子勞心，小人勞力，先王之制也。」有異曲同工之妙。可見，體力勞動與腦力勞動的差別，在孟子的時代早已是一個普遍存在的社會現象，他不過是對這種現象加以概括，而在「或勞心，或勞力」的基礎上進一步發揚為「勞心者治人，勞力者治於人」的「公式」而已。

　　當然，孟子分工論的影響也是巨大的，為後世統治者提供了確實的理論依據，其實，孟子的原意倒不是論述統治與被統治的問題，只是陰差陽錯，這個畢生為「民」請命，呼籲當政者實施仁政的人變成了統治階級的代言人。

　　不過，看待問題最重要的是看你從什麼角度去考慮。如果從局部的階段性的角度去看，許行的學說主張統治者與老百姓「同吃同住同勞動」，自己動手，豐衣足食的確也是有一定意義，因而具有吸引力。可是，如果從人類歷史發展的總體和全程來看，他的觀點和做法就是非常荒唐而可笑了。而且，越是進入文明發達的現代社會，就顯得越發荒唐了。我們今天有誰會想到要自己造一台電視機然後才來看，自己造一輛汽車然後才來開呢？那不被認為是瘋子才怪。同理，從總體和全程的角度來看，「勞心者治人，勞力者治於人」也不是什麼大逆不道、反動透頂的學說，而是人類社會發展階段中的現象概括。假如我們還原歷史背景，從孟子說這話的具體情況去理解，就是從社會分工問題的角度去瞭解，那就沒有什麼可怪的了。

第五章

【原文】

　　墨者夷之因徐辟[①]而求見孟子。孟子曰：「吾固願見，今吾尚病，病癒，我且往見，夷子不來。」

　　他日，又求見孟子。孟子曰：「吾今則可以見矣。不直，則道不見；我且直之。吾聞夷子墨者，墨之治喪也，以薄為其道也；夷子思以易天下，豈以為非是而不貴也？然而夷子葬其親厚，則是以所賤事親也。」

徐子以告夷子。

夷子曰：「儒者之道，古之人若保赤子②，此言何謂也？之則以為愛無差等，施由親始。」

徐子以告孟子。

孟子曰：「夫夷子信以為人之親其兄之子為若親其鄰之赤子乎？彼有取爾也。赤子匍匐將入井，非赤子之罪也。且天之生物也，使之一本，而夷子二本故也。蓋上世嘗有不葬其親者，其親死，則舉而委之於壑。他日過之，狐狸食之，蠅蚋姑嘬③之。其顙有泚④，睨而不視。夫泚也，非為人泚，中心達於面目，蓋歸反虆梩而掩之⑤。掩之誠是也，則孝子仁人之掩其親，亦必有道矣。」

徐子以告夷子。夷子憮然為間，曰：「命之矣。」

【注釋】

①墨者：學習墨家學說的人。徐辟：孟子的弟子。

②若保赤子：語出《周書‧康誥》，這是周公據成王的命令告誡康叔的話。赤子，剛生下的嬰兒。

③蠅蚋姑嘬：蚋（ㄖㄨㄟˋ），蚊子。嘬（ㄔㄨㄞˋ），咬。

④泚（ㄘˇ）：出汗的樣子。

⑤虆梩（ㄌㄟˊ ㄌㄧˊ）：盛土的箕和挖土的鍬。

【譯文】

墨家的門徒夷之透過徐辟求見孟子。孟子說：「我本來願意見他，可現在我還在病中，等病好了我去見他，夷子不必來。」

過了些日子，夷之又來求見孟子。孟子說：「我現在可以見他了。話不直截了當地說便講不清道理，我就直截了當地說吧！我聽說夷子是墨家的信徒，墨家辦理喪事以儉約為準則。夷子想用它來改變天下的禮俗，難道以為不這樣就不足貴嗎？但夷子安葬他的父母親卻很豐厚，那是拿自己看不起的東西來侍奉父母親。」

徐辟把這些話告訴了夷子。

夷子說：「據儒家學說的記載，古代的帝王對待百姓『如同愛護嬰兒一般』，這話是什麼意思呢？我認為它是指愛是沒有親疏厚薄的，只是從父母親開始實施罷了。」

徐辟把這些話轉告了孟子。

孟子說：「夷子真的認為人們愛護他哥哥的孩子和愛護鄰居的嬰兒是一樣的嗎？他只抓住了這一點：嬰兒在地上爬，就要掉進井裡了，這不是嬰兒的過錯，（所以人人都會去救，他以為這就是愛不分親疏厚薄。）而且天生萬物，使它們都只有一個根本，而夷子卻主張愛無區別。認為別人的父母，等於自己的父母，提出兩個根本，這就是我要辯駁他的緣故。大概上古時候曾經有過不埋葬父母的人，他的父母死了，就把屍體扛起來丟到山溝裡。後來路過那裡，看見狐狸在撕食屍體，蚊蠅在叮咬屍體，心裡難過得額頭冒汗，只是斜著眼睛瞟一下，連正視都不敢。那個人流汗並不是流給別人看的，而是內心的悔恨表露在臉上，於是他回去拿了鐵鍬和簸箕把屍體掩埋了。掩埋遺體確實是對的，這樣看來，孝子仁人安葬他們的父母親，必定也是有道理的。」

徐辟再次把孟子的話告訴了夷之，夷之茫然若失，好一會兒才說：「他深刻地教育了我！」

【延伸閱讀】

在墨家看來，與其把大量金錢和時間浪費在葬禮上，不如把錢省下來留給活著的人。從節儉的角度來說，這種說法不無道理，那麼孟子為什麼要批判薄葬呢？

孟子說，上古有一個人，他父母去世時，沒有加以埋葬，只是隨隨便便把父母的屍體丟到山溝裡去了。大概古時候還沒有葬禮，可能有這樣的情況。孟子想像到，過了幾天這個人從那裡經過一看，狐狸正在啃食他父母的屍體，蒼蠅蚊蟲在上面吸吮。這個人額頭瞬間冒出汗來，而且不敢正視眼前的畫面。他的汗不是流給別人看的，而是因內心慚愧自然流下來的。於是，他立刻回家拿鋤頭簸箕將父母屍體加以埋葬。這個故事說明孟子認為人的所有行為，諸如這種禮儀規範，是人內心的真實情感的表現。所以把父母好好地埋葬了，這就是葬禮的開始。作為葬禮不是說規定你做你就做，而是說你為人子女應該要做的。這就說明了葬禮的由來。

儒家認為每個人活在世上都要遵守各種規範，這叫做禮儀，它的主要來自真誠的內心情感。如果不是發自內心的情感，只注重外表的話，那麼這就沒有必要了。你為什麼花這麼多錢，買這麼好的棺材去埋葬，埋到地裡面就不能用了；為什麼不替活人著想呢，你替死人花太多東西的話，給活人用的就少了。但是問題不在這兒，而在於我們活著的人對於對去世長

輩心中的感情要經過這個葬禮，才能得到平撫，才能得到安慰。所以孟子就說，我寧可自己節省一點，也不會草率地為父母辦葬禮。這就是儒家的立場。

儒家的厚葬絕不是只注重外在，而是注重內心，你不這樣做就會覺得心中不安，心中不忍。所以為了讓自己的心能得到慰藉，我就願意這樣好好去做。而墨家思想，有點違反人之常情，只看重現實的厲害關係。

因此，隆喪厚葬不一定是奢侈、浪費，這要根據人們的經濟基礎等行為作為依據。隆，也可以認為是隆重和莊嚴的意思。而隆喪厚葬作為我們中華五千年的文化理應代代傳承。

在中國人的思想觀念裡，死亡就是人去了另一個世界，這個觀念是與西方不同的。所以，我們作為兒女不僅要在父母在世時好好孝順，在失去時也應該這樣做，這是為人兒女所必須做的。不一定要傾家蕩產，而是要根據自己的實際情況進行隆喪厚葬。

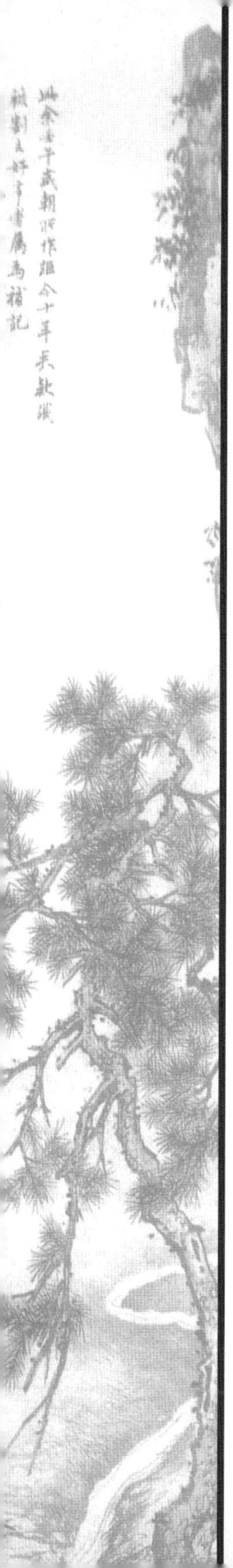

滕文公章句・下

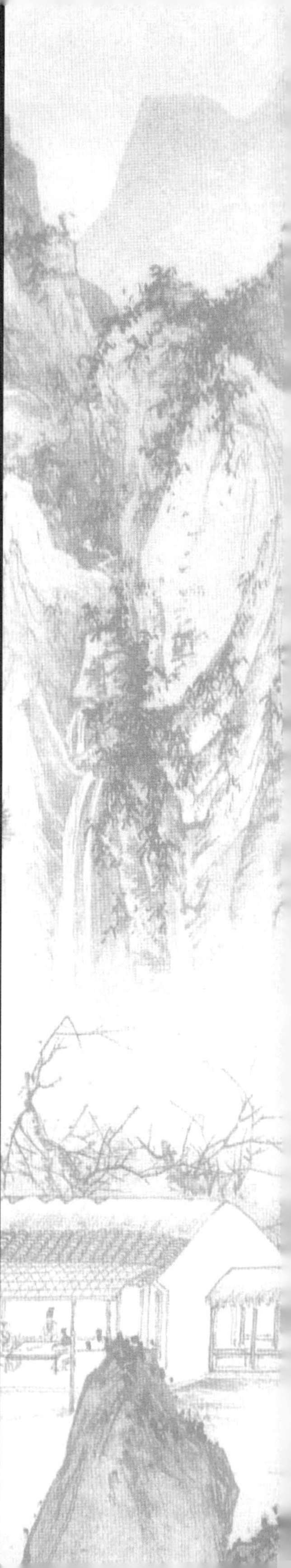

第一章

【原文】

陳代①曰：「不見諸侯，宜若小然；今一見之，大則以王，小則以霸。且《志》曰：『枉尺而直尋』，宜若可為也。」

孟子曰：「昔齊景公田，招虞人②以旌，不至，將殺之。志士不忘在溝壑，勇士不忘喪其元。孔子奚取焉？取非其招不往也。如不待其招而往，何哉？且夫枉尺而直尋者，以利言也。如以利，則枉尋直尺而利，亦可為與？昔者趙簡子使王良與嬖奚乘③，終日而不獲一禽。嬖奚反命曰：『天下之賤工也。』或以告王良。良曰：『請復之。』強而後可，一朝而獲十禽。嬖奚反命曰：『天下之良工也。』簡子曰：『我使掌與女乘。』謂王良，良不可，曰：『吾為之範我馳驅，終日不獲一；為之詭遇，一朝而獲十。《詩》云：不失其馳，舍矢如破④。我不貫與小人乘⑤，請辭。』御者且羞與射者比；比而得禽獸，雖若丘陵，弗為也。如枉道而從彼，何也？且子過矣：枉己者，未有能直人者也。」

【注釋】

①陳代：孟子的學生。
②虞人：陪護皇帝或是看守諸侯園子的小官吏。
③趙簡子：即趙鞅，春秋末年晉國的正卿。王良：晉國著名的駕車能手。嬖奚：趙簡子的寵臣名叫奚的。
④《詩》云：此處詩名引自《詩·小雅·車攻》第六章。〈車攻〉是一首以周宣王畋獵為題材的頌歌。舍矢：放矢、放箭。破：有殺傷的意思。
⑤貫：同「慣」，習慣。

【譯文】

陳代說：「夫子不肯去見諸侯似乎是小事，現今一去見他們，大則可以一統天下，小則可以稱霸於世。《志》書上說：『屈一尺而伸直八尺』，好像是值得去做的。」

　　孟子說：「從前齊景公打獵，用旌旗去傳喚管理山林園子的虞人，虞人不去，景公要處死他。志士為了志氣不怕棄屍山溝，勇士為了勇敢不怕喪失頭顱，孔子讚賞他什麼呢？是讚賞虞人對不符合禮儀的傳喚不應承。要是不待傳喚而去應承，那算什麼呢？所謂『屈曲一尺而伸直八尺』，是從利上來說的。要說利，如果屈曲八尺而伸直一尺有利，是否也能做呢？從前趙簡子派王良為他寵幸的小臣奚駕車去打獵，一整天捕不到一隻鳥。奚向趙簡子回報說：『王良是天下最拙劣的車手。』有人把這話告訴了王良，王良說：『請讓我們再去一次。』經過強求之後才獲允准，結果一個早上就捕到了十隻鳥。奚向趙簡子回報說：『王良是天下最優秀的車手。』趙簡子說：『我派他專門為你駕車。』並將此事告訴了王良。王良不同意，說：『我替他按規範駕車，一整天捕不到一隻；不按照規範駕車，一個早上就捕到了十隻。《詩經》裡說：不失規範地奔馳，一箭發出就射中。我不習慣替小人駕車，請不要任命。』車手尚且羞於與奚這樣的射手合作，即便合作得到的鳥獸多得像山丘一樣，也不肯做。要是損害了原則去屈從諸侯，那算是什麼呢？而且你錯了，凡是枉屈自己的人，沒有一個能夠使他人正直的。」

【延伸閱讀】

　　對現代人來說，由於社會分工的日益精細，職業的日益分化，立身處世的「出處」問題似乎已不那麼突出了。但面對擇業，面對進退，面對鋪天蓋地的徵聘廣告和所謂「雙向選擇」，試問一句：是否還有必要思考自己的「出處」問題呢？

　　陳代給孟子所出的是一個以屈求伸的意見。「枉尺而直尋」，先讓自己彎曲，哪怕顯得只有一尺長，有朝一日實現抱負，伸展開來，就可能有八尺長了。

　　陳代所講的，其實就是蘇秦、張儀等縱橫家的做法。先順著諸侯們的胃口來，然後再慢慢實施自己的思想主張。說穿了，有一點機會主義的味道。

　　所以，孟子堅決不予同意，而以「志士不忘在溝壑，勇士不忘喪其元」的方正剛直為行為主張。並以齊景公時的獵場管理員和趙簡子時的優秀御者王良為例，說明了君子在立身出處上不能苟且，不能用機會主義的道理。最後指出，機會主義的路其實也是走不通的，因為，「枉己者，未

有能直人者也。」也就是說，把自己弄得彎曲起來，扭曲了人格，怎麼還可能讓別人正直呢？這就又回到他的前輩孔子的說法上去了。「不能正其身，如正人何？」自己不能夠正直，自己都不能以身作則，怎麼可能讓別人正直呢？

從以上我們可以看出，雖然孔、孟都很宣導通權達變的思想，但在立身處世的出處方面，卻是非常認真而不可苟且的。因此，對他們來說，這是一個非常重要的原則問題。

第二章

【原文】

景春①曰：「公孫衍、張儀豈不誠大丈夫哉②？一怒而諸侯懼，安居而天下熄。」

孟子曰：「是焉得為大丈夫乎？子未學禮乎？丈夫之冠③也，父命之；女子之嫁也，母命之，往送之門，戒之曰：『往之女家，必敬必戒，無違夫子！』以順為正者，妾婦之道也。居天下之廣居，立天下之正位，行天下之大道；得志，與民由之，不得志，獨行其道；富貴不能淫，貧賤不能移，威武不能屈，此之謂大丈夫。」

【注釋】

①景春：與孟子同時期的人，習縱橫之術。

②公孫衍：名衍，字犀首，魏國陰晉（今陝西華陰）人，是當時縱橫家的代表人。張儀：魏國人，戰國中期著名的縱橫家，與蘇秦並稱。曾多次遊說六國連橫與秦國結盟，瓦解齊楚聯盟，使秦國更為強大。

③冠：古時男子年二十行冠禮，以示成年。

【譯文】

景春說：「公孫衍、張儀難道不是大丈夫嗎？他們一發怒，諸侯就害怕；他們要是安居，天下就沒有衝突。」

孟子說：「這怎麼能算是大丈夫呢？你沒有學過禮嗎？男子行冠禮時，父親主持其事，並面加訓導；女子出嫁時，母親主持其事，親

自送到門口，並告誡她說：『到了你的夫家，必須恭敬，必須謹慎，不要違抗丈夫。』以順從作為準則，是為人之妻的道理。居住在天下最廣大的居所裡，站立在天下最正大的位置上，行走在天下最廣闊的道路上，能實現志向就與百姓一起去實現，不能實現志向時就獨自堅持這個原則，高官厚祿不能亂我的心，家貧位卑不能變我的行，威勢武力不能迫使我屈服，這才叫做大丈夫。」

【延伸閱讀】

　　孟子則覺得公孫衍、張儀之流依靠賣弄鼓舌、曲意順從諸侯的意思往上爬，是缺乏仁義道德的，因此，不過是小人、女人，奉行的是「委婦之道」，怎麼能算得上是大丈夫呢？

　　孟子的說法實在是含蓄而幽默，只是透過言「禮」來說明女子出嫁時母親的囑咐，由此可見「以順為正者，妾婦之道也」。這裡值得我們關注的是，古人認為，妻道如臣道。臣對於君，當然也應該順從，但順從的原則是以正義為標準，如果君行不義，臣就應該勸諫。妻子對丈夫也是這樣，妻子固然應當順從丈夫，但是夫君有過，妻子也應當勸說補正，也就是應該「和而不同」。只有太監、小老婆、婢女之流，才不問是非，以順從為原則，事實上，也就是沒有了任何原則。

　　不過遺憾的是，儘管孟子對這種「以順為正」的妾婦之道如此深惡痛絕，但兩千多年來，這樣的「妾婦」卻還是生生不息，層出不窮。時至今日，一夫一妻已受法律保護，「妾婦」難存，但「妾婦說」卻未必不存，甚或還在大行其道呢。那應該怎麼辦呢？

　　孟子的方法是針鋒相對地提出真正的大丈夫之道。這就是流傳千古的名言：「富貴不能淫，貧賤不能移，威武不能屈。」怎樣才能做到？那就得「居天下之廣居，立天下之正位，行天下之大道」。也就是奉行儒學一貫宣導的仁義禮智。這樣做了以後，再抱以「得志與民由之，不得志獨行其道」的立身處世態度，也就是孔子所謂「用之則行，舍之則藏」，或孟子在其他地方所說的「窮則獨善其身，達則兼善天下」，那就能夠成為真正的大丈夫了。

　　孟子對於「大丈夫」的這段名言，句句彰顯著思想和人格力量的光輝，在歷史上曾激勵了不少志士仁人，進而成為人們不畏強暴、堅持正義的思想根源。

【原文】

周霄①問曰：「古之君子仕乎？」

孟子曰：「仕。《傳》曰：『孔子三月無君，則皇皇如也，出疆必載質。』公明儀曰：『古之人三月無君則弔。』」

「三月無君則弔，不以急乎？」

曰：「士之失位也，猶諸侯之失國家也。《禮》曰：『諸侯耕助以供粢盛②；夫人蠶繅以為衣服③。犧牲④不成，粢盛不潔，衣服不備，不敢以祭。惟士無田，則亦不祭。』牲殺、器皿、衣服不備，不敢以祭，則不敢以宴，亦不足弔乎？」

「出疆必載質，何也？」

曰：「士之仕也，猶農夫之耕也；農夫豈為出疆舍其耒耜哉？」

曰：「晉國亦仕國也，未嘗聞仕如此其急。仕如此其急也，君子之難仕，何也？」

曰：「丈夫生而願為之有室，女子生而願為之有家；父母之心，人皆有之。不待父母之命、媒妁⑤之言，鑽穴隙相窺，逾牆相從，則父母、國人皆賤之。古之人未嘗不欲仕也，又惡不由其道。不由其道而往者，與鑽穴隙之類也。」

【注釋】

①周霄：魏國人。

②粢盛：祭禮時所用的穀物。朱熹《集注》云：「黍稷曰粢（ㄗ），在器曰盛（ㄔㄥˊ）。」

③夫人：諸侯的正妻。蠶繅（ㄙㄠ）：養蠶繅絲。

④犧牲：古時祭禮所殺的牛羊等牲畜，又叫「牲殺」。

⑤媒妁（ㄕㄨㄛˋ）：媒人。

【譯文】

周霄問道：「古代的君子做官嗎？」

孟子說：「做官。《傳記》中說：『孔子要是三個月沒有君主任

命他做官，就感到惶惶不安，所以每離開一處必定帶著拜見別的國君的見面禮。』公明儀也說：『古代的人要是三個月沒有君主任用，就要去安慰他，給以同情。』」

　　周霄說：「三個月沒有君主任用，就要去安慰他，給以同情，不是太性急了嗎？」

　　孟子說：「士人失去了職位，就像諸侯失去了國家。《禮》書上說：『諸侯親自耕種農田來生產祭奠品；諸侯夫人親自養蠶繰絲來製作祭服。祭奠用的牲畜不肥壯，祭奠用的穀物不潔淨，祭奠用的衣服不完備，不敢用來祭祀。士人要是沒有祭祀用的田地，也就沒有資格祭祀。』牲畜、器皿、衣服不完備，不敢用來祭祀，於是就不敢進行宴樂，難道不應該去安慰他嗎？」

　　周霄問：「每離開一處必定帶著拜見別國君主的見面禮，這又是什麼緣故呢？」

　　孟子說：「士人要做官，就好比農民要種田一樣；農夫如果離開一個地方難道會丟下他的農具嗎？」

　　周霄說：「魏國也是一個可以做官的國家，但我從未聽說過士人想做官有如此急迫的。既然士人想做官是如此的急迫，那麼君子卻又不肯輕易去做官，這是為什麼呢？」

　　孟子說：「男孩生下來就希望為他找到妻室，女孩生下來就希望為她找到夫家，父母的這種心情是人人都有的。但是如果得不到父母親的許可，沒有媒人的介紹，自己便鑽洞扒門縫來互相窺望翻牆頭進行幽會，那麼父母、其他人都會看不起他們。古代的君子不是不想做官，但又討厭不透過正當的途徑去做官。透過不正當的途徑去做官的，就跟鑽洞、翻牆的醜行相類似了。」

【延伸閱讀】

　　時代發展到今天，戀愛與婚姻講求自由。「父母之命、媒妁之言」早已被拋到了一邊，少男少女們再也用不著鑽洞扒縫，翻牆過壁了。那麼，「鑽穴隙之類」是不是也就合理了呢？

　　顯然不是這樣，先不說是在政治上、官場上去「鑽穴隙」，即使是男女關係上的「不由其道而往」，仍然會受到「父母國人皆賤之」，總歸不是什麼光宗耀祖的事吧！所以，還是要光明磊落走正道，不要「鑽穴隙之類」為好。

　　孟子的比喻實在是涵義非常深刻。他以男女苟合偷情為喻，指責那些不由其道、不擇手段去爭取做官的人，事實上也是譴責靠遊說君王起家的縱橫術士們。依據孟子的觀點，想做官，實現自己的政治抱負和理想是非常合理的。但另一方面，「又惡不由其道」。說穿了，還是立身處世的「出處」問題。

第四章

【原文】

　　彭更①問曰：「後車數十乘，從者數百人，以傳食②於諸侯，不以泰乎？」

　　孟子曰：「非其道，則一簞食不可受於人；如其道，則舜受堯之天下，不以為泰，子以為泰乎？」

　　曰：「否，士無事而食，不可也。」

　　曰：「子不通功易事，以羨補不足，則農有餘粟，女有餘布；子如通之，則梓、匠、輪、輿③皆得食於子。於此有人焉，入則孝，出則悌，守先王之道，以待④後之學者，而不得食於子；子何尊梓、匠、輪、輿而輕為仁義者哉？」

　　曰：「梓、匠、輪、輿，其志將以求食也；君子之為道也，其志亦將以求食與？」

　　曰：「子何以其志為哉？其有功於子，可食而食之矣。且子食志乎？食功乎？」

　　曰：「食志。」

　　曰：「有人於此，毀瓦畫墁⑤，其志將以求食也，則子食之乎？」

　　曰：「否。」

　　曰：「然則子非食志也，食功也。」

【注釋】

　　①彭更：孟子的弟子。

　　②傳食：指住在諸候的驛舍（賓館）裡接受飲食。傳，驛舍，相當於今天的賓館。

③梓、匠、輪、輿：都是木工。梓人造禮器，匠人掌土木，輪人造車輪，輿人造車廂。

④待：通「持」，扶持。

⑤畫墁：畫，通「劃」。墁，牆壁的粉飾。

【譯文】

彭更問道：「隨從的車子幾十輛，帶領的學生幾百人，來往都在賓館裡受到諸侯的款待，這樣不覺得過分嗎？」

孟子說：「要是不合道理，一碗飯都不能受之於人；要是合乎道理，舜接受了堯的天下都不覺得過分。你覺得過分嗎？」

彭更說：「我不是這個意思，我覺得士人沒有實際的工作而吃人家的，是不可以的。」

孟子說：「你如果不互通有無，交換各自的成果，用多餘的來補充不足，農夫就會有剩餘的粟米，女人就會有剩餘的布匹；你如果互通有無，那麼工匠們都能從你那兒得到食物。比如有這麼一個人，在家孝順，出外友愛，謹守先王的準則，以此扶持後進的學者，卻不能從你那兒得到食物，你為什麼重工匠而輕視實行仁義的人呢？」

彭更說：「工匠們從事勞動的目的在於解決吃飯問題，君子們施行道德的目的也是為了解決吃飯的問題嗎？」

孟子說：「你何必管動機目的呢？他們對你有貢獻，可以給報酬才給報酬。你到底是根據目的動機給他報酬呢？還是根據他的功績貢獻才給他報酬呢？」

彭更說：「根據他的動機目的。」

孟子說：「現在有個人，工作時毀壞了磚瓦，汙損了牆壁，他的動機目的在於謀求食物，你會因此給他嗎？」

彭更說：「不能給。」

孟子說：「那麼你就不是酬勞動機目的，而應酬勞功績貢獻啊。」

【延伸閱讀】

我們不難發現，這裡實際上牽涉到兩方面的問題：

第一，就是當受不當受的問題。通俗地說，只要是正當的，再多也是可以接受的；如果不正當，再少也不應該接受。例如，某項技術發明或新產品開發之類的成果收入問題，新聞媒介不斷有披露，其癥結點就在於當

事人的鉅額收入是「如其道」還是「非其道」。如果是「如其道」，那再多也不應該有問題（當然要按有關規定繳納個人所得稅等），如果是「非其道」，那就要另當別論了。這裡的界定是很清楚的。

　　不過問題是，誰來界定是「如其道」還是「非其道」呢？混亂也正是出在這裡，往往是不同的人有不同的認識。這大概就需要多多制訂法規了吧。孟子在這裡的觀點與孔子所謂「如利思義」或「見得思義」的觀點以及他自己「當辭則辭，當受則受」的實際做法都是一致的。說到底，還是我們今天常說的「君子愛財，取之有道」更見精妙。「有道」正是「如其道」，「無道」正是「非其道」啊！實在是高明之至。

　　第二，是動機和效果的關係。這一問題，孟子同樣採取了他一貫的推謬手法，把論辯對手放到荒唐的處境，使之不得不承認錯誤，從而證實了自己觀點的正確性。

　　其實他們師生之間所談論的問題非常簡單。學生彭更是從動機來看問題、解決問題；孟子則是從實效，也就是效果方面來看問題、解決問題。有點類似於我們今天所說的不聽大話、空話，只看工作業績。

　　當然，上升到理論的高度，動機與效果的問題是一對哲學範疇。我們的觀點是二者是辯證統一的，也就是主觀動機與客觀效果相統一。不過，面對生活與工作的實踐，不可能事事都做到二者的統一。處於這種情況，恐怕還是應該主要看成績，也就是「食功」而「非食志」了吧！

第五章

【原文】

　　萬章①問曰：「宋，小國也，今將行王政，齊楚惡而伐之，則如之何？」

　　孟子曰：「湯居亳②，與葛③為鄰，葛伯放而不祀。湯使人問之曰：『何為不祀？』曰：『無以供犧牲也。』湯使遺之牛羊，葛伯食之，又不以祀。湯又使人問之曰：『何為不祀？』曰：『無以供粢盛也。』湯使亳眾往為之耕，老弱饋食。葛伯率其民，要其有酒食黍稻者奪之，不授者殺之。有童子以黍肉餉，殺而奪之。《書》曰：『葛伯仇餉。』此之謂也。為其殺是童子而征之，四海之內皆曰：『非

富天下也，為匹夫匹婦復仇也。』『湯始征，自葛載』，十一征而無敵於天下。東面而征西夷怨，南面而征北狄怨，曰：『奚為後我？』民之望之，若大旱之望雨也；歸市者弗止，芸者不變。誅其君，弔其民，如時雨降，民大悅。《書》曰：『徯我後，後來其無罰。』『有攸（一ㄡ）不惟臣，東征，綏厥士女；篚厥玄黃，紹我周王見休，惟臣附於大邑周。』其君子實玄黃於篚，以迎其君子；其小人簞食壺漿，以迎其小人。救民於水火之中，取其殘而已矣。《太誓》④曰：『我武惟揚，侵於之疆，則取於殘，殺伐用張，於湯有光⑤。』「不行王政云爾；苟行王政，四海之內，皆舉首而望之，欲以為君。齊楚雖大，何畏焉？」

【注釋】

①萬章：齊國人，孟子的弟子。
②亳（ㄅㄛˋ）：在今河南商丘東南。
③葛：在今河南寧陵縣境內。
④《太誓》：即《泰誓》。據傳是周武王伐商大會諸侯的誓詞。
⑤有光：即「又光」，猶今言「更為輝煌」。

【譯文】

萬章問道：「宋國是個小國，現在打算要實行王政，齊國、楚國感到憎恨而去攻打它，那該怎麼辦呢？」

孟子說：「成湯居住在亳地，與葛國相鄰，葛伯放縱無道，不祭祀先祖。湯派人詢問他們說：『為什麼不祭祀？』葛伯說：『沒有牲畜用來祭祀。』湯派人送給他們牛羊，葛伯把牛羊吃了，還是不祭祀。湯又派人詢問他說：『為什麼不祭祀？』葛伯說：『沒有穀物來做祭品。』湯派亳地的民眾去為他們耕田，年老體弱的人去送飯時，葛伯帶領著他的民眾攔住那些帶著酒食米飯的人搶奪，不肯給的就殺死。有個孩子帶著米飯和肉，遭到殺害而被奪走了食物。《尚書》說『葛伯與送飯者為仇』，就是指這件事。成湯因為葛伯殺死了這個孩子而去征討他，四海之內都說：『這不是貪圖天下的財富，是為平民百姓復仇。』成湯的征討從葛國開始，先後征戰十一次而無敵於天下。他向東征討，西方的夷人便埋怨；向南征討，北方的狄人便埋怨，都說：『為什麼丟下我們啊！』民眾對他的盼望猶如大旱時盼望下雨一樣，

所到之處，趕集的不停止買賣，種田的不停止耕作，誅殺了殘暴的君主而撫慰那兒的百姓，如同及時降下的甘霖一樣，百姓非常喜悅。《尚書》說：『等待我們的君王，他來了，我們就不受罪了。』『攸國不肯服從，周王向東征討，安撫那兒的人們，他們用筐裝著黑色和黃色的絲帛，以能夠侍奉周王為榮，歸服了大邦周室。』那兒的官吏把黑色和黃色的絲帛裝在筐裡來迎接周的官吏，那兒的小民用筐裝著飯食、用壺盛著飲水來迎接周的士兵，是因為周王把民眾從水深火熱中拯救了出來，除掉了殘暴的君主。《泰誓》說：『把我們的軍隊發動起來，攻入他們的國土，除掉那殘暴的君主，用殺伐來彰明正道，比成湯的功業更加輝煌。』」

「只怕不肯施行王政。如果真能施行王政，普天之下的民眾都抬頭盼望他，要擁護這樣的人來做君主，齊國、楚國儘管強大，又有什麼可怕的呢？」

【延伸閱讀】

孟子認為，強弱之勢是可以改變的，關鍵在於行仁政，得民心。如果這樣做了，弱者有可能變強，而不行此道的強者將因失去民眾的擁護而變弱。

一個人價值的實現，不能只顧及個人生命和利益的存在，並且，它也不由自己對自己的生存意義為評判標準，而是由他人、社會給予評判的。因此，一個人在自己的人生征途中時刻不能脫離團體、社會。個人必須為大眾、為社會承擔責任，做出貢獻，奉獻自我。一個人只有超越自己生命狹小的圈子，熱心投入到社會之中，才有可能實現自己的人生價值。

孟子告訴齊宣王說：「君主把臣子視為自己的手腳，臣子就會把君主視為自己的腹心；君主把臣子視為犬馬，臣子就會把君主視為普通人；君主把臣子視為草芥，臣子就會把君主視為仇敵。」所以要想人們為我付出，我必須先付出；我不想人們施加給我的，我也不施加給別人。只有愛人的人，人們才永遠愛他；敬重人的人，別人才敬重他；施德於人的人，人們才以德來回報他；幫助人的人，人們才幫助他。付出的越多，回報就越豐厚；施予的越廣博，成就就越宏大。因此說，善待別人，就是善待自己。

楚漢相爭時，蒯通勸說韓信離開劉邦，與項羽結盟，從而雙利俱存，三分天下，鼎立而居，分封諸侯，做天下盟主。韓信不聽勸告，說他不忍

心背叛劉邦。他回想自己當年在項羽手下只是一個小小的郎中，位不過執戟之士，自己向項羽進獻計謀時，項羽從不採納。而劉邦不同，劉邦不但授他上將軍之職，讓他統率大軍，而且極力改善他的衣食住行，對他家庭的關照也是無微不至。所以韓信回答蒯通說：「漢王待我十分厚恩，把他的車給我乘，把他的衣給我穿，把他的食物給我吃。我聽古人說：乘過人家車子的人，要給人家分擔患難；穿人家衣服的人，也該給人家分擔憂慮；吃人家飯的人，就得為人家賣命。我怎麼可以圖謀私利而違背道義呢！」

商湯王三到有莘，終於使伊尹答應做他的相國；周文王因為敬老尊賢，所以呂尚、太顛、閎夭、散宜生、鬻子這些有才能的人都聽從他的指揮；劉備三顧茅廬，所以諸葛亮出山幫助劉備。這就是禮一所以獲十，罪一所以去百，獲人所以尊己，助人所以成己的明證。

第六章

【原文】

孟子謂戴不勝[①]曰：「子欲子之王之善與？我明告子。有楚大夫於此，欲其子之齊語也，則使齊人傳諸？使楚人傳諸？」

曰：「使齊人傳之。」

曰：「一齊人傳之，眾楚人咻[②]之，雖日撻而求其齊也，不可得矣；引而置之莊、嶽[③]之間數年，雖日撻而求其楚，亦不可得矣。子謂薛居州[④]，善士也，使之居於王所。在於王所者，長、幼、卑、尊皆薛居州也，王誰與為不善？在王所者，長、幼、卑、尊皆非薛居州也，王誰與為善？一薛居州，獨如宋王何？」

【注釋】

①戴不勝：宋國的臣子。②咻：喧譁。
③莊、嶽：齊國的街名和里名。④薛居州：宋國的善士。

【譯文】

孟子對戴不勝說：「你是想要你的君王向善嗎？讓我明確地告訴

你：有位楚國的大夫，希望他的兒子能說齊語，是讓齊人來教他呢？還是讓楚人來教他呢？」

戴不勝說：「讓齊國人來教他。」

孟子說：「一個齊人教他，就會有許多楚人說楚國話吵擾他，即使天天責打要他學會齊語仍不能做到；要是帶他到齊國的鬧市街裡住上幾年，即使天天責打要他說楚語也不能做到。你說薛居州是個善士，要讓他居住在國王的身邊。如果在國王身邊的人無論年紀大小、地位高低都是薛居州那樣的人，國王和誰去做壞事呢？如果在國王身邊的人無論年紀大小、地位高低都不是薛居州那樣的人，國王和誰去做善事呢？單單一個薛居州，能把宋王怎麼樣呢？」

【延伸閱讀】

孟子的主要意思還是在政治方面，用「近朱者赤，近墨者黑」的道理解釋周圍環境對人的重要影響，從而說明當政治國的國君應注重自己所用親信的考查和選擇。因為如果國君周圍多是好人，那麼國君也就會和大家一起向善做好事。相反，如果國君周圍多是壞人，那麼國君也就很難做好人了。這裡的道理並不深奧，實際上也就是《大戴禮記・曾子制言》所說「蓬生麻中，不扶自直；白沙在泥，與之俱黑」的意思。所謂「昔孟母，擇鄰處」，「孟母三遷」不也就是為了找一個周圍環境好一點的地方以利於孩子的教育與成長嗎？孟子從小就受到這方面的薰陶，早有親身體會的，所以能生動的舉例。

此意不局限於政治意圖，在現實生活中也會用到。比如，學習外語的問題。誠如孟子在本章中所論，語言口耳之學，語言環境至關重要。這是凡有過學習外語經歷的人都會深有體會的。孟子的分析實在是深刻，讀來非常親切。

第七章

【原文】

公孫丑問曰：「不見諸侯何義？」

孟子曰：「古者不為臣不見，段干木①逾垣而辟之，泄柳閉門而不

內，是皆已甚；迫，斯可以見矣。陽貨欲見孔子而惡無禮，大夫有賜於士，不得受於其家，則往拜其門。陽貨矙孔子之亡也，而饋孔子蒸豚；孔子亦矙其亡也，而往拜之。當是時，陽貨先，豈得不見？曾子曰：『脅肩諂笑②，病於夏畦。』子路曰：『未同而言，觀其色赧赧然③，非由之所知也。』由是觀之，則君子之所養，可知已矣。」

【注釋】

①段干木：戰國初年魏文侯時的賢者，曾師事子夏。
②脅肩：聳起肩來故作恭敬的樣子。諂笑：勉強裝出討好的笑容。
③赧赧（ㄋㄢˇ）：羞慚得滿臉脹紅的樣子。

【譯文】

公孫丑問道：「您不願去見諸侯是什麼道理？」

孟子說：「古代的慣例，不是諸侯的臣子便不去參見他。段干木翻牆逃避魏文侯，泄柳關門不接待魯穆公，都做得有些過分；如逼著要見，還是可以見的。陽貨想要孔子來見他，又厭惡別人認為他沒有禮儀。大夫贈送東西給士人，士人如果不能在家親自接受，就應去大夫門下拜謝。於是，陽貨探知孔子不在家時送給他蒸熟的小豬；孔子也探知陽貨不在家時前往拜謝。在那時，如果陽貨先去拜訪，孔子怎麼會不見呢？曾子說：『聳肩做出畢恭畢敬的樣子，勉強裝出討好的笑容，比頂著烈日在菜地裡工作還要痛苦。』子路說：『明明跟這個人志趣不相投，卻要勉強去和人家交談，臉上表現出慚愧的顏色，我是不贊成的。』從上面這些事例來看，就能明瞭君子應該怎樣保持自己的品德和操行了。」

【延伸閱讀】

所謂「脅肩諂笑」，其實就是「巧言令色」，包括子路所不理解的那種「未同而言，觀其色赧赧然」都是類似的行徑。說透了，就是虛偽！

說到虛偽，那真就是一個說不清、道不明的話題了。一方面，它是「老鼠過街，人人喊打」。世人無不深惡痛絕，把它作為人類的惡行而加以口誅筆伐，似乎是一個無須討論的問題了。但另一方面，我們又分明感覺到自己隨時隨地都生活在虛偽的包圍之中，世上幾乎找不到沒有虛偽存在的淨土。所以，這似乎又是一個很有必要深入研究的問題。正是這兩個方面的二律背反，使「虛偽」突現在我們的生活之中，不僅令我們這些凡

夫俗子，即使那些聖賢們也困惑不已，所以不得不反覆論述。

至於孟子在這裡為什麼提到這個話題，則是從「諂媚」引發的。因為學生公孫丑提到為什麼不主動去拜見諸侯的問題，孟子在回答時從側面說到了兩個方面：一方面是像段干木、泄柳那樣，過於清高，孤芳自賞，似乎沒有必要這樣做。因為儒者主張中正平和、恰如其分，反對凡事走極端。另一方面就說到諂媚的問題了。雖然這裡沒有明說，但我們可以揣測到，孟子所指的「脅肩諂笑」之徒，正是那些逢迎、巴結各國諸侯的縱橫術士們。

從諂媚到虛偽，換句話說，諂媚本身也就是虛偽。有人說：「虛偽及欺詐產生各種罪惡。」有人甚至說得更為乾脆：「虛偽乃罪惡之源！」

認識這些以後，我們拿什麼來與之較量，怎樣來清除這人類的「罪惡之源」呢？這恐怕就不是一件輕而易舉的事了吧。

第八章

【原文】

戴盈之①曰：「什一，去關市之徵，今茲②未能；請輕之，以待來年，然後已，何如？」

孟子曰：「今有人日攘③其鄰之雞者，或告之曰：『是非君子之道。』曰：『請損之，月攘一雞，以待來年，然後已。』如知其非義，斯速已矣，何待來年？」

【注釋】

①戴盈之：人名，宋國大夫。②今茲：今年。
③攘：偷。《經典釋文》云：「攘，盜竊也。」

【譯文】

戴盈之說：「田租十分取一，免除關卡和市場的稅收今年還辦不到，請先減輕徵收，等到明年再完全取消，怎麼樣？」

孟子說：「現在有個人每天偷他鄰居一隻雞，有人告誡他說：『這不是君子應有的行為。』那人回答道：『我先少偷些，每月偷一隻，

等到明年再徹底改正。』如果知道這樣做不符合正道，就應趕快改正，為什麼要等到明年呢？」

【延伸閱讀】

偷雞賊的邏輯就是分步改錯，明明認識到自己不對，但就是不願意徹底改正，而以數量減少來遮掩不徹底改正的問題。

這則偷雞賊的寓言生動而幽默，看似荒唐，實際上是人心寫照。在現實生活中，無論是戒菸、戒賭、戒毒，還是「反腐倡廉」中曝露出來的一些問題，其當事人不都有一點偷雞賊的心態和邏輯嗎？

棄惡從善，痛改前非。下定決心，立即行動，不要為自己錯誤的言行找藉口。

第九章

【原文】

公都子①曰：「外人皆稱夫子好辯，敢問何也？」

孟子曰：「予豈好辯哉？予不得以也。天下之生久矣，一治一亂。當堯之時，水逆行，氾②濫於中國，蛇龍居之，民無所定，下者為巢，上者為營窟。《書》③曰：『洚水④警余。』洚水者，洪水也。使禹治之。禹掘地而注之海，驅蛇龍而放之菹⑤；水由地中行，江、淮、河、漢是也。險阻既遠，鳥獸之害人者消，然後人得平土而居之。

「堯舜既沒，聖人之道衰，暴君代作，壞宮室以為汙池，民無所安息；棄田以為園囿，使民不得衣食。邪說暴行又作，園囿、汙池、沛澤多而禽獸至。及紂之身，天下又大亂。周公相武王誅紂，伐奄三年討其君，驅飛廉⑥於海隅而戮之，滅國者五十，驅虎、豹、犀、象而遠之，天下大悅。《書》曰：『丕顯哉，文王謨！丕承者，武王烈！佑啟我後人，咸以正無缺。』

「世衰道微，邪說暴行有作，臣弒其君者有之，子弒其父者有之。孔子懼，作《春秋》。《春秋》，天子之事也；是故孔子曰：『知我者，其惟《春秋》乎！罪我者，其惟《春秋》乎！』

「聖王不作，諸侯放恣，處士橫議，楊朱、墨翟⑦之言盈天下，

天下之言不歸楊，則歸墨。楊氏為我，是無君也；墨氏兼愛，是無父也。無父無君，是禽獸也。公明儀曰：『庖有肥肉，廐有肥馬；民有饑色，野有餓莩，此率獸而食人也。』楊、墨之道不息，孔子之道不著，是邪說誣民，充塞仁義也。仁義充塞，則率獸食人，人將相食。吾為此懼，閑先聖之道，距楊、墨，放淫辭，邪說者不得作。作於其心，害於其事；作於其事，害於其政。聖人復起，不易吾言矣。

「昔者，禹抑洪水而天下平，周公兼夷狄，驅猛獸而百姓寧，孔子成《春秋》而亂臣賊子懼。《詩》⑧云：『戎狄是膺，荊舒是懲，則莫我敢承。』無父無君，是周公所膺也。我亦欲正人心，息邪說，距詖行，放淫辭，以承三聖者；豈好辯哉？予不得已也。能言距楊、墨者，聖人之徒也。」

【注釋】

①公都子：孟子的弟子。②氾：通「泛」。

③《書》：指《尚書》。

④洚水：指不遵河道、四處氾濫的大水。洚（ㄐㄧㄤˋ），古音與「洪」同。

⑤菹（ㄐㄩ）：多水草的沼澤地。

⑥飛廉：也作「蜚廉」，殷紂王的佞臣。

⑦楊朱：魏國人，戰國初期的著名思想家，主張「貴生」、「重己」。墨翟：春秋末年的著名思想家，墨家學說的創始人，該學派有《墨子》一書傳世。

⑧《詩》云：此處詩句引自《詩經·魯頌》。

【譯文】

公都子說：「別人都說先生喜好辯論，請問這是為什麼呢？」

孟子說：「我難道喜好辯論嗎？我是不得已啊！人類社會產生很久了，時而太平，時而動亂，輪換著出現。當堯的時候，洪水橫流，在中原土地上氾濫，到處被龍和蛇盤踞，百姓無處安身，低處的人只好在樹上搭窩巢，高處的人便挖掘洞窟。《尚書》中說：『洚水告誡我們。』洚水就是洪水。當時堯派禹治水，禹挖通河道把洪水導入大海中，又把龍和蛇驅逐到草澤地，水沿著地上的溝道流動，這就是長江、淮水、黃河和漢水。水患既已解除，鳥獸不再危害人們，百姓們

才得以回到平地上來安居。

「堯、舜去世以後，聖人治國愛民之道就逐漸衰微。暴虐的君王接連出現，毀壞了房屋來做池沼，使百姓無處安居；廢棄了農田來做園林，使百姓不能謀生。邪說、暴行隨之興起，園林、池沼、草澤增多，並招來了飛禽走獸。到了殷紂的時候，天下又發生了大亂。周公輔佐武王誅殺殷紂，討伐奄國，與這些暴君交戰了三年，把飛廉追逐到海邊處死，滅掉的國家有五十個，將虎、豹、犀牛、大象驅趕得遠遠的，天下的百姓都非常喜悅。《尚書》中說：『多麼英明偉大啊，文王的謀略；繼承發揚光大啊，武王的功績！幫助、啟發我們後人的，都是光明的正道而沒有絲毫缺陷。』

「周室衰微，正道荒廢，邪說、暴行隨之興起，臣子殺害君王的事有，兒子殺害父親的事有。孔子為之憂慮，便著述了《春秋》。《春秋》所記述的是天子的事，所以孔子說：『將使世人瞭解我的恐怕也只有《春秋》了，將使世人責罵我的恐怕也只有《春秋》了。』

「聖王不再出現，諸侯肆無忌憚，在野人士橫加議論，楊朱、墨翟的言論充斥天下，世上的言論不屬於楊朱一派便屬於墨翟一派。楊家主張為我，是不要君主；墨家主張兼愛，是不要父母。不要父母、不要君主就是禽獸。公明儀說：『廚房裡有肥肉，馬棚裡有肥馬，而百姓卻面帶饑色，野外有餓死的人，這是放任野獸去吃人。』楊、墨的學說不破除，孔子的學說不發揚，就是要用邪說來欺騙百姓、阻止仁義的施行。仁義被阻止就是放任野獸去吃人，人們相互殘殺。我為此感到憂慮，所以捍衛先聖的準則，抵制楊墨的學說，批駁錯誤的言論，這樣主張邪說的人就無法興起。邪說興起在人們的心中，會危害他們所做的事情；事情受了危害，也就會危害他所施行的政務。即使聖人再度出現，也會同意我的觀點。

「從前，大禹治好了洪水使天下太平，周公征服了夷狄，趕走了猛獸使百姓安定，孔子著述了《春秋》使作亂的臣子、不孝的兒子感到恐懼。《詩經》中說：『痛擊戎狄，遏止荊舒，無人敢於抗拒我。』不要父母、不要君主，是周公所要痛擊的。我也想去端正人心，破除邪說，抵制危險的行為，批駁錯誤的言論，來繼承大禹、周公、孔子三位聖人的業績。我難道是喜好辯論嗎？我實在是不得已啊！凡是能夠著書立說敢於抵制楊、墨學派的人，才不愧是聖人的門徒。」

【延伸閱讀】

　　從全書來看孟子是一個口才極佳的人，而本文中的辯論色彩也較濃，他認為自己處在一個道德敗壞的年代與社會中，如果不奮起捍衛聖道，端正人心，破除邪說，聖人之學將會衰落，所以，他說自己喜好辯論是「不得已」。

　　其實我們還可以從側面看到，在當時楊朱、墨翟的學說已是相當流行了，因此他以良好的口才來召喚聖人之學，以此來抵制楊、墨派學說。

第十章

【原文】

　　匡章曰：「陳仲子豈不誠廉士哉①？居於陵②，三日不食，耳無聞，目無見也。井上有李，螬③食實者過半矣，匍匐往，將食之；三咽，然後耳有聞，目有見。」

　　孟子曰：「於齊國之士，吾必以仲子為巨擘④焉。雖然，仲子惡能廉？充仲子之操，則蚓而後可者也。夫蚓，上食槁壤，下飲黃泉。仲子所居之室，伯夷之所築與？抑亦盜蹠之所築與？所食之粟，伯夷之所樹與，抑亦盜蹠之所樹與？是未可知也。」

　　曰：「是何傷哉？彼身織屨，妻辟纑，以易之也。」

　　曰：「仲子，齊之世家也；兄戴，蓋⑤祿萬鐘；以兄之祿為不義之祿而不食也，以兄之室為不義之室而不居也，辟兄離母，處於於陵。他日歸，則有饋其兄生鵝者，己頻顣⑥曰：『惡用是鶃鶃⑦者為哉？』他日，其母殺是鵝也，與之食之。其兄自外至，曰：『是鶃鶃之肉也。』出而哇之。以母則不食，以妻則食之；以兄之室則弗居，以於陵則居之，是尚為能充其類也乎？若仲子者，蚓而後充其操者也。」

【注釋】

　　①匡章：齊國人，曾在齊威王和宣王朝做過將軍。陳仲子：齊國人，因他居住在於陵，後人稱於陵子，是思想家。

　　②於陵：齊國地名，在今山東長山縣以南。

③螬（ㄘㄠˊ）：金龜子的幼蟲（蠐螬）。
④巨擘：大拇指　⑤蓋：地名，在今山東沂水縣西北。
⑥頻顣（ㄘㄨˋ）：同「顰蹙」，形容皺眉不高興的樣子。
⑦鶂（一ˋ）：鵝叫聲。

【譯文】

　　匡章說：「陳仲子難道不是廉潔的人嗎？居住在於陵，三天不吃東西，耳朵聽不見，眼睛看不到了。井邊樹上掉下的李子，金龜子蟲已經吃掉了大半果肉，他爬過去取來吃，吞嚥了三口，耳朵能聽見了，眼睛能看到了。」

　　孟子說：「在齊國的人士中，我必定是把陳仲子看作大拇指一般的人。然而，仲子又怎麼稱得上廉潔呢？如果要完全符合仲子品行，只有變成蚯蚓才能做到。蚯蚓吞食地面上的乾土，飲用地下的泉水。可是仲子所居住的房屋，是像伯夷那樣廉潔的人所建造的呢？還是像盜蹠那樣的強盜所建造的呢？他所吃的糧食，是像伯夷那樣的人所種植的，還是像盜蹠那樣的人所種植的呢？這是無法得知的。」

　　匡章說：「這有什麼關係呢？是他親自編織草鞋，妻子紡線搓麻，而交換來的。」

　　孟子說：「仲子是齊國的世家大族，他的哥哥陳戴有封地在蓋邑，每年能收到俸祿米糧幾萬石（擔）。仲子認為哥哥的俸祿是不義之財物，便不食用；認為哥哥的房屋是不義之產業，便不居住，避開了哥哥，離開了母親，獨自到於陵居住。後來有一天回家看望母親，正好碰上有人送給他哥哥一隻活鵝。仲子皺著眉頭說：『要這種嘎嘎叫的東西做什麼？』另一天，他母親殺了這隻鵝給他吃，他正吃時，他哥哥從外面回來，說：『你吃的正是那個嘎嘎叫的東西的肉啊！』仲子一聽便跑到外面『哇』的一聲全吐了。母親的食物不吃，妻子的食物卻吃；兄長的房屋不住，於陵的房屋卻住，這樣還能算是廉潔嗎？像陳仲子這樣的人，恐怕只有把自己變成蚯蚓之後才能完全符合他的廉潔之風吧！」

【延伸閱讀】

　　陳仲子是齊國著名的「廉士」，但是孟子認為他的作為並不能算是廉潔，尤其是不能提倡和推廣他的這種作為。為什麼呢？因為他的所作所為

是一種走極端的行為。孟子尖刻地諷刺說，要做到他那樣，除非把人先變成蚯蚓，只吃泥土，喝地下水，這才能夠做到徹底「廉潔」。而真正要用這種「廉」的標準來衡量，就是陳仲子本人也沒能夠做到。比如說，他住的房屋，還不知道是哪個不廉潔的人建築起來的；他所吃的糧食，還不知道是哪個不廉潔的人種植出來的。何況，他離開母親，不吃母親的食物，但卻還是要吃妻子的食物；他避開哥哥，不住哥哥的房屋，但卻還是要住在於陵的房屋裡。這些行為，難道能夠說是徹底「廉潔」嗎？

孟子的意思很清楚：他是說陳仲子的想法和做法都很荒唐、偏激，陳仲子把「廉」的概念只局限在受用別人的財物和外在的形式上，而沒有強化自己的思想、落實行動。因而，陳仲子的做法不是廉，這是顯而易見的。但是孟子話中隱含的意義不得不讓我們思考。

「廉潔」或者「清廉」只是一個相對的概念，這兩個詞是相對 「強佔惡貪」、「巧取豪奪」、「寡與多取」、「謾藏奇居」而言，「不貪不佔」、 「不索不搶」、「不隱不藏」、「不坑不騙」的一種高尚的行為，「廉」是指一種高尚道德的境界，即「非分之物不佔」、「非分之財不取」，這其中有一個限度之分，能滿足正常的、基本生活需要的獲取、配給和贈予就叫「廉」，相反，超過這個界限就叫「貪」。在孟子看來，如果連父母和兄弟所給的財物都不接受而標榜自己是「廉」，這就是一種愚昧的、虛偽的「廉」。孟子認為，陳仲子不住兄長的房屋、不吃兄長的米糧，是為大不悌，獨居而無事父母，為大不孝。這樣問題就出來了：作為「八德」中的「孝」、「悌」和「廉」又有什麼直接關係呢？答曰：二者互為因果關係和承接關係。陳仲子想做一個清廉的人，固然是好，但他卻不該強求自己的兄長給予他的房屋和食物必須是 「清白」的，或者合乎「義」的，如果他真想 「絕對」的「清廉」，也只有一個辦法：只能讓伯夷、叔齊（而不是盜蹠）那樣的人為他修建房屋、種米糧！顯然，這個方法無法實現，也根本沒有必要。孟子還進而揭示，陳仲子不吃母親做的飯，這為不孝，不住兄長的屋子，不吃兄長的糧食，是為大不悌，按照這個邏輯關係推論下去就是：不孝不悌則不忠，不忠則無信，無信則不知禮，不知禮則無義，無義則不廉，當然這也就是無恥（這也許就是「無廉無恥」一詞的由來），這是正推，反推也是這樣：一個不知道羞恥的人，就不會廉潔，不廉潔就不會講正義，不講正義就不知道禮節，不知禮也就不會講誠信，不講誠信就會不忠誠，不忠誠也就不悌，不悌也就不孝。雖然說「八德」之間的關係缺乏嚴密的邏輯，但無論正推、反推都合乎情

理，當然最主要的是要符合社會倫理道德的客觀要求。關於倫理道德的概念間的關係屬性在科學和邏輯上很難找到確證，但是它的承接規律和交互作用卻很好地表現在人類社會的道德規範上。

因此，孟子認為陳仲子的「廉」是「偽廉」，不值得後人學習。

在「反腐倡廉」的今天，如何界定廉潔的確是個問題。廉潔並不是談錢色變，拿得越少越好，也並不是生活越儉樸越好，人越清貧窮酸越好。其實，按照孔孟的看法，廉潔就是「見得思義」，就是「非其道，則一簞食不可受於人；如其道，則舜受堯之天下，不以為泰」。所謂「真理再往前走一步就成了謬誤」，廉潔做過了頭，「當受不受」，比如說你的薪水不要，該拿的獎金不拿，那就不是廉潔，而是酸腐，是「虛偽」，是沽名釣譽了。

因此，在今天這個時常因經濟問題引起人們困惑的時代，廉潔與酸腐的界限還是應該引起我們關注的。

此余壬戌朝陽所作雖念十年矢散佚
難劉文好幸屬為補記
辛卯九月陳乃嬌圖

離婁章句・上

第一章

【原文】

孟子曰：「離婁之明，公輸子之巧[1]，不以規矩[2]，不能成方圓；師曠[3]之聰，不以六律，不能正五音；堯舜之道，不以仁政，不能平治天下。今有仁心仁聞，而民不被其澤，不可法於後世者，不行先王之道也。故曰，徒善不足以為政，徒法不能以自行。《詩》云：『不愆不忘，率由舊章[4]。』遵先王之法者而過者，未之有也。聖人既竭目力焉，繼之以規矩準繩，以為方圓平直，不可勝用也；既竭耳力焉，繼之以六律正五音，不可勝用也；既竭心思焉，繼之以不忍人之政，而仁覆天下矣。故曰，為高必因丘陵，為下必因川澤；為政不因先王之道，可謂智乎？

「是以惟仁者宜在高位；不仁而在高位，是播其惡於眾也。上無道揆也，下無法守也，朝不通道，工不信度，君子犯義，小人犯刑，國之所存者幸也。故曰，城郭不完，兵甲不多，非國之災也；田野不辟，貨財不聚，非國之害也；上無禮，下無學，賊民興，喪無日矣。

「《詩》曰：『天之方蹶，無然泄泄[5]！』泄泄，猶遝遝[6]也。事君無義，進退無禮，言則非先王之道者，猶遝遝也。故曰，責難於君謂之恭，陳善閉邪謂之敬，吾君不能謂之賊。」

【注釋】

①離婁：名離朱，古代視力最敏銳的人。據《經典釋文》引司馬彪說：「黃帝時人，能於百步之外見秋毫之末。」公輸子：即魯班（也作般），魯國人，春秋末年著名的巧匠。

②規矩：規（圓規）是畫圓的儀器，矩（曲尺）是畫方的儀器。

③師曠：春秋晉平公時著名的樂師。

④《詩》云：這兩句詩引自《詩經・大雅・假樂》，是頌成王美德的。

⑤《詩》曰：這兩句詩引自《詩經・大雅・板》，是譏刺周厲王的。

⑥遝遝（ㄊㄚˋ）：多而重複。與泄泄意思相近，都是多言饒舌、隨聲附和的意思。

【譯文】

孟子說：「即使有離婁那樣敏銳的視力，公輸般那樣精巧的手藝，如果不使用圓規和曲尺，就不能準確地畫出方形和圓形；即使有師曠那樣強的辨音能力，如果不依據六律，就不能校正五音；即使有堯舜那樣高明的政治素養，如果不施行仁政，就不能把天下治理好。如今有些國君雖有仁愛之心、仁愛之譽，但百姓卻未能受到他們的恩惠，未能被後世效法，就是因為不實行先王之道的緣故。所以說，僅有善心不足以治理國政，僅有法度不能使之自行實施。《詩經》說：『不偏離，不遺忘，一切都按舊規章。』遵循先王的法度而犯過錯的，還從來沒有過。聖人既已用盡了視力，再加以圓規、曲尺、水準、墨線，畫方、圓、平、直，這些東西已經用不勝用；既已用盡了聽力，再加以六律，校正五音是用不勝用的；既已竭盡了心思，再加以憐憫百姓的政策，仁愛足以遍惠天下。所以說，築高山必定要憑藉山丘，挖深池必定要憑藉沼澤，治理國政卻不憑藉先王之道，能說得上是明智嗎？

「所以，只有仁者才能夠處在領導地位，不仁的人處在領導地位上，就等於把他的劣跡散播給眾人。在上者沒有行為準則，在下者沒有法規遵循，官員不相信原則，工匠不相信尺度，君子觸犯義理，小人觸犯刑律，國家還能保存下來真是僥倖之事。所以說，城堡不堅固，武器不充足，不是國家的災難；土地沒有開墾，財物沒有積聚，不是國家的禍害，而是在上者沒有禮義，在下者沒有教育，違法亂紀的人興起，國家的滅亡就在眼前了。

「《詩經》裡又說：『老天正要降禍，不要多嘴附和。』多嘴就是囉唆。侍奉君主不講道義，進退之間不講禮義，言談詆毀先王之道，這種人跟多嘴囉唆是一樣的。所以說，用高標準責求國君行先王的仁政，就叫做『恭』，向君主陳說善德、抵制邪說就叫做『敬』，認為『我的君主不能行仁政』而不去努力，就叫做『賊』（有賊害的意思）。」

【延伸閱讀】

這章依然是孟子要求當政者實施仁政的鼓吹與吶喊。具體落實和執行有兩個方面：

一是「法先王」。「法先王」的道理很簡單，因為「不以規矩，不能成方圓」、「不以六律，不能正五音」、「不以仁政，不能平治天下」。

相反，「遵先王之法而過者，未之有也」。正反兩方面的道理都說明了這一點，所以一定要「法先王」。孟子的「法先王」思想，其實就是孔子「祖述堯舜，憲章文武」思想的延續。

　　二是選賢才。選賢才是因為「惟仁者宜在高位」。一旦不仁者竊居了高位，奸邪當道，殘害忠良，必然就會是非顛倒，黑白混淆，世風日下，天下大亂。此類歷史依據不勝枚舉，因此領導幹部的選拔要謹慎。

　　面對日益激烈的市場競爭，面對許多新事物、新現象，其是與非、正與邪，往往使人感到困惑，感到難以評說。這時候，大家對「不以規矩，不能成方圓」的感受就更加真切而深刻了，要求健全法制法規的呼聲也日益強烈。但大家對「規矩」的重視，全民普法教育的實施，這些都是非常真實的。說起來，這些不都是在「以規矩」而「成方圓」嗎？

第二章

【原文】

　　孟子曰：「規矩，方員之至①也；聖人，人倫②之至也。欲為君，盡君道；欲為臣，盡臣道。二者皆法堯、舜而已矣。不以舜之所以事堯事君，不敬其君者也；不以堯之所以治民治民，賊其民者也。

　　「孔子曰：『道二，仁與不仁而已矣。』暴其民，甚則身　國亡，不甚則身危國削；名之曰『幽』、『厲』③，雖孝子慈孫，百世不能改也。《詩》云：『殷鑑不遠，在夏后之世④。』此之謂也。」

【注釋】

　　①員：圓；至：標準。②人倫：人事，為人之道。
　　③幽：指周幽王，因寵愛褒姒，政治黑暗，被入侵的犬戎所殺。厲：指周厲王，因恣行暴虐，被國人流逐於彘而死。幽和厲都是不好的諡稱。
　　④《詩》云：此處的詩句引自《詩經·大雅·蕩》篇的結句。這是一首哀傷周室統治衰落的詩歌。鑑：古代照人的銅鏡，引申為教訓。

【譯文】

　　孟子說：「圓規和曲尺，是方、圓的標準；聖人，是做人的標準。

想做個好君主就應盡君主之道，想做個好臣子就應盡臣子之道，這二者都是效法堯、舜罷了。不以舜侍奉堯的忠誠態度來侍奉君主，就是不敬奉自己的君主；不以堯治理百姓的摯愛之情來治理百姓，就是殘害自己的百姓。

「孔子說過：『治理國家的準則有兩條，就是行仁政與不行仁政罷了。』國君殘暴地虐待他的老百姓，重則本身被殺，國家滅亡；輕則本身危險，國勢削弱；死後被稱為『幽』、『厲』的惡名，縱使他有孝子順孫，經過了百世多代，也是無法更改他那壞名聲的。《詩經》裡說：『殷商的借鑑並不遙遠，就在夏朝統治的時代。』說的就是這個意思。」

【延伸閱讀】

既然治理好國家有賴於「治法」與「治人」，那麼，作為君主就應效仿堯、舜推行「先王之道」；作為臣屬來說，就應效仿聖人以仁道侍奉君主，治理民眾。也就是說，在這件事情上，國君有國君的職責，臣屬有臣屬的職責。

老子曾說過一句話：「自知者明。」

現代人大多有一種通病，那就是不瞭解自己。我們往往還沒有衡量清楚自己的能力、興趣、經驗，便一頭栽進一個過高的目標，所以每天要經受辛苦和疲憊的折磨，往往還不能取得成功。

生活中，如果我們總是與別人比較，總是希望獲得他人的掌聲和讚美，博取別人的羨慕，我們就會慢慢地迷失自己。一個人成天乞討別人的掌聲，他的生活必然是空虛的，久而久之，他的生活就變成了負擔和苦悶，而不是充實和享受。人各不相同，有的人聰明，有的人平庸；有的人強壯，有的人羸弱。每個人的性格、能力、經驗也各不相同。所以說，人貴在瞭解自己，根據自己的能力去做人做事，才能真正感到喜悅。

第三章

【原文】

孟子曰：「三代之得天下也以仁，其失天下也以不仁。國之所以

廢興存亡者亦然。天子不仁，不保四海；諸侯不仁，不保社稷①；卿大夫不仁，不保宗廟②；士庶人不仁，不保四體。今惡死亡而樂不仁，是猶惡醉而強酒。」

【注釋】

①社稷：土地神和農業神。古代在國都建立社和稷的神廟，故亦用來代稱國家政權或統治。

②不保宗廟：商周朝代有侯、甸、男、采、衛等五服的名稱。侯、甸、男、衛稱外服，是正式國家；采稱內服，是卿大夫的食邑。卿大夫有食邑，就可以設立祖先宗廟，失去了食邑，便不能立宗廟。因此不保宗廟，即失去了食邑。

【譯文】

孟子說：「夏商周三代獲得天下是由於仁，失去天下是由於不仁。諸侯國家的興盛、衰敗、生存、滅亡的原因也是如此。天子不仁就不能保住天下；諸侯不仁就不能保住國家；公卿大夫不仁就不能保住宗廟；士人庶民不仁就不能保住自身。現在的人既害怕死亡卻又樂意做不仁義的事，這就好像害怕喝醉卻又偏偏要拼命喝酒一樣。」

【延伸閱讀】

此章依然是對「仁」的呼喚。道理雖然淺顯易懂，但孟子雄辯的句式卻十分有趣：

公孫丑上的第四章有「今惡辱而居不仁，是猶惡濕而居下也。」現在的人既厭惡恥辱卻又居於不仁的境地，這就好像既厭惡潮濕卻又居於低窪的地方一樣。

本章中有「今惡死亡而樂不仁，是猶惡醉而強酒。」現在的人既害怕死亡卻又樂於做不仁不義的事，這就好像既害怕喝酒卻又偏偏要喝酒一樣。

〈離婁·上〉的第七章有「今也欲無敵於天下而不以仁，是猶執熱而不以濯也。」現在的人既想無敵於天下卻又不行仁道，這就好比苦熱的人不肯洗澡一樣。

孟子在這裡指出了生活中的悖逆現象，以此來說明抽象的道理，令人幡然醒悟，具有啟發意義。

第四章

【原文】

孟子曰：「愛人不親，反其仁^①；治人不治，反其智；禮人不答，反其敬。行有不得者皆反求諸己，其身正而天下歸之。《詩》云：『永言配命，自求多福。』」

【注釋】

①反其仁：朱熹《集注》云：「我愛人而人不親我，則反求諸己，恐我之仁未至也。」以下「反其智」、「反其敬」與此類似。

【譯文】

孟子說：「仁愛別人卻得不到親近，應反問自己仁愛是否做得夠；治理民眾卻得不到成績，應反問自己才智是否足夠高；禮待別人卻得不到回報，應反問自己表現得是否恭敬。凡是自己所做的得不到應有的效果，都要從自身尋求原因，自身端正了，天下的人自然就會歸服。《詩經》裡說：『永遠修德遵天命，多福還靠自身求。』」

【延伸閱讀】

從個人品質說，要嚴於律己，寬以待人，凡事多做自我批評。也就是孔子所講說的「躬自厚而薄責於人，則遠怨矣。」

從治理國家政治說，是正己以正人。「其身正，不令而行；其身不正，雖令不從。」

儒家政治，強調從自我做起，從身邊事做起，所以多與個人品質緊緊連在一起。而自我批評則是其手段之一，其相關論點，在《論語》和《孟子》中可以說是不勝枚舉。當然，古往今來，真正能夠做到的人太少了，所以仍然有強調的必要。

生活無小事，人生無小事，要想做個真正的好人，就必須約束自己，反省自身，腳踏實地，時時謹行，處處慎獨。

實踐表明，做個好人雖不那麼容易，卻也不是那麼高不可攀。要說難，貪欲之念橫於眼前，就可能叫人鑽入死胡同，直碰得頭破血流，甚至

一命嗚呼也闖不過去；要說易，放下屠刀，立地成佛，明心見性也只在那。關鍵看一個人有沒有真誠的信念、堅強的決心、剛毅的意志和切實的躬行。

第五章

【原文】

孟子曰：「人有恆①言，皆曰『天下國家。』天下之本在國，國之本在家，家之本在身②。」

【注釋】

①恒：常。②家：泛指家族。

【譯文】

孟子說：「人們有句口頭語，都說『天下國家』。可見天下的根本在於國，國的根本在於家，家的根本則在於個人。」

【延伸閱讀】

「身修而後家齊，家齊而後國治，國治而後天下平。」儒學強調道德的自我完善，要求修身為本，所以是先己後人，推己及人。

面對紛繁蕪雜的世事，我們應堅守義理的根本，面對利益要遵從先公後利，做到無私奉獻。此章文句雖歷千年其內涵不變，在當今社會也是大加提倡的：先人後己，為團體、為國家、為人類做貢獻。

第六章

【原文】

孟子曰：「為政不難，不得罪於巨室。巨室①之所慕，一國慕之；一國之所慕，天下慕之；故沛然德教溢乎四海。」

【注釋】

①巨室：朱熹《集注》云：「世臣大家也。」指為國人所欽敬、仿效的賢卿大夫的家族，如春秋時晉國的六卿、魯國的三桓等。

【譯文】

孟子說：「治理國政並不難，不得罪賢明的卿大夫就行了。世家大族所仰慕的，整個國家就會仰慕；整個國家所仰慕的，普天之下就會仰慕，因此德教仁政就會聲勢浩大、不可阻擋地充滿天下各個地方。」

【延伸閱讀】

此章宣導「不要與世家大族結怨」，並不是屈從權勢，而是要仰慕世人所仰慕，喜愛世人所喜愛。

但是，你也不必考慮怎樣去適應每個人。因為一個人不可能使所有的人都滿意，就連人皆稱之為聖人的孔子也不可能做到。比如，細緻的人批評你粗心馬虎，愛打扮的人批評你太簡樸老土，思慮繁瑣的人批評你太簡單，謙虛的人批評你驕傲，委曲求全的人批評你太剛強直率，那麼你就會覺得無所適從，不知聽哪一個為好。可見，「以一身就（順從）眾口」，是不現實的。對此，我們可以藉古人常說的中庸之道作為立身行事的行為準則，不需要去管眾人的是非、毀譽。也就是說要有自己的個性，有自己的生活準則。

第七章

【原文】

孟子曰：「天下有道，小德役大德，小賢役大賢；天下無道，小役大，弱役強。斯二者，天也。順天者存，逆天者亡。

「齊景公曰：『既不能令，又不受命，是絕物也。』涕出而女於吳。

「今也小國師大國而恥受命焉，是猶弟子而恥受命於先師也。如

耻之，莫若師文王。師文王，大國五年，小國七年，必為政於天下矣。《詩》云：『商之孫子，其麗不億。上帝既命，侯於周服。侯服於周，天命靡常。殷士膚敏，祼將於京①。』孔子曰：『仁不可為眾也。夫國君好仁，天下無敵。』今也欲無敵於天下而不以仁，是猶執熱②而不以濯也。《詩》云：『誰能執熱，逝不以濯③？』」

【注釋】

①《詩》云：此處詩句引自《詩經‧大雅‧文王》篇第四、五兩章。孫子：子孫。

②執熱：苦於受熱。

③《詩》云：此處詩句引自《詩‧大雅‧桑柔》，這首詩是諷刺周厲王的詩。

【譯文】

孟子說：「天下治理得太平時，道德平庸的人供道德高尚的人役使，才能一般的人供才能高超的人役使；天下得不到治理時，小國被大國奴役，弱國被強國奴役。這兩種情況都是天意。順從天意就能生存，違背天意就要滅亡。

「齊景公說：『既不能號令他人，又不聽命於他人，真是無路可走了。』因此他流著眼淚把女兒嫁給了吳國。

「現今小國效法大國享樂卻又恥於聽命，這就好比門徒恥於聽命老師。如果真的感到羞恥，就不如效法周文王。效法文王，大國五年，小國七年，必定能統一整個天下。《詩經》裡說：『商朝的子孫，人數不下十萬，上帝授命周文主，都向周朝歸順。都向周朝歸順，天命並非不變易。明智通變殷朝臣，來到周朝都城助祭。』孔子說過：『仁者力量的大小是不能用人數的多少來衡量的。如果國君愛好仁德，他便將無敵於天下。』現今有些人想要無敵於天下卻又不施仁政，這就好比苦熱的人不肯洗澡。《詩經》裡說得好：『誰能不以炎熱為苦，卻不去沐浴呢？』」

【延伸閱讀】

天下太平時，以德行為上；天下無道時，崇尚強力。孟子認為，這兩者都是必然趨勢，無法違抗。

　　試問天下誰是無敵英雄？誰能「無敵天下」？也許「力拔山兮氣蓋世」的霸王不行，強權者的君王也不在孟子儒學宣導的範圍，那麼究竟是誰呢？真正無敵於天下的可能就只能是有「由仁而行」的人了。

第八章

【原文】

　　孟子曰：「不仁者可與言哉？安其危而利其菑[1]，樂其所以亡者；不仁而可與言，則何亡國敗家之有？

　　「有孺子歌曰：『滄浪[2]之水清兮，可以濯我纓[3]；滄浪之水濁兮，可以濯我足。』孔子曰：『小人聽之！清斯濯纓，濁斯濯足矣，自取之也。』夫人必自侮，然後人侮之；家必自毀，而後人毀之；國必自伐，而後人伐之。《太甲》曰：『天作孽，猶可違；自作孽，不可活。』此之謂也。」

【注釋】

　　①菑（ㄗㄞ）：同「災」。②滄浪：指漢水上游。
　　③纓：繫帽子的絲帶。

【譯文】

　　孟子說：「對於那些不施仁愛的人，怎可用言詞去說服他們呢？他們眼見別人陷於危險卻無動於衷，利用別人的災難來取利，耽樂於導致自身滅亡的事。如果不仁的人可用言詞說服的話，那世上怎麼還會有亡國敗家的慘劇發生呢？

　　「從前有個兒童唱著歌：『清澈的滄浪水啊，能用來洗我的冠纓；渾濁的滄浪水啊，能用來洗我的雙腳。』孔子在一旁聽了說：『後生們聽呀！清的水可洗帽繩，濁的水可洗雙腳，都是水本身決定的。』人必定是先有招致侮辱的言行，然後別人才敢侮辱他；家必定是先有招致毀壞的漏洞，然後別人才會來毀壞它；國必定是先有招致討伐的原因，然後別人才前來討伐它。《尚書·太甲》說：『上天降災，還可躲開，自己作孽，無法存活。』正是這個意思。」

【延伸閱讀】

　　水的用途有貴有賤，是由水本身有清有濁造成的，人有貴有賤，有尊有卑又何嘗不是由自己造成的呢？不單單個人如此，一個家庭、一個國家，都是這樣。放眼當今社會，由於人不自尊，所以他人才敢輕視；因為家不和睦，「小三」才有插足的縫隙；國家動亂，禍起蕭牆之內，敵國才會趁機入侵。我們常說「堡壘最容易從內部攻破」，也是此意。

　　從這個意義上可以說，人應自尊，家應自睦，國應自強。禍福貴賤都咎由自取，你就是你自己的管家。

第九章

【原文】

　　孟子曰：「桀紂之失天下也，失其民也；失其民者，失其心也。得天下有道：得其民，斯得天下矣。得其民有道：得其心，斯得民矣。得其心有道：所欲與之聚之，所惡勿施，爾也。民之歸仁也，猶水之就下，獸之走壙①也。故為淵驅魚者，獺②也；為叢驅爵者，鸇③也；為湯武驅民者，桀與紂也。今天下之君有好仁者，則諸侯皆為之驅矣。雖欲無王，不可得已。今之欲王者，猶七年之病求三年之艾④也。苟為不畜，終身不得。苟不志於仁，終身憂辱，以陷於死亡。《詩》云：『其何能淑，載胥及溺。』…此之謂也。」⑤

【注釋】

　　①壙：通「曠」，曠野。②獺（ㄊㄚˋ）：吃魚的水獺。

　　③鸇（ㄓㄢ）：一種像鷂子的猛禽。

　　④艾：是一種可以用來治病的中草藥。

　　⑤《詩》云：此處詩句引自《詩經·大雅·桑柔》篇。淑：善。載：則。胥：相。

【譯文】

　　孟子說：「夏桀、殷紂兩個暴君之所以會喪失天下，是由於失去

了天下的百姓，之所以失去了天下的百姓，是由於失去了民心。獲得天下有辦法：獲得老百姓的支持，便可以獲得天下；獲得老百姓的支持有辦法：獲得民心，便可以獲得老百姓的支持；獲得民心也有辦法：他們所希望的，就滿足他們，他們所厭惡的，就不強加在他們身上，不過如此罷了。老百姓歸向於仁政，就像水往低處流，獸往曠野跑一樣。所以，替深淵趕來游魚的是水獺；替森林趕來飛鳥的是鷂鷹；替湯王和武王聚集百姓的是夏桀和殷紂。當今天下若有喜好仁愛施行仁政的國君，諸侯們都會為他聚集百姓，這樣仁德的君主，即使他不想統一天下也是不能夠的。如今那些妄想統一天下的人，就好像患了七年的久病，需要謀取三年的陳艾來醫治一樣，假如平常不積蓄，是一輩子也得不到的。如果國君對施仁政不感興趣，那他就會一輩子憂患受辱，以至陷入死亡的境地。《詩經》裡說：『胡作非為又怎能把事辦好，到頭來還是一塊兒陷於深淵。』說的正是這種人。」

【延伸閱讀】

民心與仁政，這兩方面是不可分割的。

民心問題反映的是民本主義思想，得民心者得天下，失民心者失天下。如何得民心呢？這就要憑藉仁政了——仁政得民心，不仁則失民心。為淵驅魚，為叢驅雀。壞人在無意中幫助了好人，惡成了促進歷史前進的動力。這裡面所蘊涵的，正是善和惡的歷史辯證法。

現實生活中，地區與地區之間、公司與公司之間、商家與商家之間，也同樣存在著這種「為淵驅魚，為叢驅雀」的現象。比如說人才「跳槽」，往往是由於原公司的領導人失去了對人才的信任而發生，這等於是這個公司的領導人主動把自己的人才驅趕到另外的公司去；又比如說商家競爭，如果哪一個商家銷售假冒偽劣品、抬高物價、服務態度又惡劣的話，等於是把顧客驅趕到別的商家去，無意之中幫了自己競爭對手的忙。

儘管道理簡單，然而在實際生活中，我們往往不知不覺地做了這種「為淵驅魚，為叢驅雀」的蠢事還沒有意識到罷了。由此看來，倒是有必要反省反省，看看我們自己是否做了「為淵驅魚」的水獺或是「為叢驅雀」的鷂鷹。

第十章

【原文】

孟子曰：「自暴者，不可與有言也[1]；自棄者，不可與有為也[2]。言非[3]禮義，謂之自暴也；吾身不能居仁由義，謂之自棄也。仁，人之安宅也；義，人之正路也。曠安宅而弗居，舍正路而不由[4]，哀哉！」

【注釋】

[1]暴：害。有言：有善言。
[2]棄：拋棄。有為：有所作為。
[3]非：毀。
[4]由：遵循，行走。

【譯文】

孟子說：「一個自己糟蹋自己的人，不能跟他談正經話；一個自己拋棄自己的人，不能跟他有所作為。一個人言談詆毀禮義叫做『自暴』；自身不能依據仁德、遵循義理來行事叫做『自棄』。仁是人們最安適的住宅；義是人們最正確的道路。一個人空著最安適的住宅不去居住，丟下最正確的道路不去行走，真是可悲呀！」

【延伸閱讀】

孟子認為，仁、義都是天生所具有的本性，不按照這些準則行事就是自暴自棄。

從孟子推行仁義的本意來看，孟子可以說早已找到了人類的「精神家園」，他清清楚楚地告訴世人：「義，人之正道也。」義，是人類最正確的光明大道。這對精神荒蕪的一些現代人來說是何等的重要。所謂「苦海無邊，回頭是岸。」對於那些自暴自棄，自甘墮落的年輕人來說，這段話是有何其重要的警醒之意。

第十一章

【原文】

孟子曰：「道在邇①而求諸遠，事在易而求諸難。人人親其親、長其長，而天下平。」

【注釋】

①邇（ㄦˇ）：近。

【譯文】

孟子說：「道在近旁卻到遠處去尋求，事屬容易卻往難處去下手。只要人人親近自己的父母，敬重自己的長輩，那麼天下自然就太平了。」

【延伸閱讀】

在孟子看來，不管是捨近求遠還是舍易求難都沒有必要，都是糊塗的表現。反之，只要人人都從自己身邊做起，愛自己的親人，尊敬自己的長輩，天下就會太平了。

孟子這幾句話說得實在是平易樸實，其中卻蘊含著儒家學說的核心內容：一方面是「孝也者，其為仁之本與！」另一方面是「老吾老，以及人之老；幼吾幼，以及人之幼，天下可運於掌。」歸納起來，就是「親親而仁民」，再進一步說，就是《大學》所展開的「修身、齊家、治國、平天下」的境界了。

在現實生活中，人人從自我做起，從平凡小事做起，也正是我們所應提倡的精神。比如說遵守交通規則，比如說愛清潔講衛生，比如說為「社會救助」做貢獻，等等。諸如此類的事情，不是都應該從我們自己做起、從身邊小事做起的嗎？

由此可見，孟子這幾句看似簡單的話萬萬不能忽視，這番話對我們有很深的指導意義。

第十二章

【原文】

孟子曰：「居下位而不獲於上^①，民不可得而治也。獲於上有道：不信於友，弗獲於上矣；信於友有道：事親弗悅，弗信於友矣；悅親有道：反身不誠，不悅於親矣。誠身有道：不明乎善，不誠其身矣。是故誠者，天之道也；思誠^②者，人之道也。至誠而不動者，未之有也；不誠，未有能動者也。」

【注釋】

①獲於上：朱熹《集注》云：「得其上之信任也。」
②思誠：《趙注》云：「思行其誠。」

【譯文】

孟子說：「身為臣子不能得到君主的信任，就無法治理好百姓。得到君主的信任有方法：不能取信於朋友就不能得到君主的信任；取信於朋友有它的方法：不孝順父母就不能取信於朋友；孝順父母有它的方法：自身不真誠就不能使父母高興；使自身真誠有它的方法：不懂得善惡就不能使自身真誠。因此，誠心善性是上天的準則，追求誠心善性是為人的準則。不為至誠所感動的人未曾有過，而不誠則從未有過能感動人的。」

【延伸閱讀】

「誠」是儒學的核心觀念和基本內涵之一。以這裡與《中庸》相同的文字來看，由「明善」到「誠身」，由「誠身」到「悅親」，由「悅親」到「信於友」，由「信於友」到「獲於上」，直到「民不可得而治也」的反面，那就應該是「民可得而治矣」。實際上也就是《大學》所謂「修身、齊家、治國、平天下」的序列。可見，在儒家的學說裡，真誠的確是立身處世的根本所在，一個人如果沒有真誠，一切都是空談。

因此，孟子最後說：「至誠而不動者，未之有也；不誠，未有能動者也。」所謂「精誠所至，金石為開。」也就是孟子所說的道理了吧。

第十三章

【原文】

孟子曰：「伯夷辟紂，居北海之濱①，聞文王作，興曰：『盍歸乎來！吾聞西伯②善養老者。』太公辟紂，居東海之濱，聞文王作，興曰：『盍歸乎來！吾聞西伯善養老者。』二老者，天下之大老也，而歸之，是天下之父歸之也。天下之父歸之，其子焉往？諸侯有行文王之政者，七年之內，必為政於天下矣。」

【注釋】

①北海之濱：指黃河從古碣石入海的地方，在今河北昌黎縣西北，離伯夷所在的孤竹國（河北盧龍縣南十二里）不遠，是當年伯夷避紂之處。

②西伯：即後來的周文王，商紂的時候，為西方諸侯之長，故稱西伯；周朝建立後，被追諡為「文王」。孟子稱他為「文王」，是後世人的身分；伯夷、太公稱他為「西伯」，是同時代人的身分。

【譯文】

孟子說：「伯夷躲避暴君殷紂王的統治，隱居在北海之濱，聽說周文王興起，激動地說：『我何不依附到那裡、成為周的臣民呢！聽說西伯（即文王）善於奉養老人。』姜太公躲避暴君殷紂王的統治，隱居在東海之濱，聽說周文王興起，激動地說：『我何不依附到那裡、成為周的臣民啊！我聽說西伯善於奉養老人。』伯夷和太公兩位老人，是天下最德高望重的長者，而他們都歸依到西伯那裡去，這就等於是天下的父老都歸向西伯了。天下的父老都歸向西伯，那麼他們的兒孫輩們還能到哪裡去呢？當今的諸侯中如有效法周文王願意施行仁政的，不出七年，就一定能統一天下。」

【延伸閱讀】

此章是說，養老尊賢是治國的要務，周文王做到了這一點，天下有聲望、才能的人都紛紛去歸附他，最後終於擁有了天下。那麼，如何才能讓天下父老投奔自己呢？無外乎以子女之心相待。

在這裡，我們來談一下父母、子女間的親情和責任。

一次外出時，孔子的學生樊遲為孔子駕車，一路上孔子告訴樊遲說：「剛才孟孫問我什麼是父母對待兒女和兒女對待父母的正確原則，我對他說，其原則是：父母不要違背自己對於兒女所應盡的責任，兒女不要違背自己對於父母所應盡的孝道。」

樊遲說：「您所說的父母對於兒女和兒女對於父母所應盡的責任究竟是什麼呢？」

孔子說：「簡單地說就是：父母在其有生之年，要尊敬和奉養雙親，在父母親去世後要按照風俗禮制舉行葬禮，並能時常緬懷和紀念他們。」

孔子的話實在是深刻，實乃「孝」的典範。

第十四章

【原文】

孟子曰：「求也為季氏宰①，無能改於其德，而賦粟倍他日。孔子曰：『求非我徒也，小子鳴鼓而攻之可也！』②由此觀之，君不行仁政而富之，皆棄於孔子者也，況於為之強戰？爭地以戰，殺人盈野；爭城以戰，殺人盈城，此所謂率土地而食人肉，罪不容於死。故善戰者服上刑③，連諸侯④者次之，辟草萊、任土地⑤者次之。」

【注釋】

①求：孔子的弟子冉求，字子有，春秋時魯國人。他是孔門政事科的高材生。季氏：指當時執掌魯國大權的季孫氏。宰：大夫的家臣。

②孔子曰：這段話出於《論語・先進》篇。③上刑：重刑。

④連諸侯：朱熹《集注》云：「連結諸侯，如蘇秦、張儀之類。」

⑤辟草萊、任土地：朱熹《集注》云：「辟，開墾也。任土地，謂分土授民，使任耕稼之責，如李悝盡地力，商鞅開阡陌之類也。」草萊：未開墾的荒地。

【譯文】

孟子說：「冉求做了魯國公卿季孫氏的家臣，沒有能力改變季氏

的德行，徵收的粟米卻比過去倍增。孔子說：『冉求不是我的門徒了，弟子們可以大張旗鼓地去聲討他的過錯！』由此看來，凡是去幫助不行仁政的君主搜刮財富的人，都是被孔子所唾棄的；何況那些為霸主去強力爭戰的人呢？爭地而戰，往往四處殺人；爭城奪戰，往往會滿城殺人，這就是為了土地來吃人肉，這種人罪大惡極，死有餘辜。所以，好戰能征的人應受最重的刑罰，唆使諸侯拉幫結夥打仗的人受次一等的刑罰，迫使百姓開荒、擾亂田制稅收的人受再次一等的刑罰。」

【延伸閱讀】

　　孟子對於當時各諸侯國依仗武力稱雄，感到非常憤慨，因為他們並不是為正義、大道而爭鬥。基於這一點，他主張對好戰者處以最重的刑罰，其他兩種處罰物件都是由這一點延伸出來的。孟子此處主要指責統治者進行爭霸戰爭、草菅人命的行為，這種行為與他一貫主張的「保民而王」的觀點是格格不入的。

　　生活中，趨炎附勢、助紂為虐的人不在少數。但是這些人不僅遭到世人唾棄，自己又何嘗快樂呢？人生在世，應該活得有尊嚴，不卑不亢，雖居小小斗室，也不減其志。

　　有一則寓言，內容是這樣的：

　　有一天，鳳凰過壽，百鳥都去朝拜，唯獨蝙蝠不去。

　　鳳凰見蝙蝠這樣沒大沒小，責罵道：「你的地位在我之下，為何這樣傲慢無禮？」

　　蝙蝠回答：「我有腳，屬於走獸，不是飛禽，為何要為你慶賀，為何要向你朝拜？」

　　過了不久，麒麟過壽，蝙蝠還是不去。麒麟也責備牠太孤傲。蝙蝠說：「我有翅膀，屬於飛禽，你過生日，我為何要向你拜賀呢？」

　　又過了不久，龍王歡度千歲大壽，不但水族同類紛紛前往慶賀，就連各種飛禽走獸也各顯其能，在海邊大擺宴席。蝙蝠還是視若無睹。

　　龍王對牠大發脾氣，蝙蝠說：「你住在水中，我住在山洞，我又不能下水，如何向你朝拜？」

　　蝙蝠這樣做不是傲慢，也不是偏執，而是牠有自己的立場，有自己的獨特的性格。牠不肯趨炎附勢，只求能過安定的生活，所以鳳凰也好，麒

麟也好，甚至龍王也好，又怎能奈何牠呢？

所謂「百花叢裡過，片葉不沾身」。陶淵明不為五斗米折腰，順治皇帝感歎：「百年三萬六千日，不及僧家半日閑」，他們對於解脫自在的人生，是多麼嚮往啊！不住在五欲六塵裡，自可隨緣放曠，安然自在！

第十五章

【原文】

孟子曰：「存乎人者，莫良於眸子①。眸子不能掩其惡。胸中正，則眸子瞭焉；胸中不正，則眸子眊②焉。聽其言也，觀其眸子，人焉廋③哉？」

【注釋】

①眸（ㄇㄡˊ）子：瞳子，泛指眼睛。
②眊（ㄇㄠˋ）：眼睛昏花。③廋：隱藏，藏匿。

【譯文】

孟子說：「觀察人的方法，沒有比觀察人的眼睛更好的了。眼睛不能掩蓋人們內心的醜惡。心胸正直，眼睛就明亮；心胸不正，眼睛就昏花。聽他的談吐言論，觀察他的眼神，這個人內心的好壞又怎麼可以隱藏得了呢？」

【延伸閱讀】

正所謂「眼睛是心靈的窗戶。」與其察言觀色，不如觀察他的眼睛更直接一些。

儘管現代美容術已經可以改變人的眼眶、眼角、眼梢、眼皮甚至眼睫毛，然而，仍有一點是它無能為力的，那就是眼神。眼神是無法加以化妝或修飾的，不論你是如何高明的一位超級美容大師。

觀察眼神，洞若觀火。別聽他說得口若懸河，天花亂墜，你要看著他的眼睛，才能讀懂他所言的真正內涵。

第十六章

【原文】

孟子曰：「恭者不侮人，儉者不奪人①。侮奪人之君，惟恐不順焉，惡得為恭儉？恭儉豈可以聲音笑貌為哉？」

【注釋】

①儉者不奪人：《趙注》云：「為廉儉者不奪取人。」

【譯文】

孟子說：「真正謙恭的人不會欺侮他人，真正儉樸的人不會掠奪他人。那些欺侮、掠奪他人的國君，生怕他人不順從，又怎麼能做得到謙恭、儉樸呢？這兩種美德難道可以靠聲音笑貌強裝出來嗎？」

【延伸閱讀】

謙恭儉樸必須表現在實事上，表面上強裝笑臉，實際上卻欺侮、強取，不能算是真正的謙恭儉樸。

孟子在此繼續討論自身修養的問題。他指出謙恭的人是不會欺辱別人的，節儉的人是不會掠奪別人的。以此來批判那些欺世盜名者以謙恭的表面、節儉的外表行貪欲之事的可恥行徑。謙遜、節儉的美德不是用笑臉偽裝出來的，花言巧語和笑裡藏刀的虛偽總有被人看穿的時候。只有內心真正的謙遜和節儉的品德，才會贏得世人的讚譽和認可。

人前一套，背後一套的伎倆又怎能算是為善呢？為人真誠與虛偽在日常生活中會透過其眼神、言語和行動表露無遺的，因此不要被表面的假像所迷惑，也不要被偽善的笑臉所欺騙，真正認識一個人，要觀其言、察其行才可知是否為真誠、善良、良好品德的人。

第十七章

【原文】

淳于髡①曰：「男女授受不親，禮與？」

孟子曰：「禮也。」

曰：「嫂溺，則援之以手乎？」

曰：「嫂溺不援，是豺狼也。男女授受不親，禮也；嫂溺，援之以手者，權②也。」

曰：「今天下溺矣，夫子之不援，何也？」

曰：「天下溺，援之以道；嫂溺，援之以手。子欲手援天下乎？」

【注釋】

①淳于髡（ㄎㄨㄣ）：戰國時齊國人，先後在齊威王、宣王朝做過官。他是齊國著名的辯士。《史記・滑稽列傳》載有他的事蹟。

②權：本指秤錘，衡量輕重。引申為衡量輕重而變通處理。

【譯文】

淳于髡說：「男女之間不親手遞接東西，這是禮制規定的嗎？」

孟子說：「是禮制的規定。」

淳于髡又問：「假如嫂嫂淹入水中，要伸手去救援她嗎？」

孟子說：「嫂嫂落水而不伸手救援，這是豺狼之心。男女間不親手遞接東西，這是禮制的規定；嫂嫂落水伸手去救援，這是變通的辦法。」

淳于髡說：「現今天下的人就像落入水中，先生卻不去救援，這是為什麼呢？」

孟子說：「天下的人落入水中，得用道去救援，嫂嫂落入水中，要用手去救援，難道您要我用手救援天下的人嗎？」

【延伸閱讀】

男女授受不親是中國古代禮制中一條微妙的牽涉性心理問題的規定。

由於有這一條規定，「嫂溺」的時候是否「援之以手」就成了一個令人尷尬的問題了。

想來心理學博士倒正好可以用「男女授受不親」的規定，作為一份性心理分析的典型材料了。

我們既不是博士，也不是教授，當然也沒有辦法來進行這方面的分析，只好從淳于髡先生與孟子的精彩對白來欣賞了。孟子雖是亞聖，但這淳于髡先生也非常了得，人雖矮小，其貌不揚，但太史公在《史記》裡稱他「滑稽多辯，數使諸侯，未嘗屈辱」，是當時齊國準外交部長級的人物，幽默詼諧的國際名士。他問孟子的問題，出語不凡，神出鬼沒而又直達本質，反應稍有遲緩，不弄得你尷尬無措，「顧左右而言他」才怪。

但亞聖畢竟是聖人級的高手，直言無礙。只需略施機鋒轉語，以「權」釋「禮」，便出人意料又合於情理地回答了對手的詰難，令人嘆服不已。

第十八章

【原文】

公孫丑曰：「君子之不教子，何也？」

孟子曰：「勢不行也。教者必以正；以正不行，繼之以怒。繼之以怒，則反夷①矣。『夫子教我以正，夫子未出於正也。』則是父子相夷也。父子相夷，則惡矣。古者易子而教之，父子之間不責善②。責善則離，離則不祥莫大焉。」

【注釋】

①夷：《趙注》云：「傷也。」

②責善：以善相責備。

【譯文】

公孫丑問：「君子不親自教育兒子，為什麼呢？」

孟子說：「因為情理上行不通。教育必定要用正道，用正道沒有成效，執教的人就會發怒，發怒反而傷了雙方的感情。兒子心裡非議：

『老頭用正道教育我，可自己卻不按正道來做。』這就傷了父子的感情。父子間傷了感情，關係就惡化了。古時候人們交換兒子來進行教育，父子之間避免互相責備對方。父子之間互相責備，彼此就會產生隔膜，沒有比隔膜更不好的了。」

【延伸閱讀】

　　孟子之所以不主張親自教育自己的兒子，而採取「異子而教」的方法，其目的是進行正道育人，避免教育中產生的副作用。

　　教育的本質是修身養性，培養自己的浩然之氣、容人之量，保持自己的高遠志向，因此必須要抑制急躁的脾氣、暴躁的性格。做事戒急躁，人一急躁則必然心浮，心浮就無法深入到事物的內部中去仔細研究和探討事物發展的規律。無法認清事物的本質。而父親教導兒子，則免不了因為沒有成效而責備兒子，到時候道理教不好，反而使父子感情疏離，得不償失！

　　唐朝人皇甫嵩，字持正，是出了名的脾氣急躁的人。有一天，他命兒子抄詩，兒子抄錯了一個字，他就邊罵邊喊邊叫人拿棍子來要打兒子。棍還沒送來，他就急不可待地狠咬兒子的胳膊，導致咬出了血。如此急躁的人，怎能寬容別人？這樣教育後代，能教育得好才怪呢！

　　此處且不說教育問題，單說「繼之以怒」的危害。

　　《郁離子》中記錄了這樣一個故事，在晉鄭之間的地方，有一個性情十分暴躁的人。他射靶子，射不中靶心就把靶子的中心搗碎；下圍棋敗了就把棋子咬碎。人們勸告他說：「這不是靶心和棋子的過錯，你為什麼不認真地想一想，問題到底在哪裡呢？」他聽不進去，最後因脾氣急躁得病而亡。

第十九章

【原文】

　　孟子曰：「事，孰為大？事親為大；守，孰為大？守身為大。不失其身而能事其親者，吾聞之矣；失其身而能事其親者，吾未之聞也。孰不為事？事親，事之本也；孰不為守？守身，守之本也。

　　「曾子養曾晳①，必有酒肉；將徹，必請所與；問有餘，必曰『有』。曾晳死，曾元養曾子②，必有酒肉；將徹，不請所與；問有餘，曰『亡矣』，將以復進也。此所謂養口體者也。若曾子，則可謂養志也。事親若曾子者，可也。」

【注釋】

　　①曾晳（ㄒㄧ）：名點，曾參（即曾子）的父親。父子同是孔子的學生。

　　②曾元：曾參的兒子。

【譯文】

　　孟子說：「侍奉，以誰最為重要呢？以侍奉父母最為重要；守護，以什麼最為重要呢？以守護自身的節操最為重要。不喪失自身的節操又能侍奉自己父母的人，我聽說過；喪失自身的節操又能侍奉自己父母的人，我從未聽說過。哪個長者不應該侍奉呢？可侍奉父母卻是最根本的。哪種品德不應該守護呢？而堅守自身的節操是守護的根本。

　　「曾子奉養他父親曾晳，每餐必定有酒和肉，用完餐請示父親，餘下的酒肉給誰吃；父親要是問還有沒有剩餘，一定回答說『有』。曾晳死後，曾元奉養父親曾子，每餐飯也是有酒肉，但用完膳卻不請示父親，餘下的酒菜給誰吃，碰到父親問還有沒有剩餘，曾元就說『沒有了』，為的是好將剩餘的酒菜下餐再次奉呈。這叫做奉養父母的口腹和身體，像曾子那樣才可稱為奉養父母的意願。侍奉父母像曾子那樣，就好了。」

【延伸閱讀】

　　孟子繼承了孔子的孝道思想，也把孝道作為「仁政」的根本。其孝道包括兩個方面，一是堅守自身節操，不使雙親因自己的不善而受辱、受累；二是奉養雙親，使他們身心愉快。

　　孟子認為，守護自身的關鍵是不喪失節操，奉養雙親的關鍵是愉悅父母的意願。像曾元那樣，只是在衣食方面奉養，算不上是孝順；只有像曾子那樣，才稱得上是奉養意願。當然，曾子的作為並不是到了極點，所以孟子也只是說能做到這樣算是合格了。

第二十章

【原文】

孟子曰：「人不足與適①也，政不足與間②也；唯大人為能格君心之非。君仁，莫不仁；君義，莫不義；君正，莫不正。一正君而國定矣。」

【注釋】

①適：同「謫」，指責、批評。②間：非議。

【譯文】

孟子說：「君主誤用人事不值得過分指責，行政不當不值得過分非議，只有君子才能糾正君主錯誤的思想。君主心存仁愛，沒有人不心存仁愛的；君主行事合理，沒有人行事不合理的；君主作風正派，沒有人作風不正派的。只要君主做到端正，整個國家自然就安定了。」

【延伸閱讀】

天下的治亂，與統治者本身的德行有很大的關係。統治者只有以身作則，才能端正風氣，教化民眾。因此，要治理好一個國家，首先要使君主本身行為合乎準則。

南宮適是孔子一個德行很好的學生。一天，他請教孔子一個問題，提到后羿。古代傳說，當時天上有十個太陽，被后羿用箭射下了九個，只剩下現在的一個太陽。后羿會法術，會煉丹藥，吃了能長生不死。奔月的嫦娥，原是他的妻子，因為偷吃了他的丹藥，就飛到月宮去了。這是中國古代的神話。南宮適說：「后羿憑他射箭技術和武勇，為有窮國君，想稱王而最後不得好死，被他的臣子寒浞殺掉了。」南宮適又講到寒浞的兒子，他力氣大得能把在江海裡航行的船一手抓起來在陸地上拖著走。後來也不得好死，為少康所誅。南宮適舉這兩個例子，說明想靠自己的武力去征服別人，是沒有好結果的。

另一方面他舉出禹王、后稷的例子。后稷是唐堯的農師，對於我國農業的建立，他的功勞最大；他也是周朝的祖先。南宮適說禹和后稷，沒有

羿、寒浞兒子那麼大的雄心和本事，自己規規矩矩去種田，是很平凡老實的人，最後都得到了天下。禹是自己得天下，后稷是他的子孫得了天下。南宮适舉出兩種人：一種人不擇手段，即使一時成功，似乎了不起，但最終還是要倒下來；另一種人則是踏踏實實地做他分內的工作，反倒有好的結局。這兩種人到底哪一種對？

孔子當時沒有答覆南宮适的問題，等南宮适走出去後，孔子就告訴其他同學，南宮适這個人思想這樣正確純正，真是了不起的君子，這才是最高的品德。孔子認為一個人只要重視德行，有好的操守，就是一個可以稱道的人，一個高尚的人。

於我們而言，在生活和工作中，也要學會以德服人。

第二十一章

【原文】

孟子曰：「有不虞之譽①，有求全之毀。」

【注釋】

①不虞：意想之外。

【譯文】

孟子說：「有意想不到的讚譽，也有過分苛求的詆毀。」

【延伸閱讀】

生活中，處處有有意想不到的讚譽，也有過分苛求的詆毀。所以要「寵辱不驚，閑看庭前花開花落。」因為毀譽本身不一定是客觀準確的，有時甚至還是黑白混淆、是非顛倒的。何必因他人對自己讚譽或詆毀而擾亂自己的內心呢？

不過，說是這麼說，能夠完全無動於衷，超脫於毀譽之外，真正「閑看庭前花開花落」的人畢竟是很少的。一般人總是聽到別人的讚譽就高興，聽到別人的詆毀就生氣。這是人之常情，也是完全可以理解的。但至少不要太在意，這樣也才能遵從自己的內心，享受快樂的生活。

第二十二章

【原文】

孟子曰：「人之易其言也，無責①耳矣。」

【注釋】

①無責：沒有責任感。

【譯文】

孟子說：「人們之所以輕易發表言論，是因為沒有責任感的緣故。」

【延伸閱讀】

儒家在個人品德修養方面，一貫主張要「慎於言」，在《論語》中孔子曾多次以這一條告誡自己的門徒。

子路問孔子：「一個人應當怎樣做才能到處行得通？」

「必須做到忠信篤敬。即說話忠誠守信，行為厚道恭敬。」孔子嚴肅地說：「一個人如果說話忠誠老實，行為厚道莊重，即使到邊遠的地區，也能行得通。反之，說話不誠實守信，行為不敦厚恭敬，即使在本鄉本土，也是行不通的。應做到這樣：站著的時候，就彷彿看見『忠信篤敬』這四個字高高地立在前面；坐車的時候，又彷彿看見『忠信篤敬』這四個字刻在車轅的橫木上。如果這樣想，並照此做，走到哪裡都能行得通。」

於是子路把「忠信篤敬」四個字寫在自己的衣帶上，時刻以此鞭策、激勵自己。

第二十三章

【原文】

孟子曰：「人之患，在好為人師。」

【譯文】

　　孟子說：「人們的毛病，在於總喜歡充當別人的老師。」

【延伸閱讀】

　　「人的毛病在於喜歡做別人的老師。」孟子的話真是一語中的，道破了古今很多人的通病。

　　喜歡做別人的老師有什麼不妥呢？孔聖人不是「自行束脩以上，吾未嘗無誨」嗎？不是「誨人不倦」嗎？我們今天不也大張旗鼓地歡迎大家都去充實教師隊伍，歡迎大家去做「人類靈魂的工程師」嗎？

　　教導別人沒有錯，把自己的知識、經驗同別人分享也沒有錯，癥結在於「好」為人師，在於到底能不能為人師。

　　所謂「滿罐水不響，半罐水響叮噹。」真正胸有雄兵百萬的人並不急於露才張揚，倒是那些「一瓶水不響，半瓶子晃蕩」的自以為了不起的人，動輒喜歡做別人的老師，出言就是教訓別人，一副師爺的派頭。其結果常是誤人子弟，令人啼笑皆非。不僅如此，好為人師的人通常不思深造精進，結果是不但害人，也害己。

　　孟子諷刺的就是這類「好」為人師而「不能」的人，那些真正具有真才實學的為人師表者並不在此範圍。這是我們必須明確的。不然的話，誰還敢去加入教師的隊伍，去做「人類靈魂的工程師」呢？

第二十四章

【原文】

　　樂正子①從於子敖之齊。

　　樂正子見孟子。孟子曰：「子亦來見我乎？」

　　曰：「先生何為出此言也？」

　　曰：「子來幾日矣？」

　　曰：「昔者。」

　　曰：「昔者，則我出此言也，不亦宜乎？」

　　曰：「舍館②未定。」

曰：「子聞之也，舍館定，然後求見長者乎？」

曰：「克有罪。」

【注釋】

①樂正子：名克，魯國人，孟子的學生。

②舍館：客舍。

【譯文】

樂正子跟隨王子敖來到了齊國。

樂正子去見孟子，孟子說：「你也會來見我嗎？」

樂正子說：「先生為什麼說這樣的話呢？」

孟子說：「你來了幾天了？」

樂正子說：「昨天。」

孟子說：「既然是昨天來的，那麼我說這樣的話，不也是應該的嗎？」

樂正子說：「因為客舍還沒有定妥。」

孟子說：「你曾聽說過要等客舍定妥後，才去求見長者的嗎？」

樂正子說：「我有過錯。」

【延伸閱讀】

樂正子是孟子的門徒，他出使到齊國之後，沒有馬上去看望自己的老師，孟子批評他未能履行尊師之道。

在尊師重教方面，當首推孔子。孔子師徒周遊列國時，有一天，路過楚國的滿城，見到這裡湖光山色，秀麗如畫，便停車觀賞遊覽。正走著，忽然看見前邊路旁有兩個小孩正對著天空指手畫腳，爭論不休。

孔子走上前去，微笑著說道：「二位童子，何事如此爭論不休？」

甲童指天畫地地說：「我們在爭辯這輪紅日，何時離地面最近。」

孔子吃了一驚，小小年紀，竟然提出這樣連大人也想不到的問題，可見楚國的教化不同凡響。孔子對這兩個孩子和他們所提出的問題很感興趣，便不顧趕路，湊上前去問：「依你之見，太陽何時離地面最近呢？」

甲童理直氣壯地回答說：「早晨和晚上，太陽離地面最近。」

孔子追問道：「為什麼呢？」

甲童解釋說：「日出和日落的時候，太陽很大，像車輪一樣大，中午

的時候太陽像盤子一樣大。但凡我們看一件東西時，離著近就大，而離著遠就小，所以我說，早晨與晚上太陽離地面最近。」

孔子皺眉想了想，覺得甲童說的的確有道理，不禁脫口讚道：「好，言之有理！」

乙童搶上前來，辯駁道：「有何道理？早晨與晚上，太陽紅彤彤的，我們感覺很涼爽，而到中午，則灼熱炙烤，就像靠著火盆和熱湯似的。但凡我們感覺一種會發熱的東西，離著近時熱，而離著遠時涼，所以我說，中午太陽離地面最近。」

孔子的雙眉又皺了皺，覺得乙童說得也很有道理。

人們都說孔子博覽群書，上知天文下曉地理，沒想到這個問題還真把他難住了，一時不知如何說是好。兩個孩子瞪著大眼睛盯著孔子，等待他的解答和評判。素來實事求是、從不掩飾自己的缺點和不足的孔子老老實實地告訴孩子，這個問題他也並不明白。

兩個孩子很感失望，其中一個說：「人人都說你是一個無所不知的聖人，可是你也有不知道的啊！」

孔子才是真的勇敢，真的尊師重教！他為了不誤人子弟，竟在兩個孩童面前承認自己的不足，真是當下許多人學習的典範。

第二十五章

【原文】

孟子謂樂正子曰：「子之從於子敖來，徒餔啜①也。我不意②子學古之道而以餔啜也。」

【注釋】

①餔（ㄅㄨ）：吃。啜（ㄔㄨㄛˋ）：喝、飲。
②不意：沒有想到。

【譯文】

孟子對樂正子說：「你這次跟隨王子敖來齊國，只不過是為了吃吃喝喝。我沒想到你學了古人的道理，卻用來謀求吃喝的。」

【延伸閱讀】

　　孟子先是諷刺樂正子不尊師重道，本章有諷刺他用古人的道理騙吃騙喝，真是疾言厲色的一次批評。但孟子所說也不無道理，既然學了古人，就要把自己磨煉成大器。

　　子敖身為齊國貴族，學古人之道而不按古人之行，只是憑藉自己的才學到處謀求利祿，也就等同於騙吃喝而已，在孟子眼中，這類人自暴自棄，不守正道，孟子是不屑與之說話的，所以看到自己的門徒和這類人為伍，極為不滿。所謂跟隨什麼樣的人就會受到什麼樣的人影響，古語有「近朱者赤，近墨者黑。」環境和周圍的人對一個人的成長和生活的影響是非常大的。

第二十六章

【原文】

　　孟子曰：「不孝有三①，無後為大。舜不告而娶，為無後也，君子以為猶告也。」

【注釋】

　　①不孝有三：《趙注》云：「於禮有不孝者三事，謂阿意屈從，陷親不義，一不孝也；家貧親老，不為仕祿，二不孝也；不娶無子，絕先祖祀，三不孝也。」

【譯文】

　　孟子說：「不孝順的事情有三件，其中又以沒有子孫後代最為重大。娶妻室本應先告訴父母，舜帝沒告訴父母而娶堯帝的二女為妻，就是因為擔心絕了後代，所以明理的君子看起來，他雖然沒有稟告父母，但實際上和稟告了父母是一樣的。」

【延伸閱讀】

　　「不孝有三，無後為大」。這句話我們現在也經常能夠聽到，然而三

種不孝又到底是哪三種呢？

　　趙岐《孟子章句》補充說明：一味順從，見父母有過錯而不勸說，使他們陷入不義之中，這是第一種不孝；家境貧窮，父母年老，自己卻不去當官吃俸祿來供養父母，這是第二種不孝；不娶妻生子，斷絕後代，這是第三種不孝。也就是孟子所說的最大的不孝了。

　　在現代社會裡，獨身主義盛行，那「大不孝」的「無後」之人恐怕滿大街都有吧！儒家這種「無後」為「大不孝」的思想是不是太陳腐落後而應該被捨棄了呢？

　　然而，從人類綿延發展需要人口再生產的角度和「父母之心，人皆有之」的本性來看，「無後為大」似乎並非沒有罪過。不然的話，「斷子絕孫」怎麼會成為人們最惡毒的詛咒呢？仔細想想，也確實如此，如果人人都奉行獨身主義，人人「無後」，用不了百年，人類就不復存在了啊！

第二十七章

【原文】

　　孟子曰：「仁之實，事親是也；義之實，從兄是也；智之實，知斯二者弗去是也；禮之實，節文斯二者是也；樂之實，樂斯二者，樂則生矣；[1]生則惡可已也，惡可已，則不知足之蹈之手之舞之。」

【注釋】

　　[1]樂之實，樂斯二者，樂則生矣：前一個「樂」讀（ㄩㄝˋ），音樂；後兩個「樂」讀（ㄌㄜˋ），喜愛、快樂。

【譯文】

　　孟子說：「仁的實質就是侍奉父母；義的實質就是順從兄長；智的實質就是明瞭這兩者的道理而不悖離；禮的實質就是調節修飾這兩者；樂的實質就是喜愛這兩者，快樂也就自然產生了；快樂自然而生就無法遏止，無法遏止就情不自禁地手舞足蹈起來。」

【延伸閱讀】

此章是說儒家的仁、義、禮、智、樂五項道德規範，其中心是仁、義，而仁、義的實質是孝順父母。

小時候父親曾讓我猜過一個謎語：「生出來四條腿，長大了兩條腿，老了三條腿。」我怎麼也猜不出來，父親哈哈大笑：「是人啊！」這笑聲至今還記憶猶新，父親卻已拄上了拐杖。

我寫信給兄弟姐妹，告訴他們：「年邁的父親走路需要拐杖了。」不知是我沒寫清楚還是他們沒讀懂，每人都寄來一根拐杖。

母親過世早，父親又當爹又當媽擔起雙重的責任，省吃儉用，含辛茹苦，把愛心全部傾注到自己的兒女身上。

我成人後為了生計東奔西走，稍有空閒便困守案頭，何曾注意過父親的心情？父親常走進我的房間，在我身邊靜靜坐上一會兒，之後又回到自己的屋中。從裡面傳出電視機反反覆覆的開關聲……

那一天，我問父親是不是生病了，他含著淚說：「你就是再忙，也該與我說說話……哪怕一個小時……」父親的話令我惶恐。我捧起父親那雙日漸枯槁、佈滿青筋的手失聲痛哭，那曾經是一雙多麼有力的手啊！而今，拐杖限制了他的自由，水泥牆使他脆弱孤獨。

我要讓年邁的父親得到兒子時時送來的溫暖。

傍晚我攙扶著父親去河邊散步，我對父親說：「我要永遠陪伴著你。」「不要這樣說，孩子……」父親又落淚了。

不過，我知道，這次父親的淚水是甜的，不是鹹的。

第二十八章

【原文】

孟子曰：「天下大悅而將歸己，視天下悅而歸己，猶草芥也，惟舜為然。不得乎親，不可以為人；不順乎親，不可以為子。舜盡事親之道而瞽瞍厎豫[1]，瞽瞍厎豫而天下化，瞽瞍厎豫而天下之為父子者定，此之謂大孝。」

【注釋】

①瞽瞍（ㄍㄨˇ　ㄙㄡˇ）：舜的父親。厎（ㄓˇ）：致。豫：樂。

【譯文】

孟子說：「整個天下都非常快樂地要來歸順自己，把這種情況看得如同草芥一樣，只有舜是如此。得不到父母的歡心不可以算做人，不順從父母的心意就不稱其為兒子。舜竭盡侍奉父母之道，使父親瞽瞍高興起來，使瞽瞍歡樂而感化了整個天下，使瞽瞍歡樂而確定了天下父子間的倫常關係，這就叫做大孝。」

【延伸閱讀】

「孝」的涵義有廣有狹，最狹義也是最起碼的是要能奉養雙親，不使他們受凍受餓；再進一步，是要愉悅父母的精神、意願；最廣也是最難得的是像舜那樣，透過自己的孝行來教化天下，透過自己家庭的和睦來使天下安定。

在孝方面，上述提到過的曾參應該立為模範。

曾參十分孝順父母，父母要找他不必言語，母親一咬手指，他就知道了。有次曾參跟隨孔子到了楚國，忽然感到心有些發慌，他知道這是母親在咬手指，便告別孔子回了家。問母親是什麼事，母親說是因為太想他，才咬的手指。

曾參曾幾次出來做官，但每次心情都不一樣。他曾說：「我父母活在世上的時候，我出來做官，只要給我三釜薪俸，近二十斗糧食作為我的俸祿，我就很開心了。我父母逝世之後，再出來做官，給我三千釜，近二十萬斗糧食作為我的俸祿，因為我不能拿它來奉養雙親，心裡總是感到悲傷。」

這樣的人，應該算是大孝子了，只是當今社會，又有幾個人能夠及得上曾參呢？

此卷为辛亥朝沔作距今十年矣款识
祇剩人好事情属为补记
⋯⋯⋯⋯⋯⋯

離婁章句・下

第一章

【原文】

　　孟子曰：「舜生於諸馮①，遷於負夏②，卒於鳴條③，東夷之人也。文王生於岐周④，卒於畢郢⑤，西夷之人也。地之相去也，千有餘里；世之相後也，千有餘歲。得志行乎中國，若合符節，先聖後聖，其揆⑥一也。」

【注釋】

　　①諸馮：地名，相傳在今山東菏澤以南。
　　②負夏：地名，約在今山東滋陽以西。
　　③鳴條：地名，在今山西運城安邑鎮。《史記・五帝本紀》說舜「南巡狩，崩於蒼梧之野。」
　　④岐周：指岐山下周的舊邑，在今陝西岐山縣東北。
　　⑤畢郢（一ㄥˇ）：地名，相傳是周文王去世的地方，在今陝西咸陽縣東二十一里。
　　⑥揆（ㄎㄨㄟˊ）：準則。

【譯文】

　　孟子說：「舜出生在諸馮，遷居到負夏，逝世於鳴條，是東方邊遠地區的人。周文王出生在岐周，逝世於畢郢，是西方邊遠地區的人。地方相距一千多里，時代相隔一千多年。但他們得志後在中國實現仁政的抱負，簡直如同符、節吻合那樣一致。先代的聖人和後代的聖人，他們的準則都是一個樣。」

【延伸閱讀】

　　儘管時代、出生地不同，但聖人的作為和做事準則是一致的、沒有差別的。
　　有一次，孔子受魯哀公之邀，到王宮談論仁義道德。
　　孔子說：「現在的人可以分為四類：庸人，士，君子，賢人。」
　　魯哀公問孔子說：「請問什麼樣的人可以叫做庸人呢？」

　　孔子說：「所謂的庸人是說：嘴裡不能說出好話，心裡不知道憂慮，不知道選擇賢人善士寄託自身並藉以除去憂難；行動不知道該做什麼，任由七情六欲支配著自己，這樣的人就可以叫做庸人了。」

　　魯哀公說：「很好，那麼什麼樣的人可以叫做士呢？」

　　孔子回答說：「所謂士是指：他雖然不能知道全部做事的方法，但是還能夠有所遵循；雖然不能把事情做得十全十美，但是肯定有所處置。所以他不追求知識的淵博，而追求知識的正確；不追求語言的深刻，而追求所說的話正確；不追求行為的多樣，而追求所做的正確。這樣，他所掌握的知識，所說出的話，所做的事，就像生命和肌膚一樣不可更改。因此富貴不能動搖他，貧困也不能減損他，這就是士。」

　　魯哀公又問：「那麼什麼樣的人才算是君子呢？」

　　孔子回答說：「說話忠誠守信，但是內心不以為這是什麼了不起的品德，做事講究仁義，但是並不以此為驕傲，思慮明通，但是言辭上並不爭強好勝。所以他徐徐緩緩的不怕別人可以趕得上，這就是君子。」

　　魯哀公說：「夫子說得對極了！您能告訴我怎樣便可以是賢人呢？」

　　孔子回答說：「所謂賢人是說：他做事合乎規矩。但又不違反他的本性，言論足以做天下的表率，但是又不會因此而損傷到他自身，富有天下卻並不蓄積財物，財物施捨給他人，但並不擔心自己窮困，這樣的人就可以叫做賢人了。」

第二章

【原文】

　　子產①聽鄭國之政，以其乘輿濟人於溱、洧②。孟子曰：「惠而不知為政。歲十一月，徒杠③成；十二月，輿梁④成，民未病涉也。君子平其政，行辟⑤人可也，焉得人人而濟之？故為政者，每人而悅之，日亦不足矣。」

【注釋】

　　①子產：即公孫僑，字子產，春秋時鄭國貴族，先後在簡公、定公、獻公、聲公朝為相四十多年，著名的政治家，頗得孔子的讚許。

②溱（ㄓㄣ）：鄭國水名，源於今河南密縣東北。洧（ㄨㄟˇ）：鄭國水名，源於今河南登封以東。東流至密縣與溱水匯合。

③徒杠：簡陋的獨木便橋。④輿梁：可通車馬的大橋。

⑤辟：辟通「避」，古代高級官員出行，有專人清道。

【譯文】

子產在鄭國當政，用自己的乘坐的車子在溱水、洧水那裡載行人渡河。孟子說：「子產這只是小恩小惠，但並不懂得如何治理國政。要是十一月搭好走人的便橋，十二月修好行車的橋樑，百姓就不會再為渡河的事擔憂了。君子整治好自己的政務，外出時使行人避道也是可以的，又怎能一個個地把人渡過河去呢？所以，治理國政的人要討得每個人的歡心，那時間也是不夠用的。」

【延伸閱讀】

齊家治國平天下，要以大局為重，而不是以小恩小惠去取悅於人，更不應以此來沽名釣譽。如果從這個方面而言，孟子的觀點非常有道理。

諸葛亮曾經說過：「治世以大德，不以小惠。」這裡與孟子觀點如出一轍。

子產用自己乘坐的車子去幫助老百姓過河，這事在一般人看來是屬於愛民的美德，因此傳為美談。但孟子從政治家的角度來看子產的行為，則認為這是小恩小惠的行為，治標不治本，於事無補。與其這樣一個一個地去幫助老百姓過河，倒不如利用你手中的權力為他們把橋修好，這將是一勞永逸，使他們再也不會為過河的事而發愁。

第三章

【原文】

孟子告齊宣王曰：「君之視臣如手足，則臣視君如腹心；君之視臣如犬馬，則臣視君如國人；君之視臣如土芥，則臣視君如寇仇。」

王曰：「禮，為舊君有服①，何如斯可為服矣？」

曰：「諫行言聽，膏澤②下於民；有故而去，則君使人導之出疆，

又先於其所往；去三年不反，然後收其田里③。此之謂三有禮焉。如此，則為之服矣。今也為臣，諫則不行，言則不聽；膏澤不下於民；有故而去，則君搏執④之，又極⑤之於其所往；去之日，遂收其田里。此之謂寇仇。寇仇，何服之有？」

【注釋】

①禮：指《儀禮》。舊君，過去曾侍奉過的君主。服：指穿喪服。
②膏澤：即恩惠。③田里：指祿田和居宅。
④搏執：搜索、拘捕。⑤極：窮困，走投無路。

【譯文】

孟子告訴齊宣王說：「君主把臣下當手足，臣下就會把君主當腹心；君主把臣下當犬馬，臣子就會把君主當平常人一樣看待；君主把臣下當泥土草芥，臣下就會把君主當仇敵。」

宣王說：「禮制規定，要為以往侍奉過的君主服喪，君主怎樣做才能使人為之服喪呢？」

孟子說：「（臣下在職時）有勸諫，君主就聽從，有建議，君主就採納，因而恩澤惠及百姓；臣子因故要離去，君主派人引導他離開國境，並派人事先前往他所要去的地方進行妥善安排；離國後三年不回來，才收回他的采地和房屋。這叫做三有禮。君主能做到這樣，臣子就會為他服孝。現今做臣子的，勸諫不被接納，進言不被聽從，因此恩澤不能惠及百姓；臣子因故離國去，君主就派人拘捕他的親族，並故意到他所要去的地方為難他，離開的當天就沒收他的祿田和房屋：這就叫做仇敵。對於仇敵有什麼孝可服呢？」

【延伸閱讀】

所謂「士為知己者死」。賢明的君主明白這個道理，因而總是待臣下如手足，臣下也必然投桃報李，把君主當腹心，甚至不惜以死報答。例如，劉備用關羽、張飛、諸葛亮，從而成為千古美談。

其實，何止君王用臣下如此，現代的用人之道，人與人之間的交往，又何嘗不是如此呢？通俗點來說，也就是互相尊重，你敬我一尺，我敬你一丈。不然的話，反目成仇，兩敗俱傷，也就君不君，臣不臣了。如果那樣的話，實在怪不得別人，只能怪自己不會當領導，不懂禮賢下士吧！

第四章

【原文】

孟子曰：「無罪而殺士，則大夫可以去；無罪而戮民，則士可以徙。」

【譯文】

孟子說：「君主無辜地殺害士人，那麼做大夫的就可以離開這個國家；君主無辜地殺害百姓，那麼做士人的就可以遷往別國。」

【延伸閱讀】

先秦儒家是在列國稱雄的時代完善自己學說的，因此，他們的思想觀點中還沒有君主專制時代那種「愚忠」的成分，而帶有一些人道民主色彩。因此孟子宣導，君子在君王無道的時候，如果災難即將降臨到自己的頭上，就應該明智地自動離去，以免做無謂的犧牲。

第五章

【原文】

孟子曰：「君仁，莫不仁；君義，莫不義。」

【譯文】

孟子說：「君主心存仁愛，下面的臣民就沒有不心存仁愛的；君主辦事符合義理，下面的臣民就沒有辦事不符合義理的。」

【延伸閱讀】

這個觀點延伸到現代社會的人際關係中，就是你對他人真誠、友愛，別人也會拿出同樣的態度回贈於你；如果你在日常生活中不斤斤計較，能講義氣，也許你身邊也會聚集一幫慷慨、熱情的好朋友。從領導者與員工

的角度來說，領導者要懂得體恤員工，能夠站在員工的立場為其考慮，不因一點小事就對員工大發雷霆，傷其自尊；也不要因一點小利而佔有員工的工作成果，如果這樣你身邊也許就不會有一個真心的朋友，也不會有一個忠誠的員工。

孔子說：「發財和做官，這是每個人所喜歡的，如果不用合乎道的方法得到它，君子是不會妄有的。窮困和卑賤，這是每個人所厭惡的，如果不用合乎道的方法擺脫它，君子是不會做的。君子離開了仁德，怎樣成就他的名聲呢？君子即使像在吃飯這麼短的時間也不會違背仁德的，就是在最急迫的時候也一定和仁德在一起，在顛沛流離的時候也一定和仁德在一起。」

第六章

【原文】

孟子曰：「非禮之禮，非義之義，大人弗為。」

【譯文】

孟子說：「不符合準則的禮，不符合準則的義，高尚的君子是不會遵行的。」

【延伸閱讀】

禮、義也有冒牌貨，因此履行禮、義時，應當仔細鑑別一下，不符合準則的所謂的禮、義就不應該去做。

儒家思想中，對「禮」和「義」即堅持原則，又能靈活變通，比如在「男女授受不親」的態度上就表現出了變通的一面，而對為了獲取高官厚祿而行不義的卑賤行徑又大為不齒。上面「非禮之禮，非義之義」在現代社會可以說已是司空見慣了，有人吹噓自己的東西好，也未必真好；有人說是在為民謀福利，做了一些美好的事情，可往往事實的背後卻充滿了權謀與算計。

第七章

【原文】

孟子曰：「中也養不中，才也養不才，故人樂有賢父兄也。如中也棄不中，才也棄不才，則賢不肖之相去，其間不能以寸。」

【譯文】

孟子說：「有道德修養的人應該教育薰陶沒有道德修養的人，有才能的人應該教育薰陶沒有才能的人，所以人們喜歡有賢能的父兄。如果有道德修養的人嫌棄沒有道德修養的人，有才能的人嫌棄沒有才能的人，那麼，賢能和不賢能兩種人之間的距離相近，簡直不能用分寸去度量了。」

【延伸閱讀】

《三字經》中說：「養不教，父之過；教不嚴，師之惰。」賢者為師，團結大家一起進步；能者為師，幫助大家共同提高。

通俗點來說，就是每個人都有教育薰陶他人的義務。如果不是這樣的話，所謂的「好人」又好在哪裡呢？

第八章

【原文】

孟子曰：「人有不為也，而後可以有為。」

【譯文】

孟子說：「人要懂得有所不為，然後才能有所作為。」

【延伸閱讀】

儒家思想中的「不為」是為了「有為」，是有選擇性的不為。人生苦

短，轉瞬即逝，要想成就大事，貴在目標與行為的選擇。如果沒有選擇，事無鉅細，事必躬親，必然陷入忙忙碌碌之中，成為碌碌無為的人。所以，一定要捨棄一些事不做，然後才能成就大事，有所作為。

成功是一種選擇，你選擇了奮鬥和堅持就是選擇了成功，而不做這個選擇便是選擇失敗，所以失敗也是一種選擇。

一個選擇對了，又一個選擇對了，不斷地做出對的選擇，到最後便產生了成功的結果；一個選擇錯了，又一個選擇錯了，不斷地做出錯的選擇，到最後便產生了失敗的結果。若想有一個成功的人生，我們必須降低錯誤選擇的出現機率，減少做錯選擇的風險。這就必須首先明確你人生中想要的結果是什麼，並為這個結果而做出所有的選擇。明確你人生想要的結果是什麼，這本身又是一個選擇。

有些人做正確的選擇與決定，有些人做錯誤的選擇與決定，但大多數人都不知道他們有權選擇，或是輕易將選擇權拱手讓人，因而不能走上成功之路。為此，明確想要的結果，做出對的選擇，才是人生要務。

第九章

【原文】

孟子曰：「言人之不善，當如後患何？」

【譯文】

孟子說：「議論別人的不好，由此引起的後患該怎麼辦呢？」

【延伸閱讀】

「誰人背後無人說，誰人背後不說人？」我想，這也正是人的劣根性所在。不過，話又說回來，如果有人專以背後說人家的壞話為樂趣，那麼用長舌婦來形容他就再恰當不過了！

孔子有言：「道聽而途說，德之棄也。」這些愛搬弄是非的三姑六迫的確實長舌得可惡！他們東家長、西家短，以窺人隱私為快，以暗箭傷人為樂。因此，對長舌婦這類人，我們不僅不該參與他們的討論，更應該對他們抱持「老鼠過街，人人喊打」的態度。

第十章

【原文】

孟子曰：「仲尼不為已甚者。」

【譯文】

孟子說：「孔子不做過分的事。」

【延伸閱讀】

君子不做過分的事，樣樣事情都處置得恰如其分，如果做事過了頭，就和不做是一樣的，即孔子所謂「過猶不及」之意。

子貢問老師：「顓孫師和卜商兩個人比較，誰賢能些？」

孔子說：「顓孫師過了一些，卜商稍嫌不足。」

子貢接著問：「如此看來，還是顓孫師賢能一點？」

孔子肯定地說：「過猶不及。應講一個尺度，太過和不足同樣不可取。」

子貢說：「我明白了，老師講『過猶不及』，是說超過事物的一定界限和未達到一定界限同樣不好。這是全面看問題的思想方法。」

孔子點了點頭，接著又補充道：「在賢能方面，我說他倆過猶不及，是說各有差距。但從主要方面看，這兩個學生都是比較賢能的。」

第十一章

【原文】

孟子曰：「大人者，言不必信，行不必果，惟義所在。」

【譯文】

孟子說：「作為有道德修養的君子，言談不拘泥於守信，行為不一定貫徹始終，只要合乎道義就行。」

【延伸閱讀】

　　此句為孟子對「大信」與「小信」問題靈活變通的看法。儒家思想強調「人而無信，不知其可也。」同時又告訴人們不能拘泥固執於「信」而不知變通。

　　君子的行為準則是義，大義所在，其他一切都應依從它。這當然不是說守信、果敢都不重要，而是因為講義的人通常都是守信、果敢的人。

　　義是一切人性優點的基礎。現代社會，義依然是人的行為準則，一個人講不講義，守不守信用，是有沒有良好人際關係的關鍵，亦是能否成功的關鍵。

第十二章

【原文】

　　孟子曰：「大人者，不失其赤子之心者也。」

【譯文】

　　孟子說：「高尚的君子，就是沒有失去嬰兒一般淳樸之心的人。」

【延伸閱讀】

　　孟子說的情況是老頑童嗎？絕對不是。

　　所謂「人之初，性本善」，不失嬰兒一般淳樸之心，就是要保有人性最初的純真、善良、寬容。而童心未泯，純真不偽，本色自然，則是其外在表現。

　　俗話說：「宰相肚裡能撐船」。其原因是因為他不斤斤計較於一己之私，一孔之見，而能夠保全自然無偽的本色，永遠以一種童心般的新奇和純真面對這個世界，因此能夠以開闊的心胸來待人接物。

　　道學的鼻祖老子說得更妙：「常德不離，復歸於嬰兒。」同時他還說道：「眾人熙熙，如享太牢，如春登台，我獨泊兮其未兆，如嬰兒之未孩。」你看那眾人相迎熙熙攘攘，好像趕赴豐盛的筵席，又像春天去登高眺望。只有我淡泊而無動於衷，就像那天真可愛的嬰兒一般。說得多好！

　　老子的本意是主張返璞歸真，淡泊寧靜。淡泊以明志，寧靜以致遠，這與孟子此章的思想倒有異曲同工之妙。總之，真正偉大的人，從不患得患失，把事情想得很複雜，而是能夠保持一份童心，成為一個童心未泯的智者。

第十三章

【原文】

　　孟子曰：「養生者不足以當大事，惟送死可以當大事。」

【譯文】

　　孟子說：「奉養健在的父母是人間常事，只有給父母送終安葬辦好喪事才可以算作是大事。」

【延伸閱讀】

　　此章突出的是喪禮在禮制中的重要性。

　　有這樣一句話：「樹欲靜而風不止，子欲養而親不待。」孝順父母是中華民族的傳統美德，也是一個人做人的基本良知，很多人為自己沒有機會侍奉父母而抱憾終生。

　　有一名演員在電視台做訪談節目時說，年幼時，懵懂無知頂撞過父母；成年後，為事業奮鬥疏忽了父母；年富時，事業有成，可父母都已經離開人世。說著，他在許多電視觀眾面前，泣不成聲，淚如雨下。

　　我們每個人都會有自己遺憾的事，有一天，當我們站在父母的墓前，咀嚼著「子欲養而親不待」的悲哀，這種遺憾的況味是如此淒涼，如此無奈。

　　我們總以為自己還年輕，我們總相信來日方長，相信水到渠成，相信機會多多，可是我們忘了，忘了時間的殘酷，忘了人生的短暫，忘了生命的脆弱，忘了人世間有太多的偶然和遺憾。它們都是無法挽回和彌補的！它們將永遠啃噬你的良心，到那時，一切都晚了！

　　孝敬父母，我們不要等，父母要求我們的並不多，我們能常回家看看，常問候他們，陪陪他們，他們就會很高興了。

第十四章

【原文】

孟子曰：「君子深造之以道，欲其自得之也。自得之，則居之安；居之安，則資之深；資之深，則取之左右逢其原，故君子欲其自得之也。」

【譯文】

孟子說：「君子遵循一定的方法來加深造詣，目的是希望自己有所收穫。自己有所收穫，就能夠掌握牢固；掌握得牢固，就能夠累積深厚；累積得深厚，用起來就能夠左右逢源。所以，君子總是希望自己有所收穫。」

【延伸閱讀】

當今社會，非常流行深造。但是很多人深造都是因為跟隨流行，最終學無所獲，深造也只是流於形式。而孟子所提倡的深造，是為了自己真正有所收穫，而不是為了證明給他人看。簡言之，自得是內功，而不是招式，更不是花拳繡腿。南郭先生濫竽充數，招式是做得像模像樣，但內功卻絲毫也沒有。所以，一旦嚴格檢驗起來，他就只有溜之大吉，這是相當典型的例子。現代學者莫不以南郭先生為恥，而其行為類似南郭先生的卻不在少數。他們或是「牆上蘆葦，頭重腳輕根底淺；山間竹筍，嘴尖皮厚腹中空」或是「拉大旗作虎皮」，以「名人」裝點門面。其招式花樣翻新，不一而足。其本質都在於不求自得而求得之於人，生怕別人不知道自己，而不怕自己沒有才能，與孔子所說「不患人之不己知，患其不能也」的精神恰恰背道而馳。孔、孟論學問之道，用心良苦，讀書人都應該反省，千萬不要誤入歧途才好！

第十五章

【原文】

孟子曰：「博學而詳說之，將以反說約也。」

【譯文】

孟子說：「廣博地學習而且詳盡地解說，目的是要融會貫通後回歸到精闢簡約的境界。

【延伸閱讀】

實際上，針對諸多問題，我們都是越說越糊塗。比方說，「人是什麼？」、「文化是什麼？」不說人人都明白，一說人人必定糊塗。因此，博學詳解不是為了炫耀淵博，故作深刻，而是為了深入淺出。

真理原本是十分簡約的，卻因為所謂「飽學之士」的炫耀門楣，使它們變得越來越複雜，越來越深奧了。

「你不說我倒還明白，你越說我越糊塗了！」這是我們時常能夠聽到的抱怨，或者說幽默的回答。如果這抱怨發自一位勤勉的學生之口，那老師恐怕真要額頭出汗，無地自容了。

正是「絢爛之極歸於平淡」，博學詳解歸於簡約。博學詳解只是手段，回歸簡約才是根本目的。教學如此，演說如此，人生世事無不如此。

第十六章

【原文】

孟子曰：「以善服人者，未有能服人者也；以善養人，然後能服天下。天下不心服而王者，未之有也。」

【譯文】

孟子說：「用善去折服他人，未曾能使他人折服；用善教育他人，

然後才能使天下的人心服。天下的人不心服而能夠稱王天下的，還未曾有過。」

【延伸閱讀】

「養人」何以養？即讓人心口皆服，可見教育的潛移默化作用實在是不可小覷。無論是孔子還是孟子對於教育都十分重視，而且能身體力行。因為，不管你有多麼好的思想，多麼好的興國安邦的方略，多麼的「善」，不透過「養人」——教育和培養，怎麼能夠讓人們理解並且轉化為他們的思想和行為呢？「十年樹木，百年樹人。」這句話實在是妙不可言。當今社會，無論哪個國家，仍然在強調「百年大計，教育為本」的教育理念，也正是因為此。

第十七章

【原文】

孟子曰：「言無實不祥。不祥之實，蔽賢者當之。」

【譯文】

孟子說：「言談無內容，無作用，是很不好的。這種不好的惡果，將由那些埋沒賢才的人來承擔。」

【延伸閱讀】

識人，是做事的關鍵，更是成功的根本。孟子在這裡亦是批評那些埋沒賢者的人。

趙蕤說：「知人，是王道；知事，是臣道。」申鄘說：「領導者要明瞭用人的道理，大臣要明白知事的道理。十問十答，百問百答，是為臣之本。」可見，識人善用，是多麼重要。

唐朝時裴行儉有鑑別人才的本領，他初任吏部侍郎時前進士王勮、咸陽尉欒城人蘇味道都未成名，裴行儉初次見面就對他們說：「二位以後一定會先後擔任掌管銓選官吏的職務，我有年少的兒子，願意託付給你們。」當時王勮的弟弟王勃與華陰人楊炯、范陽人盧照鄰、義烏人駱賓王

都以文才而享有盛名，司列少常伯李敬玄尤其器重他們，認為將來一定榮顯聞達。裴行儉說：「讀書人的前程遠大，應當首先在於度量見識，而後才是才藝。王勃等雖有文才，而氣質浮躁淺露，哪裡是享受爵位俸祿的材料！楊炯稍微沉靜，應該可以做到縣令、縣長；其餘的人能得善終就算幸運了。」後來王勃渡海時落水被淹死，楊炯壽終於盈川縣令任上，盧照鄰因患頑症不能治癒，投水自盡，駱賓王因謀反被處死。王邊、蘇味道都任掌管銓選官吏的職務，正如裴行儉所預言。裴行儉擔任將帥，所率領的將佐為程務挺、張虔勖、王方翼、劉敬同、李多祚、黑齒常之，這些人後來多成為名將。

　　人才大致可分為：有聖德的人才，有謀略的人才，有開創的人才，有守成的人才，有輔佐的人才，有雄偉的人才，有忠正的人才，有剛毅的人才，有博學的人才，有宏通的人才，有俊發的人才，有雅懿的人才，有勇悍的人才，有涵容的人才，有豪俠的人才，有雄辯的人才，有木訥的人才，有果斷的人才，有智巧的人才，有持重的人才，有大愛的人才，有勇略的人才，有獨任獨俠的人才，有運籌帷幄的人才。形形色色的人才，要從一開始就認真審視他，詳察他，明辨他，對他的言行舉止，內心活動有所瞭解後，然後慎用他，這樣在以後的工作中大概不會發生多大的錯誤。

　　當然，一個人是不是人才，還要看他能否「取四重，去四輕」。重，即穩重；輕，即輕浮。四重即言談穩重，舉止穩重，相貌穩重，愛好穩重。言談穩重就有法度，舉止穩重就有道德，相貌穩重就有威嚴，愛好穩重就有度量。四輕即言談輕浮，舉止輕浮，相貌輕浮，愛好輕浮。言談輕浮容易招致禍患，舉止輕浮容易招致不幸，相貌輕浮容易招致侮辱，愛好輕浮容易招致淫亂。從「四重、四輕」中，能看出一個人才的品質如何。

第十八章

【原文】

　　徐子[1]曰：「仲尼亟[2]稱於水，曰：『水哉，水哉！』何取於水也？」

　　孟子曰：「源泉混混[3]，不舍晝夜，盈科[4]而後進，放乎四海。有本者如是，是之取爾。苟為無本，七八月之間雨集，溝澮[5]皆盈；其涸

也，可立而待也。故聲聞過情，君子恥之。」

【注釋】

①徐子：孟子的學生徐辟。②亟：屢次。
③混混：通「滾滾」，水勢盛大的樣子。
④盈科：注滿坑窪地。⑤澮（ㄎㄨㄞˋ）：田間的水溝。

【譯文】

徐辟說：「孔子多次對水加以讚美，曾經說：『水啊，水啊！』他到底覺得水有什麼可取之處呢？」

孟子說：「從源頭流出的水滾滾向前，晝夜不停，注滿了低坑窪地又繼續向前，一直流到大海。凡是有本源的正像這樣，孔子所取的就是這一點。假如沒有本源，就像七、八月間雨水滂沱，一下子溝渠都滿了，但也會一下子就枯竭。所以名聲超過實際，有道德的君子就會感到可恥。」

【延伸閱讀】

孟子在這裡一方面解釋了孔子的本意，總結了水的特性；另一方面用水比擬人的道德品質，主張務本求實，反對名不副實。他提倡大家要像水一樣，有永不枯竭的安身立命之本，不懈進取，自強不息。

實際上，我們在《韓詩外傳》裡就能找到孔子自己對於為什麼要「亟稱於水」這個問題的詳細回答。

問題是由子貢提出，他說：「君子看見大水總是要注意觀察，這是為什麼呢？」

孔子作答：「君子是用水來形容人的道德啊！水所到之處就無私給予，這不是像很有德行嗎？所到之處萬物生長，這不是像很有仁愛嗎？流向總是循著一定的規律，這不是像很有正義嗎？淺處涓涓流淌，深處莫測高深，這不是像很有智慧嗎？奔赴深谷而毫無疑懼，這不是像很有勇氣嗎？任何細微之處也不放過，這不是像很明察嗎？遇到險惡地勢也不避讓，這不是像很有容忍的氣度嗎？髒東西進去，乾乾淨淨出來，這不是像很善於化育嗎？水面永遠是平的，這不是像很公正嗎？不求一概滿盈，這不是像很有節度嗎？無論經過多少曲折，始終向東流，這不是像意志很堅毅嗎？正緣於水有這些特性，因此君子看見大水就一定要留心觀察。」

這裡說得生動而深刻，既然是這樣，那大家就去觀水吧！

第十九章

【原文】

孟子曰：「人之所以異於禽獸者幾希①，庶民去之，君子存之。舜明於庶物，察於人倫，由仁義行，非行仁義也。」

【注釋】

①幾希：少，一點點。

【譯文】

孟子說：「人區別於禽獸的地方只有很少一點點，一般的人丟棄了它，君子保存了他。舜明白萬事萬物的道理，明察人倫關係，因此能遵照仁義行事，而不是勉強地施行仁義。」

【延伸閱讀】

人與動物的本質區別到底在哪裡？

在今天，這仍是一個討論不休的問題。但孟子卻早在兩千多年前就提出了這個命題。

孟子說，人與禽獸的差別就只有一點，至於那一點兒究竟是什麼，他也沒有明示。不過，我們在《滕文公・上》裡曾聽他說過人之所以為人，吃飽了，穿暖了，住得安逸了，如果沒有教養，那就和禽獸差不多。可見，在孟子看來，人和禽獸的差別就在於有沒有教養，用我們今天的話來說，就是有沒有精神方面的東西。這和我們現在的看法是基本吻合的，即人的動物本能方面，也就是自然屬性是動物性的，但其精神文化方面，也就是社會屬性是非動物性的，而人與動物的根本區別就在於後一方面。既然如此，高尚的人當然就應該發展人與動物相區別的一方面。所以，孟子說：「庶民去之，君子存之。」一般人往往容易忽視這一點，只有品質高尚的人才注意保存和發展這一點。比如說有的人認為「人生在世，吃穿二字」，那就是標榜「飽食、暖衣、逸居而無教」，自然是「近於禽獸」了。當然，孟子也並不是要完全否定「飽食、暖衣、逸居」，要求人們不食人間煙火，苦行禁欲。而是主張應該像舜帝那樣，「明於庶物，察於人

倫，由仁義行」，以事物常理和人之常情為前提行仁義之道，而不是為行仁義而行仁義，不顧事理和常情。

　　透過上述可以看出，孟子的主張應該是「飽食、暖衣、逸居而有教」，既不排除人之常情，又強調教育的重要性，物質生存與精神追求都不可偏廢。

第二十章

【原文】

　　孟子曰：「禹惡旨酒①而好善言。湯執中②，立賢無方③。文王視民如傷④，望道而未之見⑤。武王不泄邇，不忘遠。周公思兼三王⑥，以施四事⑦；其有不合者，仰而思之，夜以繼日；幸而得之，坐以侍旦。」

【注釋】

　　①惡旨酒：《戰國策・魏策二》云：「昔者帝女令儀狄作酒而美，進之禹，禹飲而甘之，遂疏儀狄、絕旨酒，曰：『後世必有以酒亡於國者。』」

　　②執中：《趙注》云：「執中正之道。」

　　③立賢無方：《趙注》云：「惟賢速立之，不問其從何方來。」朱熹則謂：「惟賢則立之於位，不同其類也。」焦循《正義》云：「惟賢則立，而無常法。」譯文從焦說。

　　④視民如傷：朱熹《集注》云：「民已安矣，而視之猶若有傷。」

　　⑤望道而未之見：朱熹《集注》云：「道已至矣，而望之猶若未見。」

　　⑥三王：《趙注》云：「三代之王也。」朱熹《集注》云：「禹也，湯也，文、武也。」

　　⑦四事：指以上四位君主的行事。

【譯文】

　　孟子說：「禹嫌惡美酒而喜好善言，成湯堅持中和之道，起用賢

人沒有定規。周文王看待民眾如同他們遭到了傷害，接近了大道仍然像還沒見到它那樣努力。周武王不輕慢親近的人，不遺忘遠離的人。周公想兼有夏、商、周三朝賢王的長處，來實施禹、湯、文、武的功業，如果有不符合的地方，就抬頭思考，夜以繼日，有幸想明白了，就坐待天明來實施。」

【延伸閱讀】

　　孟子讚美了五位前代聖賢的德行。其涵義眾說紛紜，有的人說，孟子是抽取了他們比較突出的優點來說的，並非說他們只有這一個方面的優異德行；還有人說，此章是讚美周公能集前代聖賢的大成，所以周代的禮樂制度特別完美。

　　且不說孟子的初衷，單看此章我們不難發現，只要有所作為的人，都是性善而本真的人。現實社會中，性善而本真的人也能夠得到別人的尊重，並因此成就大業。但實行偽善的人也不在少數，那些習慣口是心非或說謊的人，即使可能在某些場合得到益處，但其罪惡是遠遠超過其益處的。因為經常口是心非或說謊絕不是高尚的人而是邪惡的人。

　　當然，一個人不可能一下子就變壞。一個人起初也許只是為了掩飾事情的某一點而做一點偽事，但後來他就不得不做更多的偽事，說更多的謊話，以便於掩飾與那一點相關聯的一切。

　　總結起來，做偽事說謊話、口是心非大概出於以下幾種目的：其一是為了迷惑對手，使對方對自己不加防備，以便達到自己的目的；其二是為了給自己留一條退路，這也是為了保全自己，以便再戰；其三，則是以謊言為誘餌，探悉對手的意圖，這種人是最危險的。也許，這些目的有的可能不能算作太惡。但作為口是心非者，其說謊或作偽的害處卻是很大的。首先，說謊者永遠是虛弱的，因為他不得不隨時提防被揭露，就像一隻偽裝成人的猴子一樣，他要時刻防備被人抓住尾巴；其次，口是心非者最容易失去合作者，因為他對別人不信任、不真誠，別人也就以其人之道還治其人之身；最後，也是最重要的一點，口是心非者終將失去人格，毀掉他人對他的信任。我想，世界上恐怕沒有比失去人格更可悲、可痛的事了。

　　因此說，做人就要做個性善而本真的人，要言行一致，對待別人要誠實，不要兩面三刀。在攻於心計、算計別人中度過一生，是很累、很痛苦的事。

第二十一章

【原文】

孟子曰：「王者之跡熄^①而《詩》亡，《詩》亡然後《春秋》作。晉之《乘》、楚之《檮杌》、魯之《春秋》^②，一也。其事則齊桓、晉文，其文則史。孔子曰：『其義則丘竊取之矣。』」

【注釋】

①王者之跡熄：前人多釋為王者之道失墜，譯文從之。

②晉之《乘》、楚之《檮杌》（ㄊㄠˊ ㄨˋ）、魯之《春秋》：朱熹《集注》云：「《乘》義未詳，趙氏以為『興於田賦乘馬之事』，或曰『取記載當時行事而名之也』。檮杌，惡獸名，古者因以為凶人之號，取記惡垂戒之意也。《春秋》者，記事者必表年以首事。年有四時，故錯舉以為所記之名也。古者列國皆有史官，掌記時事，此三者皆其所記冊書之名也。」

【譯文】

孟子說：「王者之道泯沒了，《詩》也就散失了，《詩》散失之後才寫出了《春秋》。晉國的《乘》、楚國的《檮杌》、魯國的《春秋》，涵義是一樣的。它們所記載的事情是齊桓公、晉文公，它們所用的筆法是史書筆法，孔子說：『各類史書的大義被我私下借用了。』」

【延伸閱讀】

《詩經》、《春秋》的大義是一致的，它們都是「王者之跡」的產物，記錄了道德高尚的人的歷史。

所謂的「王者之跡」，也就是先賢的文武之道，也就是以德服人的「仁政」，由於春秋時期各諸候推行的假仁政，真霸權的政治理念，自然淳樸的民風已不復存在了，因此閃耀著自然與人性光芒的詩歌便難以再呈現，孔子見《詩經》已亡，因而作《春秋》以正王化。由此我們可以看出詩歌是史書的先驅。

第二十二章

【原文】

孟子曰：「君子之澤五世而斬①，小人之澤五世而斬。予未得為孔子徒也，予私淑諸人②也。」

【注釋】

①澤：影響。斬：斷絕之意。

②私淑諸人：淑，通「叔」，獲益。趙注訓為「私善之於賢人」，朱熹《集注》云：「人，謂子思之徒也」；「孟子言予雖未得親受業於孔子之門，然聖人之澤尚存，猶有能傳其學者，故我得聞孔子之道於人，而私竊以善其身，蓋推尊孔子而自謙之辭也。」

【譯文】

孟子說：「君子的影響五代才止歇，小人的影響也要五代才止歇。我沒有能成為孔子的門徒，我只是私下得益於他的傳人而已。」

【延伸閱讀】

孟子以孔子之道的繼承者自任。而孟子之所以取得如此大的成就，在很大程度上也是得益於孔子的學說。

俗語說：「富不過三代」。這個說法的來源也是來自「君子之澤，五世而斬」。一個品行高尚，能力出眾，才學淵博的君子，辛辛苦苦打拼的事業，可以留給後世恩惠福祿，但往往會因後世的不思進取，而經過幾代人就消耗殆盡了。正如《紅樓夢》中的賈府，百年基業，從革創、守成、揮霍、敗落、滅亡，是一個從艱辛到輝煌，再到淒涼沒落的過程。往往第一代勵精圖治、不懈努力，創下基業，而後幾代逐漸開始放鬆追求，不再注重道德修養，不思進取，在瞎折騰中慢慢走向滅亡。由此可以想起一句話：創業不易，守業更難。能繼承前輩的祖業，並能不斷開拓進取，才能擁有不世功業。

第二十三章

【原文】

孟子曰：「可以取，可以無取，取傷廉；可以與，可以無與，與傷惠；可以死，可以無死，死傷勇。」

【譯文】

孟子說：「可以取，可以不取，取了有損廉潔；可以給，可以不給，給了有損恩惠；可以死，可以不死，死了有損勇敢。」

【延伸閱讀】

過度的「取」有損廉潔，過度的「與」有損恩惠，不適當的「死」有損勇敢。孟子擺在我們面前的是一種兩可的選擇，而且很難把握。也就是說，任何事物都有一個適當的「尺度」，過了這個「尺度」，事物往往就會走向它的反面。

比如說，別人給你回扣你是拿還是不拿？你幫人撮合成一筆生意，人家給你一個紅包你收還是不收？相對於這方面的問題，其實孟子提出的「與傷惠」和「死傷勇」就更令人費解了。在什麼情形下給予是一種恩惠，而在什麼情況下施人是一種濫施恩惠，要不就是好心辦了壞事，傷了別人自尊；要不就是好心辦了錯事，施予了不該施予的人——比如說騙子。至於「死傷勇」，在面臨生死抉擇的時候，活下來的勇氣和戰勝困難的勇氣，或洗刷恥辱的意志要作激烈地碰撞，因為死要死得其所，活要活得高尚，有骨氣。

第二十四章

【原文】

逢蒙①學射於羿，盡羿②之道，思天下惟羿為愈己，於是殺羿。孟子曰：「是亦羿有罪焉。」

公明儀曰：「宜若無罪焉。」

曰：「薄乎云爾，惡得無罪？鄭人使子濯孺子侵衛，衛使庾公之斯追之。子濯孺子曰：『今日我疾作，不可以執弓，吾死矣夫！』問其僕曰：『追我者誰也？』其僕曰：『庾公之斯也。』曰：『吾生矣。』其僕曰：『庾公之斯，衛之善射者也；夫子曰吾生，何謂也？』曰：『庾公之斯學射於尹公之他，尹公之他學射於我。夫尹公之他，端人也，其取友必端矣。』庾公之斯至，曰：『夫子何為不執弓？』曰：『今日我疾作，不可以執弓。』曰：『小人學射於尹公之他，尹公之他學射於夫子。我不忍以夫子之道反害夫子。雖然，今日之事，君事也，我不敢廢。』抽矢，扣輪，去其金，發乘矢③而後反。」

【注釋】

①逢蒙：羿的學生和家眾，後來叛變，幫助寒浞殺了羿。

②羿：又稱后羿，傳說是夏代有窮國的君主。

③乘矢：四枝箭。

【譯文】

逢蒙向羿學射箭，完全學會了羿的技術，他想到天下只有羿比自己強，於是殺害了羿。孟子說：「這件事羿也有過錯。」

公明儀說：「好像羿不該有過錯吧。」

孟子說：「羿只是過錯小一點罷了，哪能說沒有過錯？鄭國派子濯孺子侵犯衛國，衛國派庾公之斯追擊他。子濯孺子說：『今天我的病發作了，不能拿弓，我是必死無疑了。』又問他的駕車人：『追我的人是誰？』駕車的說：『是庾公之斯。』子濯孺子說：『我能活了！』駕車的說：『庾公之斯是衛國善於射箭的人，您（反而）說我能活了，為什麼呢？』子濯孺子說：『庾公之斯是跟尹公之他學的射箭，尹公之他是跟我學的射箭。尹公之他是正派人，他看中的朋友一定也是正派的。』庾公之斯追到跟前，說：『先生為什麼不拿弓？』子濯孺子說：『今天我的病發作了，無法拿弓。』庾公之斯說：『我向尹公之學射箭，尹公之他是向您學射箭，我不忍心用您傳授的技術反過來傷害您。不過，今天這事，是國君交待的事，我不敢不辦。』說完便抽出箭來，在車輪上敲掉箭頭，射了四箭之後返身回去了。」

【延伸閱讀】

　　孟子在這裡儘管沒有把後面的話講完，然而其意思卻是非常明瞭：子濯孺子善於選擇和教育學生，注重學生的人品，相信學生尹公之他也會像他一樣選擇和教育學生，所以知道庾公之斯不會殺他。但羿卻不善於選擇和教育學生，對於逢蒙的人品失察失教，終究招致殺身之禍，因此，對此羿也負有一定責任。

　　逢蒙藝成害師，早已為人所不齒，成了大家的共識，孟子卻提出了自己獨到的見解，認為師徒都有責任。乍一聽來，我們會和他的學生公明儀一樣認為沒有什麼道理，但仔細一想，也就覺得並非沒有道理了。比如說有些人「引狼入室」，引小偷進家門，往往是由於自己平時不謹慎，把一些不三不四的人帶進屋，使之見財起意，產生歹心，結果發生失竊甚至謀財害命的慘案。這能說房主人自己一點責任也沒有嗎？這還只包含了交往中要注意識人察人的一方面，沒有包含對學生進行品德教育方面的問題。假如不但教逢蒙箭術，並且也教他做人的道理，簡言之，既傳藝，也傳德，興許就不會發生那樣的悲劇了吧。

　　由此，從逢蒙殺羿一事上，我們至少可以得到兩方面的教訓：一方面，不僅選拔幹部、認識朋友需要考察、瞭解，就是招收學徒、學生也同樣需要慎重選擇；另一方面，無論是教學徒、教學生還是培養其他什麼人，都一定要從德與才兩個方面著眼進行教育與培養，使之全面發展，成為德才兼備的人。只有做到了這兩個方面，才不會釀成禍端，使自己反遭其殃，後悔莫及。當然，無論從今天的教育方針還是從幹部制度來看，都是非常注意這兩個方面的。只不過，實際操作中做得如何，還有待調查研究。那就以孟子這段話中逢蒙殺羿這件事，作為提醒我們注意的一個案例，一個經驗教訓吧。

第二十五章

【原文】

　　孟子曰：「西子①蒙不潔，則人皆掩鼻而過之；雖有惡②人，齋戒沐浴，則可以祀上帝。」

【注釋】

①西子：原指春秋時越國美女西施，這裡以她代指美女。

②惡：這裡與「西子」相對，主要指醜陋。

【譯文】

孟子說：「（如果）西施沾染上了髒東西，那麼人人都會掩著鼻子走過她跟前；即使長得醜陋的人，只要（誠心）齋戒沐浴，那麼也可以祭祀上帝。」

【延伸閱讀】

美麗如西施，沾染污穢也會遭人厭棄；醜陋如東施，只要潔身自好，誠信齋戒，也能成為聖徒。可見，有美有善不足恃，貴在保持勿失；有醜有惡不足懼，貴在自新。美醜善惡從不根據面貌來決定，而是取決於人心善惡，想要由醜變美不是不可能，自我修習尤其重要。

第二十六章

【原文】

孟子曰：「天下之言性也，則故①而已矣，故者以利②為本。所惡於智者，為其鑿也。如智者若禹之行水也，則無惡於智矣。禹之行水也，行其所無事也，如智者亦行其所無事，則智亦大矣。天之高也，星辰之遠也，苟求其故，千歲之日至③，可坐而致也。」

【注釋】

①故：趙注訓為本原。朱熹《集注》云：「故者，其已然之跡，若所謂天下之故者也。」譯文取趙說。

②利：朱熹《集注》云：「猶順也，語其自然之勢也。」

③日至：冬夏二至的準確時刻是古代曆算的重要資料。朱熹《集注》云：「天雖高，星辰雖遠，然求其已然之跡則其運有常，雖千歲之久，其日至之度可坐而得。」

【譯文】

孟子說：「普天之下所談論的人性，只要能推求其所以然便行，推求其所以然以順乎自然為原則。我們之所以厭惡聰明人，是因他們穿鑿附會，若聰明人像禹疏通水流那樣，就不會厭惡了。禹疏通水流，是讓它們不違反自然地流行，如果聰明人也使自己不違反自然地行事，那麼也就更聰明了。天如此之高，星辰如此之遠，如果能推求它們固有的（運行）規律，那麼一千年後的冬至，也是可以坐著推算出來的。」

【延伸閱讀】

什麼是智？孟子認為，大智是順應事物規律辦事，而非賣弄小聰明。

凡事有利便有害，這是自然規律。聰明人做事就懂得順應自然規律，在注意其利益的同時，也不忽視與之相伴的害處。他們往往能兼顧利害得失，在這點上，我們不妨吸取古人的經驗和教訓。

漢魏時，朝廷對羌中鮮卑人歸降的多安置在塞內各州郡。後來鮮卑人勢力日益膨脹，經常在關內尋釁鬧事，挑起民族矛盾。殺害地方官，侵擾附近村落，漸漸成為禍害。晉代時，侍御史郭欽提出了正確辦理這件事的方案，他請求朝廷乘平吳的餘威，把鮮卑人分散到內地或邊疆，真誠地對待少數民族。朝廷認為鮮卑人不足畏懼，因此對這個處理方案沒有採納，後來終於出現了五胡亂華的混亂局面。

通常只有乘開國的勢頭才可揚威邊疆，錯過機會去辦就很難有所作為。宋初不能立威於契，終使金、元外族之禍持續不斷；明太祖朱元璋向北驅逐金、元，威風行於沙漠戈壁，則明成祖朱棣亦能多次征服胡人，並重修萬里長城以禦之，這樣做事可謂深謀遠慮。

當人被某事某物所感時，往往會不顧利害得失匆匆行動，從而不免受挫。相反，兼顧利害得失者，無論辦什麼事都不會陷入困境。

第二十七章

【原文】

公行子①有子之喪，右師②往弔。入門，有進而與右師言者，有就

右師之位而與右師言者。孟子不與右師言。右師不悅曰：「諸君子皆與驩言，孟子獨不與驩言，是簡驩也。」

　　孟子聞之，曰：「禮，朝廷不歷位而相與言③，不逾階而相揖也。我欲行禮，子敖以我為簡，不亦異乎？」

【注釋】

　　①公行子：《趙注》云：「齊大夫也。」
　　②右師：官名。據下文說他名字叫子敖來看，此人就是本書《公孫丑下》篇中提到的齊王寵臣王驩，字子敖。
　　③朝廷：朱熹《集注》云：「是時齊卿大夫以君命弔，各有位次。若周禮，凡有爵者之喪禮，則職喪涖其禁令，序其事，故云朝廷也。」孟子的意思是說，既以君命來弔喪，那就如同上朝一樣，應該遵循朝廷上的禮儀。歷位：指越過位次。

【譯文】

　　公行子的兒子死了，右師子敖前往弔唁。走進大門，有走上前來與右師說話的人，有來到右師席位與右師說話的人。孟子不與右師說話，右師不高興地說：「各位君子都與我交談，唯有孟子不與我交談，這是怠慢我。」

　　孟子聽後，說：「禮儀規定，在朝堂上不越過位次相互交談，不隔著階梯行禮。我遵守禮儀，子敖卻認為我怠慢，這難道不奇怪嗎？」

【延伸閱讀】

　　右師子敖是當時有權勢的人物，所以人們紛紛去趨附他，以致不顧正常的禮儀。孟子偏偏不肯這麼做，並對子敖的傲慢進行了批評。

　　孟子所為可謂愛惜名節，即使得罪權臣，也不願意趨炎附勢。當然，有人會說：「顧全大局，舍卒保車在做事上是一種深遠的謀略，是一種寬柔的智慧。」也有許多仁人志士甘願在名譽上受到玷污，而成就更大的事業。但是，諺語說得好：「立名難而壞名易。」好名聲的建立是很難的，而破壞名聲只在一時一事之中。所以名節上的損失絕非易事，即使是為了更大的目的而損害名節，其結果也往往是得不償失的。

第二十八章

【原文】

孟子曰：「君子所以異於人者，以其存心也。君子以仁存心，以禮存心。仁者愛人，有禮者敬人。愛人者，人恆愛之；敬人者，人恆敬之。有人於此，其待我以橫逆①，則君子必自反也：我必不仁也，必無禮也，此物奚宜至哉②？其自反而仁矣，自反而有禮矣，其橫逆由③是也，君子必自反也：我必不忠。自反而忠矣，其橫逆由是也，君子曰：『此亦妄人也已矣。如此，則與禽獸奚擇④哉？於禽獸又何難⑤焉？』是故君子有終身之憂，無一朝之患也。乃若所憂則有之：舜，人也；我，亦人也。舜為法⑥於天下，可傳於後世。我由未免為鄉人也，是則可憂也。憂之如何？如舜而已矣。若夫君子所患則亡矣。非仁無為也，非禮無行也。如有一朝之患，則君子不患矣。」

【注釋】

①橫逆：蠻橫無理。
②此物：指上文所說「橫逆」的態度；奚宜：怎麼應當。
③由：通「猶」。下文「我由未免為鄉人也」中的「由」亦同。
④擇：區別。⑤難：責難。⑥法：楷模。

【譯文】

孟子說：「君子之所以不同於一般人，是因為他保存在心裡的思想不同。君子把仁保存在心裡，把禮保存在心裡。仁人愛人，有禮的人尊敬人。愛人的人，別人就一直愛他；尊敬人的人，別人就一直尊敬他。假設有個人，他以粗暴蠻橫的態度對待我，那麼君子必定會反省自己：我（對他）一定還有不仁的地方，無禮的地方，要不這種態度怎麼會衝著我來呢？反省後做到仁了，反省後有禮了，那人的粗暴蠻橫仍然如此，君子必定再反省：我（待他）一定還沒有盡心竭力。經過反省，做到了盡心竭力，那人的粗暴蠻橫還是這樣，君子就會說：『這不過是個狂人罷了。像他這樣，同禽獸有什麼區別呢？對於禽獸又有什麼可計較的呢？』因此君子有終身的憂慮，沒有一時的擔心。

至於終身憂慮的事是：舜是人，我也是人；舜給天下的人樹立了榜樣，影響可以流傳到後世，我卻仍然是個平庸的人，這是值得憂慮的。憂慮了怎麼辦？像舜那樣去做罷了。至於說到君子（一時）所擔心的，那是沒有的。不仁的事不幹，不合禮的事不做。即使有一時的禍患，君子也不認為值得擔心。」

【延伸閱讀】

孟子說：「愛人者，人恒愛之；敬人者，人恒敬之。」從中看出他主張人與人之間要互愛互敬，為什麼要愛人敬人？人從出生開始，就不同於禽獸，有著仁義理智四種道德萌芽，因為人有獨特的價值，所以人就是「人」，人值得愛，更值得敬。人要用「人」來對待人，人不分你我，不分男女老幼，也不分尊卑貴賤，所有的人都是人，人和人要互愛互敬。孟子把這種愛和敬視為一種社會關係，並強調每個人都要從自身做起，不僅要自愛，還要去愛他人。因為人要滿足自己的欲望，就必須結成群體，集眾人之力，形成社會人。這樣，才能抵禦自然災害，戰勝敵人，也只有這樣，人才能向更高層次發展。

就像一首歌中所唱的那樣：「只要人人都獻出一點愛，世界將變成美好的人間。」道理並不深奧，可以說是不言而喻，關鍵是要有所行動。

如果人人都有這種行動的熱情，許多人際之間的矛盾就沒有了，許多事情就好辦得多了，社會的文明程度就會提高了。問題是，我們從幼稚園時就接受這種互敬互愛的教育，而實際到底做得如何呢？恐怕也應該接受孟子的建議，自我反省一下了。

第二十九章

【原文】

禹、稷當平世[1]，三過其門而不入[2]，孔子賢之。顏子當亂世[3]，居於陋巷，一簞食、一瓢飲，人不堪其憂，顏子不改其樂，孔子賢之。

孟子曰：「禹、稷、顏回同道。禹思天下有溺者，由己溺之也；稷思天下有飢者，由己飢之也，是以如是其急也。禹、稷、顏子易地則皆然。今有同室之人鬥者，救之，雖被髮纓冠而救之，可也[4]；鄉鄰

有鬥者，被髮纓冠而往救之，則惑也；雖閉戶可也。」

【注釋】

①平世：太平的世道。

②三過其門不入：這是禹的事蹟，稱稷是連類並及。

③顏子：即孔子的弟子顏淵。

④被髮纓冠：「被」通「披」，纓在此作動詞用。古時候戴冠必先結髮，因此披髮戴冠是反常的，但若是為了解救同室之人相鬥之急，還是可以理解的。鄉鄰與同室有親疏之分，所以「被髮纓冠而往救之則惑也」。

【譯文】

禹、稷處於太平時代，三次經過自己家門卻不進去，孔子稱讚他們。顏回處於動亂時代，住在狹小的巷子裡，一筐飯、一瓢水，別人受不了這種清苦，顏回卻不改變他的志趣，孔子稱讚他。

孟子說：「禹、稷、顏回是一個道理。禹一想到天下有人被水淹了，就如同是自己使他們淹入水中一樣；稷想到天下有挨餓的人，如同是自己使他們挨餓一樣，所以他們是如此的急迫。禹、稷、顏回互換了位置顏子也會三過家門而不入，禹、稷也會自得其樂。現今有同屋的人在爭鬥，為了援救他們，即使披散著頭髮就戴上冠帽去援救他們都沒有關係；鄉里的鄰居有人在爭鬥，披散著頭髮就戴上冠帽去援救他們就糊塗了，這時即使關起門來都沒有關係；這都是因為此時的環境不同的因素啊！」

【延伸閱讀】

此章是說，前代聖賢雖然時代不同、地位不同，他們的行為也不盡相同，但他們的準則是一樣的——富有責任感，因此他們相互交換了位置也會做出同樣的事來。

常見有人指責某某人說：他是一個沒有責任感的人！這是一種很嚴厲的批評，甚至比罵他遊手好閒還要難聽！

問題是，我該負什麼責任？大部分人很少問這個關鍵問題。相反地，他們假設所面臨的任何問題，必定都是別人的錯。如果行程中有什麼閃失，一定是別人的過失。許多人就是從來沒想到，他們本身也有錯。或者至少，他們應該負一部分責任。

從表面上看起來，相信永遠不該責怪自己的念頭似乎很好。不過，抱

著這種「永遠別怪我」的哲學，我們就永遠無法找到真正可以解決問題方法——我們自己怕承擔責任。一旦去除恐懼，承認自己有時候也應該為生命中行不通的那一部分問題負責時，我們就打開了一扇全新的大門。

　　一個人的責任感越高，他的成就也越大。因為在責任的鞭策下，每個人都會孜孜不倦地工作，怎能不在事業上創下一番業績？

第三十章

【原文】

　　公都子曰：「匡章，通國皆稱不孝焉，夫子與之遊，又從而禮貌之①，敢問何也？」

　　孟子曰：「世俗所謂不孝者五：惰其四肢，不顧父母之養，一不孝也；博弈②好飲酒，不顧父母之養，二不孝也；好貨財，私妻子，不顧父母之養，三不孝也；從③耳目之欲，以為父母戮④，四不孝也；好勇鬥很⑤，以危父母，五不孝也。章子有一於是乎？夫章子，子父責善而不相遇⑥也。責善，朋友之道也；父子責善，賊恩之大者。夫章子，豈不欲有夫妻子母之屬哉？為得罪於父，不得近，出妻屏⑦子，終身不養焉。其設心以為不若是，是則罪之大者，是則章子已矣。」

【注釋】

　　①禮貌之：《趙注》云：「禮之以顏色喜悅之貌也。」
　　②博弈：六博與圍棋，這是當時流行的棋類遊戲。
　　③從：同「縱」。　④戮：朱熹《集注》云：「羞辱也。」
　　⑤很：同「狠」。
　　⑥責善而不相遇：朱熹《集注》云：「遇，合也。相責以善而不相合，故為父所逐也。」按，其「不相遇」之事，在《戰國策·齊策一》秦假直韓魏以攻齊章有記載。
　　⑦屏：摒退、疏遠。

【譯文】

　　公都子說：「匡章這個人，舉國上下都說他不孝，夫子卻和他來往，

又因此禮待他，請問是什麼道理呢？」

　　孟子說：「一般所謂不孝的行為有五項：四肢懶惰，不贍養父母，是不孝之一；下棋、喜歡飲酒，不贍養父母，是不孝之二；喜好錢財，偏愛妻子兒女，不贍養父母，是不孝之三；放縱聲色的欲望，因而給父母帶來恥辱，是不孝之四；逞強好鬥，因而危及父母，是不孝之五。章子有一種這樣的行為嗎？章子是因為父子互相以善相責而不相親近。以善相責是朋友的準則，父親、兒子互相責備是最傷感情的事。章子難道不想有夫妻子女的親屬關係嗎？因為得罪了父親，不能親近，就離棄了妻子、疏遠了子女，終身不要他們奉養。他心裡認為，不這樣做罪過更大，章子不過如此罷了。

【延伸閱讀】

　　從孟子的話中可以看出，孟子並不完全贊同匡章的行為，但對其表示理解。孟子曾說過，無論是眾人贊同還是厭惡的事情，都要經過考察，不能隨意附和。

　　我們知道每個人判斷是非對錯都有自己的標準，孟子當然也不例外。他認為一個人不孝有五種表現形式：第一種是四肢不勤，不管父母生活的人；第二種是賭博下棋，又愛喝酒，不管父母生活的人；第三種是愛財如命，對妻兒很好，但不管父母生活的人；第四種是放縱耳目欲望，胡作非為，給父母帶來恥辱的人；第五種是逞強鬥狠，給父母帶來危險的人。

　　孟子透過自己衡量人的標準，否定了人們對匡章不孝的看法，同時也巧妙地否認了自己在與不孝之人交往。

　　文中，孟子說是因為匡章用善行要求父親才導致父子關係僵化的。他得罪父親，不能向家靠近，只能把妻兒趕出家門，不要他們的奉養。他認為如果不這樣，罪孽會更大，而這才是匡章的實情啊！孟子言外之意，人們對匡章的誤解是因為人們不瞭解匡章的實情。

　　無論是古人還是今人，或許都無法理解孟子的這一思想。孟子所言無非是處理好各種人際關係：敬、信、忠等。身體要勤，孝養父母，約束自己的行為，不做荒淫之事，不爭強鬥狠。做一個有克制能力，有教養，追求上進的人，既宣導個性自由，又要有一定約束力，樹立一種健康的人生態度。

第三十一章

【原文】

曾子居武城①，有越寇②。或曰：「寇至，盍去諸？」

曰：「無寓③人於我室，毀傷其薪木。」寇退④，則曰：「修我牆屋，我將反。」寇退，曾子反。

左右⑤曰：「待先生如此其忠且敬也，寇至則先去以為民望⑥，寇退則反，殆於⑦不可。」

沈猶行⑧曰：「是非汝所知也。昔沈猶有負芻之禍⑨，從先生者七十人，未有與焉。」

子思居於衛，有齊寇。或曰：「寇至，盍去諸？」子思曰：「如伋去，君誰與守？」

孟子曰：「曾子、子思同道。曾子，師也，父兄也；子思，臣也，微也。曾子、子思易地則皆然。」

【注釋】

①武城：魯國的城邑名，在今山東肥城西南。

②越寇：越滅吳以後，其疆土與魯相鄰接，故能直接入侵魯國。

③寓：《趙注》云：「寄也。曾子欲去，戒其守人曰：『無寄人於我室，恐其仿我薪草樹木也。』」

④寇退：下文復云「寇退」，言辭重複，孔廣森《經學危言》云：「按兩『寇退』文復，以前十一字皆曾子屬武城人語，言無毀傷我薪木，假令寇退則急修我牆屋，我猶反耳。此『曰』字義如『曰為改歲』之『曰』，語辭也。」可備一說。譯文從通常的說法。

⑤左右：指曾子的弟子。

⑥民望：朱熹《集注》云：「言使民望而效之。」

⑦殆於：恐怕。

⑧沈猶行：名行。《趙注》云：「曾子弟子也。」

⑨有負芻之禍：《趙注》云：曾子居住在沈猶氏家中時，「有作亂者曰負芻，來攻沈猶氏。」

【譯文】

曾子居住在武城，有越人入侵。有人說：「敵寇來了，何不離開這兒呢？」

曾子說，「只是不要讓他人住在我的屋子裡，毀壞那些樹木。」敵寇退去，曾子便說：「整修我的院牆和屋子，我就要回來了。」敵寇一退走，曾子就回來了。

他身邊的門徒們說：「他們對待先生是那樣忠誠、恭敬，敵寇來了卻為民眾做了個帶頭離去的榜樣，敵寇退走了就回來，恐怕不可以吧。」

沈猶行說：「這不是你們所知道的。過去先生住在我那兒，有個叫負芻的作亂，跟隨先生的七十個人沒有一個介入這件事。」

子思居住在衛國，有齊人入侵。有人說：「敵寇來了，何不離開這兒呢？」子思說：「連我都離開了，國君和誰一起防守呢？」

孟子說：「曾子、子思是一個道理。曾子是老師，是武城人的父親、兄長；子思是衛國的臣屬，身分低微。曾子、子思互換了位置都會這樣做。」

【延伸閱讀】

孟子在這裡講的是先賢面對選擇儘管行為不同，然而所遵循的準則是一致的，其深意是要求人們審時度勢，依照自身的身分、處境做出選擇。

機遇擺在所有人的面前，對任何人來說都是平等的，但在人生的每一次關鍵時刻，審慎地運用你的智慧，做最正確的判斷，選擇屬於你的正確方向。同時別忘了隨時檢視自己選擇的角度是否產生偏差，適時地給予調整。

面對機會的來臨，人有不同的選擇方式。一種人單純地接受，或保持懷疑的態度，站在一旁觀望，要麼頑固得如同騾子一樣，固執地不肯接受任何新的改變。而有的人則能運用自己的智慧，靈活變通，正確選擇適合自己的機會，開闢財富道路。許多成功的契機，在起初未必能讓每個人都看得到它的雄厚潛力，然而抉擇的正確與否，往往便決定了成功與失敗的分野。

第三十二章

【原文】

儲子①曰：「王使人瞷夫子②，果有以異於人乎？」孟子曰：「何以異於人哉？堯、舜與人同耳。」

【注釋】

①儲子：《趙注》云：「齊人也。」據本書《告子下》篇，他還擔任過齊國的相。《戰國策·燕策一》燕王噲既立章中亦有儲子，曾勸說齊宣王伐燕。此人是否就是此處所說的儲子，前人的看法不一。

②瞷（ㄐㄧㄢˋ）：窺視、觀察。

【譯文】

儲子說，「大王派人觀察夫子，是否真有不同於他人之處。」孟子說：「哪有不同於他人之處呢？連堯、舜都與常人一樣。」

【延伸閱讀】

孟子的意思是說，聖人也是人，他們的行為與普通人沒有多大的區別，只是內在的德行與見識不同常人而已。這些，從外表上是看不出來的。

生活中的一些事情，是不能單純地用是非曲直把它說清楚的，或根本就沒有必要去計較是非高下。只有公堂之上的法官才必須用是與非來評判受審者，為的是還給他自由或剝奪他的自由，那是一種無法迴避是非的職業。而在生活中，總希望活得輕鬆、自在，為什麼要像法官那樣費盡周折去評定是非呢。這無非是爭強好勝的心理在作祟，圖自己一時的痛快，全然不顧他人的感受。對於那些生活中雞毛蒜皮之事，即使你對了他錯了又能說明什麼問題呢，結果並不見得是對方承認你聰明，反倒是彼此在心裡拉開了一段距離，影響了手足之誼或朋友之間的和睦氣氛。

所以，不輕率地譏諷評價別人，要緊的是在心中戒除一個「傲」字。對待朋友、家人、陌路人、古人都不能過於苛刻，處理事物時更要處處留有餘地，看待周圍的人時多從好處著眼，只要大是大非不亂，小是小非就

不要去深究了。這樣天長日久，在你身邊必定會形成和諧順暢的氛圍。

第三十三章

【原文】

齊人①有一妻一妾而處室者，其良人出則必饜酒肉而後反②。其妻問所與飲食者，則盡富貴也。其妻告其妾曰：「良人出則必饜酒肉而後反，問其與飲食者，盡富貴也，而未嘗有顯者來，吾將瞷良人之所之也。」

蚤③起，施④從良人之所之。遍國⑤中無與立談者，卒之東郭墦間⑥，之祭者乞其餘，不足，又顧而之他，此其為饜足之道也。

其妻歸告其妾曰：「良人者，所仰望⑦而終身也，今若此。」與其妾訕⑧其良人，而相泣於中庭⑨。而良人未之知也，施施⑩從外來，驕其妻妾。

由君子觀之，則人之所以求富貴利達者，其妻妾不羞也而不相泣者，幾希矣。

【注釋】

①齊人：朱熹認為，此章「章首當有『孟子曰』字，闕文也。」

②良人：《趙注》云：「夫也。」《儀禮‧士昏禮》鄭玄注：「婦人稱夫曰良。」

③蚤：同「早」。

④施：《趙注》云：「施者，邪施而行，不欲使良人覺也。」

⑤國：此指城。⑥墦間：《趙注》云：「郭外冢間也。」

⑦仰望：仰賴、指望。⑧訕：朱熹《集注》云：「怨詈也。」

⑨中庭：猶言庭中，即堂階前。

⑩施施：朱熹《集注》云：「喜悅自得之貌。」

【譯文】

齊國人中有戶一妻一妾住在一起的人家，她們的丈夫出去就必定吃飽了酒肉才回來。他妻子詢問他一同吃喝的人，則說都是有錢有勢

的。他妻子告訴他的妾說：「丈夫出去就必定吃飽了酒肉才回來，詢問他一同吃喝的人，都是有錢有勢的，但從沒有顯赫的人來，我要暗中看看丈夫的行蹤。」

早上起來，她悄悄地跟著丈夫出去。滿城中沒有站下來和他交談的，結果他去了東郊的墓地，向上墳祭奠的人乞討剩餘的供品，不夠，又張望著向其他人乞討，這就是他吃飽喝足的方法。

他妻子回來告訴他的妾說：「丈夫是我們依靠著過一輩子的人，現在卻做出這樣的事來。」便與他的妾咒罵她們的丈夫，然後在廳堂相對哭泣。她們的丈夫還不知道，洋洋自得地從外面回來，向自己的妻妾炫耀。

由君子看來，人們用來求取富貴騰達的手段，能使他們的妻妾不感到羞恥、不相對哭泣的，是很少的。

【延伸閱讀】

這是一個很有名的寓言故事，它反映了當時的社會狀況。孟子勾畫了一個內心卑劣，外表趾高氣揚，不可一世的形象。他為了在妻妾面前擺闊，耍威風，自吹每天都與在與達官貴族吃喝，實際上卻每天都在墳地裡乞討。妻妾發現了他的這個祕密後痛苦不堪，而他卻不知道事情已敗露，還在妻妾面前洋洋得意。這個故事，著實令人發笑。而孟子的諷刺更為辛辣且深刻。孟子的原意本是諷刺他那個時代不擇手段奔走在諸侯之門，求取高官厚祿的人，他們在光天化日下冠冕堂皇，暗地卻幹著一些見不得人的勾當。

那麼，如何瞭解一個人的本質呢？

人們在自然而然中都會將自己的性格特徵表現在對工作的態度上，所以若想認識和瞭解一個人的性格，可以從他對工作的態度上進行觀察。

工作失敗就不斷地找一些冠冕堂皇的理由和藉口為自己開脫，設法推卸和逃避責任，這種人多半自私而又愛慕虛榮，他們常常以自我為中心。

工作上一出現問題就責怪自己，把責任全部攬到自己身上，這樣的人大多膽小。

失敗以後能夠實事求是地坦然面對，並且能夠仔細、認真地分析失敗的原因，進行歸納和總結，爭取在以後的工作中不犯類似的錯誤，這樣的人多是真正成熟的人。他們為人處世比較沉著和穩重，具有一定的進取心，經過自己的努力，多半會取得成功。

此余壬午歲朝游作雖今十年矣猶溉
觀劉友好寺書屬為補記

萬章章句・上

第一章

【原文】

萬章問曰：「舜往於田，號泣於旻天，何為其號泣也？」

孟子曰：「怨慕也。」

萬章曰：「『父母愛之，喜而不忘；父母惡之，勞而不怨。』然則舜怨乎？」

曰：「長息問於公明高①曰：『舜往於田，則吾既得聞命矣；號泣於旻天，於父母，則吾不知也。』公明高曰：『是非爾所知也。』夫公明高以孝子之心，為不若是恝②：我竭力耕田，共為子職而已矣，父母之不我愛，於我何哉？帝使其子九男二女③，百官牛羊倉廩備，以事舜於畎畝之中，天下之士多就之者，帝將胥天下而遷之焉。為不順於父母，如窮人無所歸。天下之士悅之，人之所欲也，而不足以解憂；好色，人之所欲，妻帝之二女，而不足以解憂；富，人之所欲，富有天下，而不足以解憂；貴，人之所欲，貴為天子，而不足以解憂。人悅之、好色、富貴，無足以解憂者，惟順於父母可以解憂。人少，則慕父母；知好色，則慕少艾④；有妻子，則慕妻子；仕則慕君，不得於君則熱中⑤。大孝終身慕父母。五十而慕者，予於大舜見之矣。」

【注釋】

①長息：公明高的學生。公明高：曾子的學生。

②恝（ㄐㄧㄚˊ）：沒有憂愁的樣子。

③九男二女：《尚書·堯典》和《尚書·逸》篇，分別記載了堯把兩個女兒嫁給舜為妻子，叫九個兒子尊拜舜為老師的事，又見《史記·五帝本紀》云：「堯乃以二女妻舜以觀其內，使九男與處以觀其外。」

④少艾：美好。

⑤熱中：朱熹《集注》云：「躁急心熱也。」

【譯文】

萬章問道：「舜到農田裡，望著天空哭訴，他為什麼要哭訴呢？」

孟子說：「因為怨恨、思慕的感情交織。」

萬章說：「從前曾子說過『父母喜愛自己，高興而不敢懈怠；父母厭惡自己，憂愁而不敢怨恨。』既然如此，那舜會怨恨嗎？」

孟子說：「長息曾問過公明高：『舜到農田裡，這個我已能理解，一面喊著蒼天、一面喊著父母，又哭又訴，我就不明白了。』公明高說：『這個不是你能理解得了的。』公明高認為，孝子之心關於父母對自己的愛惡，是不會這樣無動於衷：我盡力耕田，恭敬地完成做兒子的職責就行了，至於父母不愛我，跟我有什麼關係呢？帝堯派他的九個兒子、兩個女兒，還有百官帶著牛羊、糧食，到農田裡去侍奉舜，天下的士人有許多去歸附他，堯帝將整個天下讓給舜。他由於沒能得到父母的歡心，就如同貧困的人找不到歸宿一般。被天下的士人所喜愛，是人們所追求的，卻不足以解除舜的憂愁；美貌的女子，是人們所追求的，娶了堯帝的兩個女兒，卻不足以解除他的憂愁；富有，是人們所追求的，擁有整個天下的財富，卻不足以解除他的憂愁；尊貴，是人們所追求的，身為天子那樣的尊貴，卻不足以解除他的憂愁。為人們所喜愛、美貌的女子、富有和尊貴，沒有一樣能解除憂愁，唯有得到父母的歡心才能解除憂愁。人在兒童時期，就只知思戀父母；知道愛好美色了，就思慕年輕而又漂亮的人；有了妻室、子女，就思愛妻子兒女；擔任了官職就思敬君主，得不到君主信任，內心便感到急切煩躁。最具有大孝的人一輩子思念父母，到了五十歲還在思念父母的，我在大舜身上看到了。」

【延伸閱讀】

舜孝順父母之心，始終如一。

釋迦牟尼曾經說過：「假如有人左肩荷父，右肩荷母，行萬里路也不能報答父母養育之恩；假如有人剝皮為紙，折骨為筆，和血為墨盡情抒寫父母的養育之恩，也不能書盡。」

讀著這樣的佛語，每個人的心靈都會為之深深震撼。世界上最偉大的是父母，最能幹的也是父母。儘管如此，父母有些事能為你做，有些事卻不能為你做。

即使父母願意永遠和你在一起，也還是要由你自己做出那些重要決定。為此，作為父母，只求燦爛陽光永遠照亮你的人生之路，使你總能做出正確的決定。

【原文】

萬章問曰：「《詩》云①：『娶妻如之何？必告父母。』信斯言也，宜其如舜；舜之不告而娶，何也？」

孟子曰：「告則不得娶。男女居室，人之大倫也；如告，則廢人之大倫，以懟②父母，是以不告也。」

萬章曰：「舜之不告而娶，而吾既得聞命矣；帝之妻舜而不告，何也？」

曰：「帝亦知告焉則不得妻也。」

萬章曰：「父母使舜完廩，捐階，瞽瞍焚廩。使浚井，出，從而揜之。象③曰：『謨蓋都君咸我績，牛羊父母，倉廩父母，干戈朕，琴朕，弤④朕，二嫂使治朕棲。』象往入舜宮，舜在床琴。象曰：『鬱陶思君爾。』忸怩⑤。舜曰：『惟茲臣庶，汝其於予治！』不識舜不知象之將殺己與？」

曰：「奚而不知也？象憂亦憂，象喜亦喜。」

曰：「然則舜偽喜者與？」

曰：「否。昔者有饋生魚於鄭子產，子產使校人⑥畜之池。校人烹之，反命曰：『始舍之，圉圉焉；少則洋洋⑦焉，悠然而逝。』子產曰：『得其所哉！得其所哉！』校人出，曰：『孰謂子產智？予既烹而食之，曰，得其所哉，得其所哉。』故君子可欺以其方，難罔以非其道。彼以愛兄之道來，故誠信而喜之，奚偽焉？」

【注釋】

①《詩》云二句：引自《詩經·齊風·南山》第三章。舜時肯定無此詩句，相傳這是首諷刺齊襄公的詩歌。

②懟（ㄉㄨㄟˋ）：怨。

③象：舜的同父異母的弟弟。

④弤：舜的雕弓名。

⑤忸怩：慚愧的樣子。

⑥校人：池塘管理員。⑦洋洋：舒服地搖著尾巴的樣子。

【譯文】

萬章問道：「《詩經》中說：『娶妻應該怎麼辦？必先得稟告父母。』相信這古訓的人，該沒有趕得上舜的了。可是舜卻並不稟告父母就娶了妻，這是什麼道理呢？」

孟子說：「稟告了父母就娶不成妻子了。男女結合成家，是人類重大的倫理關係；如果舜稟告了（而娶不成妻），就廢掉了這種倫理關係，反而引起對父母怨恨，所以不稟告。」

萬章又說：「舜不稟告父母就娶妻的道理，我已經聽懂了；那麼，帝堯嫁女兒給舜卻不告訴他父母，這又是什麼道理呢？」

孟子說：「帝堯也知道一告訴對方，就不能把女兒嫁給舜了。」

萬章說：「父母叫舜去整修穀倉，抽去了梯子，父親瞽瞍放火焚燒穀倉；要他去淘井，瞽瞍一出井就堵塞了井口。舜的弟弟象說：『設法除掉大哥都是我的功勞。牛羊給父母，糧倉給父母，盾和戈歸我，琴歸我，雕漆的弓歸我，兩個嫂嫂讓她們伺候我。』象走進舜的屋子，舜坐在床上彈琴。象只好撒謊說：『我想你想得好苦啊！』神色慚愧。舜說：『我想著那些臣民，你就協助我管理他們吧！』我不明白，舜難道不知道象要殺害自己嗎？」

孟子說：「怎麼會不知道呢？象憂愁他也憂愁，象高興他也高興。」

萬章說：「那麼，舜是假裝高興嗎？」

孟子說：「不。從前有人送了條活魚給子產，子產叫管池沼的人放牠到池中養著，管池沼的人把魚煮著吃了，卻向子產報告說：『剛放掉牠時游得不太靈活，過了一會兒，就自在地搖頭擺尾快速游入深水，悠然地游得無影無蹤了。』子產說：『牠到應去的地方了，牠到應去的地方了！』管池沼的人出來後對人家說：『誰說子產聰明？我已經把魚煮後吃下肚了，他卻說，魚兒到了牠應去的地方，魚兒到了牠應去的地方。』所以一個至誠君子，別人能用合乎情理的方法去欺騙他，卻不能用不合大道理的詐騙手段去矇騙他。象用喜愛兄長的做法見舜，所以舜真誠地相信而感到高興，怎麼能說是假裝的呢？」

【延伸閱讀】

騙子有術，也有限。

有術就能使人受騙，不僅使普通人受騙，就是有德有才的君子，像鄭

國賢宰相子產那樣的聰明人，也照樣能受騙。只不過這得有個條件，就是你得把謊話說圓，說得合乎情理，就像那個「校人」那樣，把魚開始怎麼樣，接著又怎麼樣，最後又怎麼樣，說得來非常生動細緻，活靈活現，難怪子產要上當，要相信他了。這裡面還有一層微妙的原因，越是君子，其實越容易受騙。因為君子總是以君子之腹度人，凡事不大容易把人往壞處想，結果往往上騙子的當。倒是真正的小人，以小人之心度人，把人往壞處想，往往不容易被欺瞞過去。所以，說君子也難免受騙，這原本就不是什麼奇怪的問題。

　　當然，還是那句話，要讓君子上當受騙，得有合乎情理的說法，否則，還是容易被識破的。這就是騙亦有限的話題了。

　　在懂得了這個道理以後，即使你是君子，是不是也應該保持戒心，多一分警惕，從而避免少上當呢？

第三章

【原文】

　　萬章問曰：「象日以殺舜為事，立為天子則放之，何也？」

　　孟子曰：「封之也；或曰，放焉。」

　　萬章曰：「舜流共工於幽州①，放驩兜於崇山②，殺三苗於三危③，殛鯀於羽山④，四罪而天下咸服，誅不仁也。象至不仁，封之有庳⑤。有庳之人奚罪焉？仁人固如是乎：在他人則誅之，在弟則封之？」

　　曰：「仁人之於弟也，不藏怒焉，不宿怨焉，親愛之而已矣。親之，欲其貴也；愛之，欲其富也。封之有庳，富貴之也。身為天子，弟為匹夫，可謂親愛之乎？」

　　「敢問或曰放者，何謂也？」

　　曰：「象不得有為於其國，天子使吏治其國而納其貢稅焉，故謂之放。豈得暴彼民哉？雖然，欲常常而見之，故源源而來，『不及貢，以政接於有庳。』此之謂也。」

【注釋】

　　①共工：水官名。幽州：指北方邊遠地區。

②驩兜：即堯的兒子丹朱。崇山：指南方的邊遠之地。

③三苗：古國名。《山海經‧海外南經》郭璞注云：「昔堯以天下讓舜，三苗之君非之，帝殺之，有苗之民叛入南海，為三苗國。」三危：指西方的邊遠之地。

④鯀：禹的父親，相傳他因治水無功而獲罪。羽山：此指東方的邊遠之地。

⑤有庳：地名，舊說在今河南道縣之北。

【譯文】

萬章問道：「象每天把殺害舜作為他的工作，舜被擁立為天子後只是將他流放，這是什麼道理呢？」

孟子說：「實際是舜封了土地給他做諸侯，但也有人說是流放他。」

萬章說：「舜把共工流放到幽州，把驩兜流放到崇山，把三苗國君流放到三危，把鯀流放到羽山，懲處了這四個罪犯後，天下的人都悅服，因為是懲罰了不仁的緣故。象極其不仁，卻把他封在有庳國，有庳的人有什麼過錯？受這惡人的統治，一個仁愛的人就應該是這樣嗎？對別人就治他的罪，對弟弟就封他的侯？」

孟子說：「仁人對於弟弟，不存憤怒，不留怨恨，就只知親愛他罷了，親近他，是希望他有地位，愛護他，是希望他有財富。把他封在有庳為諸侯，這正是為了要使他有財富、有地位。如果一個人自己做了天子，弟弟是一個平民，這能說是親愛他嗎？」

萬章又說：「請問，有人說是流放，這是怎麼說的呢？」

孟子說：「象不能在他的封國裡有所作為，天子派遣官吏去幫他治理國家，繳納他的貢稅，從這個角度來講，所以有人說是流放。採取了這些措施，象怎麼能暴虐他的百姓呢？即使如此，舜希望常常見到他，所以象不斷地來朝見。《尚書》中記載說：『不等到朝貢，就因政務接見有庳國的君長。』就是指這件事而言。」

【延伸閱讀】

此章是說，舜做了天子之後，不因為象是自己的弟弟而廢棄原則，也不因為要堅持原則而廢棄了兄弟情義。

在日常生活中，同事朋友間難免有矛盾，有爭執，家庭中夫妻爭吵、兄弟反目、婆媳失和等也不鮮見。如果事後大家平心對待和互相理解，或

者事前能多一分包容，多一分忍讓，這類不愉快的事情是不會經常發生或者本身就可以避免。反之，非但撫平不了心中的傷痕，而且只能將傷害無休止地進行下去。

生活中學會包容，你就能明白這樣的道理：

智者能容。越是睿智的人，越是胸懷寬廣，大度能容。因為他洞明世事、練達人情，看得深、想得開、放得下。

仁者能容。富有仁愛精神的人，也必是包容的人。他心存恕道，「老吾老，以及人之老；幼吾幼，以及人之幼」，不苛求於人。所以，與刻薄多忌的人相比，包容的人必多人緣、多快樂，自然也就多長壽了。

能包容，就能得人。夫妻間除了要有愛情有信任，還要有包容，總是為小事斤斤計較，是不可能白頭偕老；朋友間沒有了包容就沒有友誼，因為包容是友誼的真諦；領導包容，就可以使近者悅遠者來，天下歸心。

包容對於個人來說，是一種修養，沒有包容就難以造就偉大的人格；對於社會來說，包容是一種文明和進步。一個健康的、文明的、進步的社會，必是包容的，它為每一個人的自由發展和創造提供條件，它管理而不管制、包容而不縱容。

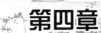

第四章

【原文】

咸丘蒙①問曰：「語云：『盛德之士，君不得而臣，父不得而子。』舜南面而立，堯帥諸侯北面而朝之，瞽瞍亦北面而朝之。舜見瞽瞍，其容有蹙。孔子曰②：『於斯時也，天下殆哉，岌岌乎！』不識此語誠然乎哉？」

孟子曰：「否；此非君子之言，齊東野人之語也。堯老而舜攝也。《堯典》曰：『二十有八載，放勳③乃徂落，百姓如喪考妣④。三年，四海遏密八音⑤。』孔子曰：『天無二日，民無二王。』舜既為天子矣，又帥天下諸侯以為堯三年喪，是二天子矣。」

咸丘蒙曰：「舜之不臣堯，則吾既得聞命矣。《詩》云⑥：『普天之下，莫非王土；率土之濱，莫非王臣。』而舜既為天子矣，敢問瞽瞍之非臣，如何？」

曰：「是詩也，非是之謂也；勞於王事而不得養父母也。曰：『此莫非王事，我獨賢勞也。』故說詩者，不以文害辭，不以辭害志。以意逆志，是為得之。如以辭而已矣，《雲漢》之詩曰⑦：『周餘黎民，靡有孑遺。』信斯言也，是周無遺民也。孝子之志，莫大乎尊親；尊親之至，莫大乎以天下養。為天子父，尊之至也；以天下養，養之至也。《詩》曰：『永言孝思，孝思維則。』⑧此之謂也。《書》曰⑨：『祇載見瞽瞍，夔夔（ㄎㄨㄟˊ　ㄎㄨㄟˊ）齊栗，瞽瞍亦允若。』是為父不得而子也？」

【注釋】

①咸丘蒙：孟子的學生。

②孔子曰：此處所引孔子的言論，亦見於《墨子・非儒》、《韓非子・忠孝》。

③放勳：堯的稱號。④考妣：對已死父母的稱呼。

⑤四海：指民間。八音：指用金、石、絲、竹、匏、土、革、木為器材所作樂器的聲音。

⑥《詩》云：此處詩句引自《詩經・小雅・北山》，相傳是諷刺周幽王派勞役不均的詩歌。

⑦《雲漢》：《詩經・大雅・雲漢》，篇名。這是首讚美周宣王的詩歌。

⑧永言二句：見《詩經・大雅・下武》第三章。這首詩讚美周武王。

⑨《書》曰數句：指《尚書・大禹謨》。

【譯文】

咸丘蒙問道：「語書上說：『道德崇高的人，君主不能把他視為臣子，父親不能把他視為兒子。』舜南面坐朝為天子，堯帶領諸侯北面朝見他。他的父親瞽瞍也北面朝見他。舜見到瞽瞍，神情侷促不安。孔子說：『在那時，天下危險呀，要垮台了！』不知道這話確實如此嗎？」

孟子說：「不，這不是君子的話，是齊國東郊老百姓的野話。當時的實際情況是，堯年老了讓舜代理天下。《堯典》說：『舜代理了二十八年時，堯才去世，朝中百官如同死去了父母一樣，服孝的三年中，民間停止一切奏樂。』孔子說過：『天上沒有兩個太陽，百姓沒

有兩位天子。』舜如果已經做了天子，又率領天下的諸侯為堯守孝三年，就是有兩位天子了。」

咸丘蒙說：「舜不以堯為臣，這個我已懂得了。《詩經》中說：『整個蒼天之下，沒有一處不是天子的土地；全部土地之上，沒有一個不是天子的臣民。』舜已經做了天子，請問瞽瞍卻不稱臣是怎麼回事呢？」

孟子說：「這首詩，說的不是這個，而是說為天子的事務操勞奔忙而不能奉養父母。意思是這樣：『這些事沒有一件不是天子的事務，別人安逸只有我最勞累。』所以，解說《詩經》的人，不要拘泥文字而誤解詞句，不要拘泥詞句而誤解意旨，要用自己的思考去領會詩意，這才算是理解詩的真諦。如果只看詞句，《雲漢》詩篇說，『周室餘下的庶民，沒有一個存留』，真相信了這句話，周朝沒有留下一個人了。孝子的極點，沒有比尊敬父母更重大的；尊敬父母的極點，沒有比拿天下來奉養父母更重大的。做天子的父親，是尊敬的極點，拿天下奉養父母親，是奉養的極點。《詩經》說：『永遠盡孝道，孝道是法則。』就是這個意思。《尚書》裡說：『舜恭敬地來見瞽瞍，謹慎而又恐懼，瞽瞍也就相信舜的誠心而順著兒子了。』這是父親不能把天子作為兒子看待嗎？」

【延伸閱讀】

孟子在和學生咸丘蒙討論有關大舜的事蹟時說到讀詩的方法問題。但他的這段話，尤其是關於「以意逆志」的細節，卻成為中國古代文學批評中的名言，直到今天，仍受到現代文學批評專家、學者們的重視和不斷引用。

所謂「詩言志」，語言只是載體、媒介。因此，讀詩貴在與詩人交流思想感情。

劉勰在《文心雕龍》中說：「夫綴文者情動而辭發，觀文者披文以入情，沿波討源，雖幽必顯。」

「情動而辭發」是「詩言志」；「披文以入情」是「以意逆志」。劉勰創造性地發揮了孟子的讀詩法。

至於現代批評所說的「一千個讀者就有一千個哈姆雷特」，強調鑑賞者的再創造，那就和孟子「以意運志」的讀詩法相差十萬八千里了。

第五章

【原文】

萬章曰：「堯以天下與舜，有諸？」

孟子曰：「否，天子不能以天下與人。」

「然則舜有天下也，孰與之？」

曰：「天與之。」

「天與之者，諄諄然命之乎？」

曰：「否，天不言，以行與事示之而已矣。」

曰：「以行與事示之者，如之何？」

曰：「天子能薦人於天，不能使天與之天下；諸侯能薦人於天子，不能使天子與之諸侯；大夫能薦人於諸侯，不能使諸侯與之大夫。昔者，堯薦舜於天，而天受之；暴之於民，而民受之；故曰，天不言，以行與事示之而已矣。」

曰：「敢問薦之於天，而天受之；暴之於民，而民受之，如何？」

曰：「使之主祭，而百神享之，是天受之；使之主事，而事治，百姓安之，是民受之也。天與之，人與之，故曰，天子不能以天下與人。舜相堯二十有八載，非人之所能為也，天也。堯崩，三年之喪畢，舜避堯之子於南河①之南，天下諸侯朝覲者，不之堯之子而之舜；訟獄者，不之堯之子而之舜；謳歌者，不謳歌堯之子而謳歌舜，故曰，天也。夫然後之中國②踐天子位焉。而居堯之宮，逼堯之子，是篡也，非天與也。《泰誓》曰：『天視自我民視，天聽自我民聽。』此之謂也。」

【注釋】

①南河：古稱黃河自潼關以上北南流向一段為西河，潼關以下西東流向一段為南河。

②中國：此指國都。

【譯文】

　　萬章問：「堯把天下交給舜，有這回事嗎？」

　　孟子說：「不，天子不能把天下交給他人。」

　　萬章說：「那麼，舜擁有天下，是誰給他的呢？」

　　孟子說：「上天給他的。」

　　萬章說：「上天給他的？是天反覆告訴他的嗎？」

　　孟子說：「不，上天不說話，只是用行為和事實來示意罷了。」

　　萬章說：「用行為和事實來示意是怎麼回事呢？」

　　孟子說：「天子能向上天推薦人，卻不能叫天給予他天下；諸侯能向天子推薦人，卻不能叫天子讓他做諸侯；大夫能向諸侯推薦人，卻不能叫諸侯讓他做大夫。從前，堯將舜推薦給天，天接受了；又將他公開向老百姓介紹，老百姓接受了。所以說，上天不說話，只是用行為和事實來示意罷了。」

　　萬章又說：「請問，向上天推薦，上天接受了；向百姓介紹，百姓接受了，何以見得呢？」

　　孟子說：「堯派舜去主持祭祀，一切神靈都來享用，這就是上天接受了；派舜去主持政務，政務處理得井井有條，百姓安居樂業，這就是百姓接受了。是上天把天下交給了舜，是百姓把天下交給了舜，所以說，天子不能把天下交給他人。舜輔佐堯二十八年，不是人力所能辦到的，這是天意。堯去世後，守孝三年完了，舜到南河以南迴避堯的兒子，天下的諸侯來朝見天子的，不去見堯的兒子而去見舜；訴訟的人，不去見堯的兒子而去見舜；歌頌的人，不歌頌堯的兒子而去歌頌舜，所以說這是天意。這樣，舜才回到國都，登上了天子的座位。如果先住在堯的宮廷裡，逼迫堯的兒子讓位，這就是篡奪，不是上天給的了。《泰誓》說過：『上天所見事物，依從百姓眼睛所見，上天所聽語言，依從百姓耳朵所聽。』說的就是這個意思。」

【延伸閱讀】

　　君權到底是誰授的？從本意上來回答，是民授而不是神授、天授，當然更不是哪個人所授，即便你偉大如堯，也沒有那樣大的權力。按照一般傳統的看法，在禪讓制的時代，這一代的君權是由上一代的天子授予的。這也就是孟子的學生萬章的見解。

　　可是孟子卻說出了與傳統看法不一樣的答案，認為天子個人並沒有權力把天下拿來贈與誰，而只有上天和下民（老百姓）才有這個權力。很明

顯，孟子是腳跨上下兩個方面，一隻腳跨在上天，有「君權神授」的神祕色彩；另一隻腳卻跨在民間，有「民約論」的味道。而他的論述，則正好是在這兩方面尋求溝通的橋樑，尋找「天意」與「民意」的結合點。所謂「究天人之際」，研究天與人的關係，這是中國古代哲學家、思想家探討的核心問題，而孟子在這裡的探討，是從政治、君權的角度來進行的，也算是一個重要的研究課題吧。

現實中，孟子在這裡的分析論述，與其說強調「天」的一方面，不如說強調「民」的一方面更為貼切。就以他所分析的舜的情況來看，舜之所以最終「之中國，踐天子位」，完全是因為「天下諸侯朝覲者，不之堯之子而之舜；訟獄者，不之堯之子而之舜，謳歌者，不謳歌堯之子而謳歌舜」。所以，與其說是「天授」，不如說是「民授」。他最後所引《泰誓》上的兩句話：「天視自我民視，天聽自我民聽。」從一方面說明了「天人之際」的密切聯繫，而另一方面說明了「天意」從根本上說還是來自「民意」。

由此我們可以看出，孟子的政治學說裡的確怎麼也抹不掉「以民為本」的思想。

第六章

【原文】

萬章問曰：「人有言，『至於禹而德衰，不傳於賢，而傳於子。』有諸？」

孟子曰：「否，不然也。天與賢，則與賢；天與子，則與子。昔者，舜薦禹於天，十有七年，舜崩，三年之喪畢，禹避舜之子於陽城①，天下之民從之，若堯崩之後不從堯之子而從舜也。禹薦益於天，七年，禹崩，三年之喪畢，益避禹之子於箕山之陰②，朝覲訟獄者不之益而之啟③，曰，『吾君之子也。』謳歌者不謳歌益而謳歌啟，曰，『吾君之子也。』丹朱之不肖，舜之子亦不肖④。舜之相堯、禹之相舜也，歷年多，施澤於民久，啟賢，能敬承繼禹之道。益之相禹也，歷年少，施澤於民未久。舜、禹、益相去久遠，其子之賢不肖，皆天也，非人之所能為也。莫之為而為者，天也；莫之致而至者，命也。

匹夫而有天下者，德必若舜、禹，而又有天子薦之者，故仲尼不有天下。繼世以有天下，天之所廢，必若桀、紂者也，故益、伊尹、周公不有天下。伊尹相湯以王於天下，湯崩，大丁未立，外丙二年，仲壬四年，太甲顛覆湯之典刑，伊尹放之於桐⑤，三年，太甲悔過，自怨自艾，於桐處仁遷義。三年，以聽伊尹之訓己也，復歸於亳⑥。周公之不有天下，猶益之於夏、伊尹之於殷也。孔子曰：『唐虞禪，夏後殷周繼，其義一也。』」

【注釋】

①陽城：山名，在河南省登封縣以北。

②箕山：在今河南登封縣東南。陰：山的北面。

③啟：禹的兒子。後世因避漢景帝劉啟諱，也作「開」。

④丹朱：堯的兒子，名叫朱，封子丹，所以叫丹朱。舜之子：舜的兒子，名叫商均。

⑤桐：地名，在今河南商丘以西，位處當時商朝國都的西南方。舊說桐是湯的葬地。

⑥亳（ㄅㄛˋ）：地名，商湯的國都，在今河南偃師縣西。

【譯文】

萬章問道：「人們說，『到了禹時道德就衰微了，天下不傳給賢人而傳給兒子。』有這回事嗎？」

孟子說：「不，並不是這樣。上天把天下給賢人就給賢人，上天把天下給兒子就給兒子。從前，舜把禹推薦給天，過了十七年，舜去世了，守孝三年滿了，禹到陽城去迴避舜的兒子，天下的百姓跟隨他，如同堯去世後不跟隨堯的兒子而追隨舜一樣。禹向上天推薦益，過了七年，禹去世了，守孝三年滿了，益到箕山之北迴避禹的兒子。朝見天子和訴訟的人都不去見益而去見啟，說：『這是我們天子的兒子。』歌頌的人都不歌頌益而歌頌啟，說：『這是我們天子的兒子。』堯的兒子丹朱品德不好，舜的兒子也品德不好。舜輔佐堯、禹輔佐舜，經歷的歲月多，給予百姓長久的恩惠。禹的兒子啟很賢明，能虔誠地繼承禹的德行，益輔佐禹經歷歲月少，給予百姓恩惠不多。舜、禹、益之間相距的時間有長有短，他們的兒子有好有差，這都是天意，不是人力所能辦到的。凡事不是人力所能辦到卻自然辦到了的，就是天意，

不是人力所能招致卻自然來到的，就是命運。一個平民卻能擁有天下的，德行必定像舜和禹一樣，而且還要有天子的推薦，所以孔子就沒能擁有天下。繼承祖先而擁有天下的，上天所廢棄的必定是像桀、紂那樣的人，所以益、伊尹、周公也沒能擁有天下。伊尹輔佐成湯統一了天下，成湯去世了，太子太丁早死沒有做天子，外丙在位二年，仲壬在位四年。太甲破壞了湯王制訂的法度，輔相伊尹把太甲流放到桐邑。三年之後，太甲悔過自新，痛改前非，在桐邑的三年，他存心仁愛，按義行事，聽從伊尹對自己的教導，終於重新回到亳都。周公沒能擁有天下，就和益在夏代、伊尹在商代一樣。孔子說：『唐堯虞舜讓位給賢者，夏、商、周三代子孫繼位相傳，他們的道理是一樣的。』」

【延伸閱讀】

　　孟子認為，是否能得到統治天下的資格，取決於天命，而天命又是民眾意向的集中展現。

　　怕負責任、得過且過的人，可能一生風平浪靜，但也注定一生平庸。這些人，不但自己沒有成就，同時也是別人成功的障礙。

　　作為一種人生理想來說，我們做人最一般的目標就是造福桑梓，積德行善，即不僅保持或培養自己良好的道德品質，還應當做一個對社會對人民有益的人。就像司馬遷說的，人都難免一死，但有的重於泰山，有的輕如鴻毛。如果一個人沒有現實作為，沒有在生活中發揮生命的現實價值，他的活和他的死就沒有什麼區別。

　　一個人的能力有大小，但只要願意，每個人都會做出對社會有益的事，也只有盡到了對社會的義務，對現實的人生做出了個人獨特的貢獻，一個人才算實踐了做人的使命，實現了自己做人的價值。

第七章

【原文】

　　萬章問曰：「人有言，『伊尹以割烹要湯，』有諸？」

　　孟子曰：「否，不然。伊尹耕於有莘①之野，而樂堯、舜之道焉。非其義也，非其道也，祿之以天下，弗顧也；繫馬千駟，弗視也。非

其義也，非其道也，一介不以與人，一介不以取諸人。湯使人以幣②聘之，囂囂然曰：『我何以湯之聘幣為哉？我豈若處畎畝之中，由是以樂堯、舜之道哉？』湯三使往聘之，既而幡然改曰：『與我處畎畝之中，由是以樂堯、舜之道，吾豈若使是君為堯、舜之君哉？吾豈若使是民為堯、舜之民哉？吾豈若於吾身親見之哉？天之生此民也，使先知覺後知，使先覺覺後覺也。予，天民之先覺者也；予將以斯道覺斯民也。非予覺之而誰也？』思天下之民，匹夫匹婦有不被堯、舜之澤者，若己推而內③之溝中。其自任以天下之重如此，故就湯而說④之以伐夏救民。吾未聞枉己而正人者也，況辱己以正天下者乎？聖人之行不同也，或遠，或近；或去，或不去，歸潔其身而已矣。吾聞其以堯、舜之道要湯，未聞以割烹也。《伊訓》曰：『天誅造攻自牧宮，朕載自亳。』…」

【注釋】

　　①有莘：古稱國名常在前加「有」，當時的莘國約在今河南省陳留縣東北。

　　②幣：束帛，古代見面時所贈的禮物。

　　③內：同「納」。④說（ㄕㄨㄟˋ）：遊說。

　　⑤《伊訓》：《尚書》逸篇名。牧宮：桀的宮室名。朕：我，伊尹自稱。載：開始。亳：殷朝國都名。

【譯文】

　　萬章問道：「人們說『伊尹以當廚子來求得湯的任用，』有這回事嗎？」

　　孟子說：「不，不是。伊尹在莘國的郊野種田，十分喜愛堯、舜之道。要是不合乎道和義，即以天下的財富作俸祿，他也毫不理睬；給他一千輛馬車他都不看一眼。要是不合乎道和義，一點小東西也不會拿給別人，也不會向別人要一點小東西。湯王派人用幣帛禮聘請他，他卻不動聲色地說：『我憑什麼接受湯王的聘禮呢？何況我現在身居田野之中，以學習堯、舜之道為樂呢？』成湯王三次派人去聘他，然後他才完全改變想法說：『我與其身居田野之中，以學習堯、舜之道為樂，我何不使這位君主成為堯、舜那樣的君主呢？我何不使這些百姓成為堯、舜治理下的百姓呢？我何不在我有生之年親眼見到這些

呢？上天生育這些民眾，使先明理的人啟發後明理的人，使先覺悟的人啟發後覺悟的人。我是上天所生民眾中先覺悟的人，我要用堯、舜之道來啟發上天所生的民眾。不是我去啟發他們覺醒，又有誰呢？』他覺得，天下的百姓若有沒受到堯、舜之道恩惠的，就好像是自己將他們推進水溝中一樣。他是這樣自願把天下的重擔挑在肩頭，所以到湯那裡勸說他討伐夏桀，拯救人民。我沒聽說過委屈自己卻能匡正別人的，更何況屈辱自己而去匡正天下的呢？聖人的行事各不相同，有的遠離君主，有的接近君主，有的離開朝廷，有的不願離開，但是歸根究柢，只是潔身自好罷了。我只聽說伊尹用堯、舜之道來要求湯王，沒聽說是靠當廚子去求官做的事。《伊訓》裡說：『上天的討伐，最初的禍根源自夏桀的宮室，我呢，不過從殷都亳邑開始打算罷了。』」

【延伸閱讀】

　　孟子認為，伊尹是以堯舜之道來得到成湯歡心的，否認他曾以切割、烹飪之道來晉身。因為後者不行正道，也就不可能匡正他人、使天下平定。

　　一個人生活在這個世上，就必須承擔屬於他的責任，履行屬於他的義務。對主動承擔責任的人，就會感到身上有一股無形的壓力；有無形的壓力，就會具備謀求生活的動力；具備謀求生活的動力，就會有信心把自己承擔的責任承擔到底。同理，主動履行義務的人，就會兩肩擔道義；兩肩擔道義，就會一身正氣；一身正氣，就有力量把自己應盡的義務履行到底。

　　責任感是創造一切的機會，抓住這種機會，就能使人現有的生命全合乎道義，無愧於人生。如此，則自己的一舉一動、一心一念，都不違背道德仁義。就像諸葛亮做人的要點，全在「鞠躬盡瘁，死而後已」一樣，用全部的生命恪盡職守，至死方休，這是我們應效法的人生觀、價值觀。

第八章

【原文】

　　萬章問曰：「或謂孔子於衛主癰疽①，於齊主侍人②瘠環，有諸

乎？」

孟子曰：「否，不然也；好事者為之也。於衛主顏讎由③。彌子④之妻與子路之妻，兄弟也。彌子謂子路曰：『孔子主我，衛卿可得也。』子路以告。孔子曰：『有命。』孔子進以禮，退以義，得之不得曰『有命』。而主癰疽與侍人瘠環是無義無命也。孔子不悅於魯、衛，遭宋桓司馬，將要而殺之，微服而過宋。是時孔子當厄，主司城貞子⑤，為陳侯周⑥臣。吾聞觀近臣，以其所為主；觀遠臣，以其所主。若孔子主癰疽與侍人瘠環，何以為孔子？」

【注釋】

①癰疽（ㄩㄥ　ㄐㄩ）：即雍渠，是同聲通假字。雍渠是衛靈公的太監。另一說指治癰疽的醫生，是衛君的親信。

②侍人：即後來所謂的宦官，或稱太監。

③顏讎由：衛國的賢大夫。《史記·孔子世家》裡作顏濁鄒。

④彌子：即衛靈公的寵臣彌子瑕。《呂氏春秋·貴因》載有孔子與彌子瑕交往的事。

⑤司城貞子：據《史記·孔子世家》，此人是陳國的卿。

⑥陳侯周：名周，陳國國君。陳懷公的兒子。

【譯文】

萬章問道：「有人說，孔子在衛國寄居在宦官癰疽家裡，在齊國寄居在太監瘠環家裡，有這些事嗎？」

孟子說：「不，不是這樣的，這是好事之徒捏造出來的。孔子在衛國寄居在顏讎由家，彌子的妻子與子路的妻子是姐妹，彌子告訴子路說：『孔子要是寄居到我家，就能當上衛國的卿相。』子路把彌子的話告訴了孔子，孔子說：『這事取決於命運。』孔子無論進身或退處，都依據禮和義，能否得到官位都說是命運決定。如果寄居到宦官癰疽和太監瘠環家裡，這就是不顧禮義和命運了。孔子在魯國和衛國不順心，又遇上宋國的司馬桓魋要攔截殺害他，就改換裝束悄悄地通過宋國。當時孔子處境艱難，受司城貞子接待，做了陳侯周的臣子。我聽說，觀察在朝的臣子的好壞，就看他所接待的賓客如何，觀察外來做官的賓客，就看他所寄居的主人。如果孔子寄住宦官癰疽和太監瘠環家裡，哪裡稱得上是聖人孔子呢？」

【延伸閱讀】

聖人的行為都依據禮義的準則，即使在危難之中，也不可能放棄準則去遷就他人。

如果你做每一件工作都能熱忱、友善，不計報酬，那麼你就將自己與那些花費大部分時間關心休息、薪水和下班時間的人區別開了。對工作負責，會讓你在不知不覺中提升自己的能力，因為你能不斷地意識到不足，用心去改進，能力自然會得到加強。

作為年輕人，剛剛踏入社會時，不必過分考慮薪水的多少，而應該注意工作本身所帶來的報酬。譬如發展自己的技能，增加自己的社會經驗，提升個人的人格魅力與你在工作中獲得的技能與經驗相比，你還會覺得工資是最重要的嗎？老闆支付給你的是金錢，而你賦予自己的，可是一生受益的精神黃金。

第九章

【原文】

萬章問曰：「或曰，『百里奚①自鬻（ㄩˋ）於秦養牲者，五羊之皮，食牛，以要秦穆公。』信乎？」

孟子曰：「否，不然也；好事者為之也。百里奚，虞人也。晉人以垂棘之璧與屈產之乘，假道於虞以伐虢②。宮之奇③諫，百里奚不諫。知虞公之不可諫而去之秦，年已七十矣，曾不知以食牛干秦穆公之為汙也，可謂智乎？不可諫而不諫，可謂不智乎？知虞公之將亡而先去之，不可謂不智也。時舉於秦，知穆公之可與有行也而相之，可謂不智乎？相秦而顯其君於天下，可傳於後世，不賢而能之乎？自鬻以成其君，鄉黨自好者不為，而謂賢者為之乎？」

【注釋】

①百里奚：春秋時期人，原為虞國大夫，虞滅後被轉賣到楚國，秦穆公聽說他有賢才，遂以五張羊皮的代價將他贖出，任命他為大夫。在他的輔佐下，秦穆公成就了霸業。

②虞：周初所封諸侯國名。在今山西平陸東北。虢：國名，在今山西平陸縣境。

③宮之奇：虞國臣子。

【譯文】

萬章問道：「有人說，『百里奚把自己賣給秦國養牲畜的人，代價是五張羊皮，用養牛這種方式謀求秦穆公的錄用』，是真的嗎？」

孟子說：「不，不是這樣的，這是好事之徒編造出來的。百里奚是虞國人。晉國人用垂棘產的玉璧與屈地產的良馬作為賄賂，向虞國借路去攻打虢國。宮之奇勸諫別上晉國的當，百里奚沒有勸諫虞公，他知道虞君不會聽勸諫而離去，來到秦國時年歲七十了，竟會不懂得以養牛的方式去求秦穆公屬於穢行，能說是聰明嗎？知道不可勸諫而不勸諫，能說是不聰明嗎？知道虞君將要亡國而事先離開他，這不能說是不聰明。當他被秦國所起用，知道秦穆公能夠與他有所作為，因而願做他的輔相，能說是不聰明嗎？做了秦的國相而使他的國君揚名天下，能流傳於後世，不賢明能做到這樣嗎？以出賣自身來成就國君，鄉里潔身自愛的人都不會幹，難道說賢明的人會這樣做嗎？」

【延伸閱讀】

有人指出：「伊尹、百里奚之事皆聖賢出處之大節，故孟子不得不辯。」

生活是我們自己的，我們想怎樣活，就努力去怎樣活，別人的想法只是參考。我們要培養自立精神，自己作決定，並承擔它的後果。我們一生會做許多決定，也許有很多錯誤的決定，但就是這些錯誤的決定，才讓我們不斷吸取教訓，不斷成長，慢慢成熟的。有的人害怕做決定，就是因為做決定時，有一半的機率是錯誤的決定，並承擔後果，但這就是成熟的過程，這就是成熟的代價。沒有這些錯誤的決定，我們是不可能成熟的，將來也就不可能做出更加明智的選擇和判斷。

我們肯定無法令每個人都滿意，但是我們只要有顆負責任的心堅持做我們自己，我們就是一個成功的人。

萬章章句・下

第一章

【原文】

孟子曰：「伯夷，目不視惡色，耳不聽惡聲。非其君不事，非其民不使。治則進，亂則退。橫政①之所出，橫民之所止，不忍居也。思與鄉人處，如以朝衣朝冠坐於塗炭也。當紂之時，居北海之濱，以待天下之清也。故聞伯夷之風者，頑夫廉，懦夫有立志。

「伊尹曰：『何事非君？何使非民？』治亦進，亂亦進，曰：『天之生斯民也，使先知覺後知，使先覺覺後覺。予，天民之先覺者也。予將以此道覺此民也。』思天下之民匹夫匹婦有不與被堯、舜之澤者，若己推而內之溝中。其自任以天下之重也。

「柳下惠不羞汙君，不辭小官。進不隱賢，必以其道。遺佚而不怨，厄窮而不憫。與鄉人處，由由然不忍去也。『爾為爾，我為我，雖袒裼（ㄒㄧ）裸裎於我側，爾焉能浼我哉？』故聞柳下惠之風者，鄙夫寬，薄夫敦。

「孔子之去齊，接淅②而行；去魯，曰，『遲遲吾行也，去父母國之道也。』可以速而速，可以久而久，可以處而處，可以仕而仕，孔子也。」

孟子曰：「伯夷，聖之清者也；伊尹，聖之任者也；柳下惠，聖之和者也；孔子，聖之時者也。孔子之謂集大成③。集大成也者，金聲而玉振之也。金聲也者，始條理也；玉振之也者，終條理也。始條理者，智之事也；終條理者，聖之事也。智，譬則巧也；聖，譬則力也。由射於百步之外也，其至，爾力也；其中，非爾力也。」

【注釋】

①橫政：不循法度的暴政。②淅（ㄒㄧ）：把米浸在水中。
③集大成：古稱樂曲一終為一成。朱熹《集注》云：「此言孔子集三聖之事而為一大聖之事，猶作樂者集眾音之小成而為一大成也。」

【譯文】

孟子說：「伯夷這個人，眼睛不看妖豔的色彩，耳朵不聽淫靡的

聲音，不夠格的君主不侍奉，不夠格的平民不使喚，世道太平就做官，世道混亂就退隱。暴政出現的地方，暴民停過的地方，他都不願意居留。他認為，和橫暴的人相處在一起，就好比穿戴著上朝的衣帽坐在汙泥炭灰之中一樣。在殷紂時，他隱住在北海之濱，以等待天下的太平。所以，聽到伯夷風範的，連貪心的人都變得廉潔，怯懦的人也能樹立不屈的志向。

「伊尹說：『任何君主都可以侍奉，任何平民都可以使喚。』他世道太平也做官，世道混亂也做官。他說：『上天生育這些民眾，使先明理的人啟發後明理的人，使先覺悟的人啟發後覺悟的人。我是上天所生民眾中先覺悟的人，我要用聖賢之道去啟發上天所生的民眾覺悟。』他覺得，天下所有的百姓如果有沒受到堯、舜之道恩惠的，就好像是自己將他們推進水溝中一樣，他自願把天下的重擔挑在肩頭。

「柳下惠不以侍奉昏惡的君主為恥辱，不以自己官職卑微為低下；進身任職不保留自己的才幹，必定按照自己的原則辦事；遭到遺棄而不怨恨，身處困境而不憂愁。他和鄉里暴民在一起，悠然自得而不忍心離去，說：『你是你，我是我，縱然赤身露體站在我旁邊，你怎麼能玷污我呢？』所以，聽說柳下惠風範的，狹隘的人變得寬容，刻薄的人變得厚道。

「孔子離開齊國，不等把米淘完就走；離開魯國時，說：『我們慢慢地走吧，這是離開父母國該採取的態度。』該快走就快走，該慢走就慢走，該閒居就閒居，該做官就做官，這就是孔子所持的態度。」

孟子說：「伯夷是聖賢中最清高的人；伊尹是聖賢中有責任感的人；柳下惠是聖賢中最隨和之人；孔子是聖賢中相機行事的人。孔子可說是集大成者。所謂集大成，好比是奏樂，先敲鐘起音，後擊磬收尾。敲鐘起音是井然有序地開端，擊磬收尾是井然有序地終結。井然有序地開端，得靠人的智力；井然有序地終結，得靠人的聖功。智就好比技術，聖就好比體能。就如同在百步之外射箭，射得到目的地，是靠你的體能，射得中靶子，就不是單靠你的體能了，還得靠你的聰明和技術。」

【延伸閱讀】

在孟子的時代，所讚揚的聖賢，都有他們突出的長處，也有自己的局限，唯有孔子才是集大成的「聖之時者」。用射箭來打比方，唯有孔子才

既具備臂力，又擁有技藝，所以所作所為都合乎準則，而其他的人只是在臂力或技藝上有所特長罷了。

我們的頭腦必須有助於完善自我，而不是因為一些思想上的窠臼，而限制自我的發展。這裡的自我完善所要做的，就是去實現、豐富和發展個人的全部潛能，幫助個人達到他的最高境界。

與時俱進的人心中有顆永遠都不落山的太陽。這顆太陽是他們的希望、溫暖和活力，所以他們的生活能落實到工作上，工作能帶給他豐富的意義和喜悅。

在很多情況下，你的智力和頭腦要勝過其他人，但你不思進取，惡習使你懶於思考，你把時間和金錢虛擲在飯店裡、舞廳裡、麻將桌上，到了遲暮之年，一輩子為人作嫁衣裳的壓抑使你痛苦不堪，於是你就抱怨時運不濟，機緣不好。

其實，我們每一個人心中都有純澈的光明面，只要我們不沉迷於個人的享樂之中，將惡習通通加以清除，你很快就會變得開朗，情緒狀況改善，快活自然流露出來。

第二章

【原文】

北宮錡①問曰：「周室班爵祿也，如之何？」

孟子曰：「其詳不可得聞也，諸侯惡其害己也，而皆去其籍；然而軻也嘗聞其略也。」

「天子一位，公一位，侯一位，伯一位，子、男同一位，凡五等也。君一位，卿一位，大夫一位，上士一位，中士一位，下士一位，凡六等。天子之制，地方千里，公侯皆方百里，伯七十里，子、男五十里，凡四等。不能②五十里，不達於天子，附於諸侯，曰附庸。天子之卿受地視侯，大夫受地視伯，元士③受地視子、男。大國地方百里，君十卿祿，卿祿四大夫，大夫倍上士，上士倍中士，中士倍下士，下士與庶人在官者同祿，祿足以代其耕也。次國地方七十里，君十卿祿，卿祿三大夫，大夫倍上士，上士倍中士，中士倍下士，下士與庶人在官者同祿，祿足以代其耕也。小國地方五十里，君十卿祿，

卿祿二大夫，大夫倍上士，上士倍中士，中士倍下士，下士與庶人在官者同祿，祿足以代其耕也。耕者之所獲，一夫百畝，百畝之糞，上農夫食九人，上次食八人，中食七人，中次食六人，下食五人。庶人在官者，其祿以是為差。」

【注釋】

①北宮錡：衛國人。②不能：不足。
③元士：上士。

【譯文】

北宮錡問道：「周朝王室關於爵位和俸祿的等級是怎樣規定的？」

孟子說：「詳情已不可能知道了，諸侯們嫌它妨礙自己利益，把有關的文獻全都銷毀了，不過我知道它的大概情況。天子一級，公是一級，侯是一級，伯是一級，子、男同為一級，總共五等。在朝廷中，天子一級，卿是一級，大夫一級，上士一級，中士一級，下士一級，總共分六等。天子所管轄的土地方圓千里，公和侯都是方圓百里，伯爵七十里，子爵和男爵各五十里，總共是四等。土地方圓不足五十里的，不能上達天子，附屬於諸侯，叫做附庸。天子朝中的卿所受的封地比照侯爵，天子的大夫所受的封地比照伯爵，天子的士所受的封地比照子爵和男爵。公侯大國的封地方圓百里，國君的俸祿十倍於卿，卿的俸祿四倍於大夫，大夫倍於上士，上士倍於中士，中士倍於下士，下士與在官府服役的平民同樣俸祿，俸祿足以代替他們耕種的收入。中等國家的封地方圓七十里，國君的俸祿十倍於卿，卿的俸祿三倍於大夫，大夫倍於上士，上士倍於中士，中士倍於下士，下士與在官府當差的平民同樣俸祿，俸祿足以代替他們耕種的收入。小國的封地方圓五十里，國君的俸祿十倍於卿，卿的俸祿二倍於大夫，大夫倍於上士，上士倍於中士，中士倍於下士，下士與在官府服役的平民同樣俸祿，俸祿足以代替他們耕種的收入。耕種者的收入：農夫每戶一百畝地，百畝地經施肥耕作，上等的農夫供養九人，次上等供養八人，中等的供養七人，次中等供養六人，下等的供養五人。在官府服役的平民，他們的俸祿按這個來分等級。」

【延伸閱讀】

有關周代的爵位、俸祿制度，孟子當然不會泛泛而談，因為這一套制

度正是孟子理想的「王道」典範，因而具有一定的史料價值。

　　且不說那時的等級制度是否合理，單說等級制度問題，可謂古已有之，當今社會人依舊分三六九等，我們的生活也是複雜、多變的。面對多樣的生活，如何做人上人，如何唱響成功的主旋律？成功者的回答是：只要活著，就應該去創造和開拓。

　　如果我們的生活總是四平八穩，千篇一律，這樣生活一百年和生活一天有什麼分別？如果今天總是重複著昨天的故事，每天完全一致地生活著，一百歲的老壽星和夭折的嬰兒有什麼分別？我們希望長壽，希望過好日子，希望不遠的將來有全新的格局出現。只有打破陳規陋習，生命才有意義。雖然我們不知道未來是什麼樣子，但至少應瞭解，未來存在著成功的可能性，只有這樣堅持不懈，才能成為人上人、成功者。

第三章

【原文】

　　萬章問曰：「敢問友。」

　　孟子曰：「不挾長，不挾貴，不挾兄弟而友。友也者，友其德也，不可以有挾也。孟獻子①，百乘之家也，有友五人焉：樂正裘，牧仲，其三人，則予忘之矣。獻子之與此五人者友也，無獻子之家者也。此五人者，亦有獻子之家，則不與之友矣。非惟百乘之家為然也，雖小國之君亦有之。費②惠公曰，『吾於子思，則師之矣；吾於顏般，則友之矣；王順、長息，則事我者也。』非惟小國之君為然也，雖大國之君亦有之。晉平公之於亥唐也，入云則入，坐云則坐，食云則食；雖疏食菜羹，未嘗不飽，蓋不敢不飽也。然終於此而已矣。弗與共天位也，弗與治天職也，弗與食天祿也，士之尊賢者也，非王公之尊賢也。舜尚見帝，帝館甥於貳室，③亦饗舜，迭為賓主，是天子而友匹夫也。用下敬上，謂之貴貴；用上敬下，謂之尊賢。貴貴尊賢，其義一也。」

【注釋】

　　①孟獻子：魯國的貴卿孟氏，獻是他的諡號。

②費：春秋時小國名，故地在今山東費縣以北。

③甥：女婿，指舜。貳室：副官。

【譯文】

　　萬章問道：「請問交朋友的原則。」

　　孟子說：「交朋友不能倚仗年長，不能倚仗顯貴，不能倚仗兄弟的富貴。所謂交友，是結交他的道德，絕不能有所倚仗。孟獻子是擁有兵車百輛的大夫，他有朋友五人，樂正裘、牧仲，及其他三人，我一時忘記了名字。孟獻子與這五個人交朋友，自己心目中並不存有自己是大夫的觀念，這五個人如果也存有獻子是大夫的觀念，就不會和他交朋友了。不僅兵車百輛的大夫如此，即使是小國的國君也有這樣的。費惠公說：『我對於子思，把他當老師；對於顏般，把他當朋友；至於王順、長息，只是侍奉我的臣子。』不僅小國的國君如此，即使是大國的國君也有這樣的。晉平公對於亥唐很尊敬，亥唐叫他進去就進去，叫他坐下就坐下，叫他吃飯就吃飯，哪怕是粗飯菜湯，從不會不吃飽，因為不敢不吃飽。不過也僅此而已，並不與他共居官位，不與他共理政事，不與他共用俸祿，這是士人般的尊敬賢者，不是王公貴族式的尊敬賢者。舜當年去進見帝堯，帝堯讓女婿住在自己備用的房間裡，也設宴請舜，互為賓主，這是天子結交平民百姓的典範。以地位低的尊敬地位高的人，叫做尊重貴人；以地位高的人尊敬地位低的人，叫做尊敬賢士。尊重有地位的人和尊重賢士，道理都是一樣的。」

【延伸閱讀】

　　君不見「世人結交須黃金，黃金不多交不深。縱令然諾暫相許，終是悠悠行路心」。當今社會的「錢權交易」，至今不也仍然是我們「反腐倡廉」中要著力解決的一個大問題嗎？

　　愛情需要純潔，友情也需要純潔，不可以摻雜金錢、地位等利害關係的因素。古代人非常重視這一點。我們隨手就可以寫下一連串這方面的名言：

　　《戰國策》中有：「以財交者，財盡則交絕；以色交者，華落而愛渝。」

　　《史記》這麼說：「以權利合者，權利盡而交疏。」

　　一言以蔽之，也就是孟子在這裡所說的「友其德」，而不要友其財、色、權、利、勢。問題是，說得越多，文藝作品寫得越多的，往往也就是現實生活中存在問題最多的現象。古往今來，真正能夠做到「不挾」而「友其德」的又有幾人呢？

第四章

【原文】

　　萬章問曰：「敢問交際何心也？」

　　孟子曰：「恭也。」

　　曰：「『卻之卻之為不恭』，何哉？」

　　曰：「尊者賜之，曰，『其所取之者義乎，不義乎？』而後受之，以是為不恭，故弗卻也。』」

　　曰：「請無以辭卻之，以心卻之，曰『其取諸民之不義也』，而以他辭無受，不可乎？」

　　曰：「其交也以道，其接也以禮，斯孔子受之矣。」

　　萬章曰：「今有禦人於國門之外者，其交也以道，其饋也以禮，斯可受禦與？」

　　曰：「不可。《康誥》曰：『殺越人於貨，閔不畏死，凡民罔不譈[①]』是不待教而誅者也。殷受夏，周受殷，所不辭也；於今為烈，如之何其受之？」

　　曰：「今之諸侯取之於民也，猶禦也。苟善其禮際矣，斯君子受之，敢問何說也？」

　　曰：「子以為有王者作，將比今之諸侯而誅之乎？其教之不改而後誅之乎？夫謂非其有而取之者盜也，充類至義之盡也。孔子之仕於魯也，魯人獵較，孔子亦獵較。獵較猶可，而況受其賜乎？」

　　曰：「然則孔子之仕也，非事道與？」

　　曰：「事道也。」

　　「事道奚獵較也？」

　　曰：「孔子先簿正祭器，不以四方之食供簿正。」

　　曰：「奚不去也？」

曰：「為之兆也。兆足以行矣，而不行，而後去，是以未嘗有所終三年淹也。孔子有見行可之仕，有際可之仕，有公養之仕。於季桓子②，見行可之仕也；於衛靈公③，際可之仕也；於衛孝公④，公養之仕也。」

【注釋】

①《康誥》：《尚書》篇名。不譈（ㄅㄨㄟˋ）：不怨恨。
②季桓子：名斯，職掌魯國大權季氏家族的成員。
③衛靈公：名元，衛襄公的庶子。④衛孝公：即衛出公輒。

【譯文】

萬章問道：「請問與人交際的時候，應該抱著什麼態度？」

孟子說：「應該抱著恭敬態度。」

萬章說：「常言道：『老是拒絕接受別人贈送的禮物是不恭敬的』，這是為什麼呢？」

孟子說：「尊者所贈禮物，如果考慮『他得到這東西是義還是不義』，然後才接受，這是不恭敬的，所以不拒絕。」

萬章說：「我不用言語來拒絕，而從心裡來拒絕。心裡說『這些東西取自民眾不義之財』，就以其他的藉口不接受，難道不行嗎？」

孟子說：「他的交往遵循正道，他的接待遵循禮節，這樣就是孔子都會接受所贈禮物的。」

萬章說：「假如現今有個在都城郊外攔路搶劫的人，他也以正當理由送禮，他送禮也遵循禮節，這樣能接受他搶來的橫財嗎？」

孟子說：「不行。《康誥》說：『殺害行人，搶劫財物，強橫不怕死，對這種人百姓沒有不憎恨的。』這種打劫的人不必等待教育就該處罰誅殺他。殷代繼承夏代這條法規，周代又繼承了殷代這條法規，這是它們所不願更改的，現今這種殺人搶劫財物的犯罪就更厲害了，怎麼能接受這種饋贈呢？」

萬章說：「現在的諸侯榨取百姓血汗，如同打劫。如果他們好好地以禮儀來接待，君子就接受他們的饋贈，請問這怎樣解釋呢？」

孟子說：「你以為有聖王出現，將會對現在的諸侯一律加以誅殺呢？還是先教育他們，如不悔改才誅殺呢？所謂不是自己所有的東西卻要去謀取它就是盜賊，這是把『搶劫』的涵義範圍擴大到最盡頭了。

孔子在魯國任官職時，魯國人開展爭奪獵物的競賽活動，孔子也參加這種競賽活動。參加爭奪獵物尚且可以，何況接受他們贈送的禮物呢？」

萬章說：「那麼，孔子做官，難道不是為了施行道義嗎？」

孟子說：「是為了施行道義。」

萬章說：「既是為了施行道義，為什麼要去參加爭奪獵物的競賽活動呢？」

孟子說：「孔子先用文書規定祭器的數目，並且規定不得用四方難以獲得的食物來盛在祭器中充當祭品，這樣為了獲得獵物供祭祀所用。」

萬章說：「孔子為什麼不離去呢？」

孟子說：「他要以此作為開頭來施行道義，如果開頭足以施行道義，但國君不肯施行，他才離去，所以未曾在一個地方停留過整整三年。孔子或見到道義能施行而任官職的，有因禮遇而任官職的，有因國君養賢而任官職的。對於季桓子，是見到道義能施行而任官職的；對於衛靈公，是因受到禮遇而做官的；對於衛孝公，是因國君養賢而去做官的。」

【延伸閱讀】

人與人之間的交往，應以恭敬為本；對於不合乎準則的行為，不能「不教而誅」。

許多人都懂得作用力與反作用力的理論，這個理論指出，當你向一個物體發出多大力量時，這個物體將反作用給你一個完全相等的力，這個原則同樣可應用到人際交往中。事實上，當你對別人的尊重多一分時，別人對你的尊重也在增加。

在現實中，尊重他人正是你獲得合作的保證。在這種情況下，就能建立起公平和信任，並能互相交換實情、態度、感情和需要。有了這種自由的相互影響和共同分擔後，就可以找到創造性的解決辦法，從而使雙方都成為勝利者。

第五章

【原文】

孟子曰：「仕非為貧也，而有時乎為貧；娶妻非為養也，而有時乎為養。為貧者，辭尊居卑，辭富居貧。辭尊居卑，辭富居貧，惡乎宜乎？抱關擊柝①。孔子嘗為委吏②矣，曰：『會計當而已矣。』嘗為乘田③矣，曰：『牛羊茁壯長而已矣。』位卑而言高，罪也；立乎人之本朝④，而道不行，恥也。」

【注釋】

①抱關：守門的小卒；擊柝（ㄊㄨㄛˋ）：打更，柝指打更用的梆子。
②委吏：管倉庫的小史。
③乘田：管苑囿的小吏，負責牲畜的飼養和放牧。
④本朝：朝廷。

【譯文】

孟子說：「做官不是因為貧窮，但有時卻是因為貧窮；娶妻不是為了奉養父母，但有時卻是為了奉養父母。因為貧窮而做官，就該不做大官而做小官，不要高薪只求薄祿。不做大官做小官，不要高薪求薄祿，做哪樣最適宜呢？守門打更就行了。孔子曾經做過管倉庫的小吏，說道：『賬目明確就行了。』又曾經做過管理牲畜的小吏，說道：『牛羊長得肥壯就行了。』地位低下而議論朝政，是罪過；在朝廷做官，而政治主張不能推行，是恥辱。」

【延伸閱讀】

大詩人陸游曾經說過：「位卑未敢忘憂國。」雖說天下興亡，匹夫有責，憂固然可以憂，但是如果你口若懸河，指點江山，評議朝綱政紀，那可就要小心自己的腦袋了。所以，孟子有「位卑而言高，罪也。」的看法。尤其是在暴政專制的時代更是如此，所以有「莫談國事」的警告。另一方面，如果你不是「為貧而仕」，不是為了拿薪資混飯吃，而是為了實現自己的政治抱負，因而做了高官，「立乎人之本朝」，則應加倍關心

國家大事，發表自己的政見，盡到自己的一份責任。不然的話，「道不行」，就是恥辱。總之還是《中庸》所說「素位而行」的意思。擔任什麼角色就做什麼樣的事，說什麼樣的話，盡什麼樣的力。即便聖人如孔子，不也是管賬就只管賬、放羊就只管放羊嗎？

第六章

【原文】

萬章曰：「士之不托①諸侯，何也？」

孟子曰：「不敢也。諸侯失國，而後托於諸侯②，禮也；士也托於諸侯，非禮也。」

萬章曰：「君餽之粟，則受之乎？」

曰：「受之。」

「受之何義也？」

曰：「君之於氓③也，固周④之。」

曰：「周之則受，賜之則不受，何也？」

曰：「不敢也。」

曰：「敢問其不敢何也？」

曰：「抱關擊柝者，皆有常職以食於上，無常職而賜於上⑤者，以為不恭也。」

曰：「君餽之，則受之，不識可常繼乎？」

曰：「繆公之於子思也，亟問，亟餽鼎肉⑥，子思不悅。於卒⑦也，摽⑧使者出諸大門之外，北面稽首再拜⑨而不受。曰：『今而後知君之犬馬畜⑩極。』蓋自是台⑪無餽也。悅賢不能舉，又不能養也，可謂悅賢乎？」

曰：「敢問國君欲養君子，如何斯可謂養矣？」

曰：「以君命將⑫之，再拜稽首而受。其後廩人繼粟，⑬庖人⑭繼肉，以君命將之。子思以為鼎肉使己僕僕⑮爾亟拜，非養君子之道也。堯之於舜也，使其子九男事之、二女女焉，百官、牛羊、倉廩備，以養舜於畎畝之中，後舉而加諸上位。故曰王公之尊賢者也。」

【注釋】

①托：依附。朱熹《集注》云：「寄也，謂不仕而食其祿。」

②托於諸侯：朱熹《集注》云：「古者諸侯出奔他國，食其廩餼，謂之寄公。」

③氓：焦循《正義》云：「不言『君之於民，而言『氓』者，氓是自他國至此國之民，與寄之義合。」

④周：朱熹《集注》云：「救也，視其空乏則周恤之，無常數，君待民之禮也。」

⑤賜於上：朱熹《集注》云：「賜謂予之祿，有常數，君所以待臣之禮也。」

⑥鼎肉：朱熹《集注》云：「熟肉也。」

⑦卒：猶今言最後，《趙注》云：「未後復來時也。」

⑧摽：《趙注》云：「麾也。」類似於現在的下逐客令。

⑨稽首再拜：古代跪坐，見面行禮時，以雙手交疊前揖至地，頭觸手，謂之拜；再敬重些，就在拜後以頭俯至地，稍遲而後起，謂之稽首。既稽首而再拜，是非常尊重的禮節。

⑩犬馬畜：朱熹《集注》云：「言不以人禮待己也。」

⑪台：朱熹《集注》云，「賤宮，主使令者。蓋繆公槐悟，自此不復令台來致饋也。」

⑫將：《爾雅‧釋言》云：「將，送也。」

⑬稟人：管倉庫的官員。繼：朱熹《集注》云：「繼續所無。」

⑭庖人：供應國君飲食的官員。

⑮僕僕：《趙注》云：「煩狠貌。」

【譯文】

萬章說：「士人不依附於諸侯，是為什麼呢？」

孟子說：「是不敢。諸侯失去了國家，去依附於其他的諸侯，合乎禮儀；士人依附於諸侯，不合乎禮儀。

萬章說：「如果國君饋贈粟米，接受嗎？」

孟子說：「接受。」

萬章說：「接受是什麼道理呢？」

孟子說：「國君對於外來的人，原本就該周濟。」

萬章說：「周濟就接受，賜予就不接受，是什麼道理呢？」

孟子說：「是不敢。」

萬章說：「請問為什麼不敢呢？」

孟子說：「守門、打更的人都有一定的職位來受到上級的供養，沒有一定的職位而受到上級的賜予，被認為是不恭敬的。」

萬章說：「國君饋贈就接受，不知道能否經常這樣做嗎？」

孟子說：「魯繆公對待子思，屢次問候屢次饋贈肉食，子思很不高興。最後一次，他把來人趕出大門，向北磕頭作揖而不接受了。他說：『現在我才知道國君把我當狗馬那樣畜養。』從此繆公便不給他饋贈肉食了。喜愛賢達卻不能提拔重用，又不能奉養，能說是喜好賢達嗎？」

萬章說：「請問，國君要奉養君子，怎樣才能說得上是奉養呢？」

孟子說：「以國君的名義表示饋贈，君子磕頭作揖而接受。以後讓管糧食的小吏不斷地送粟米來，廚師不斷地送肉食來，就不再以國君的名義饋贈了。子思認為，饋贈肉食使自己不勝繁瑣地屢次行禮，不是奉養君子的做法。堯對待舜，派自己的九個兒子去侍奉他、兩個女兒嫁給他，百官、牛羊、糧倉都齊備，在農田裡奉養舜，後來重用他並提拔到高位。所以說，這才是天子諸侯尊敬賢人的正確方法。」

【延伸閱讀】

尊敬賢人，最關鍵的是要施行賢人的主張，優厚的待遇只是這樣做的表現，否則，待遇即使優厚，也與畜養狗馬一樣。

周公為周朝的興旺，經常勸諫國君必須善於識才，重視選拔人才、任用人才和愛護人才，執政時千萬不要親近和任用勢利小人，要依靠賢能之士鞏固和發展周朝。

其實，當今的用人觀也是如此，大到國家，小到一個企業，領導者都應該重視選賢用能的人才觀，注重選拔、培養、任用人才，並能做到尊重人才，人盡其才、才盡其用，讓人才為國家或企業更好的服務。

第七章

【原文】

萬章曰：「敢問不見諸侯，何義也？」

孟子曰：「在國曰市井之臣，在野曰草莽之臣，皆謂庶人。庶人不傳質①為臣，不敢見於諸侯，禮也。」

萬章曰：「庶人，召之役則往役；君欲見之，召之則不往見，何也？」

曰：「往役，義也；往見，不義也。且君之欲見之也，何為也哉？」

曰：「為其多聞也，為其賢也。」

曰：「為其多聞也，則天子不召師，而況諸侯乎？為其賢也，則吾未聞欲見賢而召之也。繆公亟見於子思，曰：『古千乘之國以友士，何如？』子思不悅，曰：『古之人有言，曰事之云乎，豈曰友之云乎？』子思之不悅也，豈不曰：『以位，則子，君也，我，臣也，何敢與君友也？以德，則子事我者也，奚可以與我友？』千乘之君求與之友而不可得也，而況可召與？齊景公田，招虞人以旌，不至，將殺之。志士不忘在溝壑，勇士不忘喪其元。孔子奚取焉？取非其招不往也。」

曰：「敢問招虞人何以？」

曰：「以皮冠。庶人以旃（ㄓㄢ），士以旂（ㄑ一ˊ），大夫以旌（ㄐ一ㄥ）。以大夫之招招虞人，虞人死不敢往；以士之招招庶人，庶人豈敢往哉？況乎以不賢人之招招賢人乎？欲見賢人而不以其道，猶欲其入而閉之門也。夫義，路也；禮，門也。惟君子能由是路出入是門也。《詩》云：『周道如底，其直如矢。②君子所履，小人所視③。』」

萬章曰：「孔子，君命召，不俟駕而行④，然則孔子非與？」

曰：「孔子當仕有官職，而以其官召之也。」

【注釋】

①傳質：質同「贄」，是見面時送給對方的禮物。孫奭《孟子音義》

云：「執贄請見，必由將命者傳之，故謂之傳贄。」

②《詩》云：此處詩句引自《詩經·小雅·大東》，舊說這是首東方諸侯國臣民譏刺周室的詩歌。周道：即大路。底：磨刀石，用以比喻道路的平坦。下文「其直如矢」之「矢」與此類似。

③視：注視。按此語是雙關語，表面上是說小人看著君子在大道上往來，實際是說君子的一言一行對小人都有影響，是小人效法、關注的對象。

④不俟駕而行：此說見於《論語·鄉黨》篇。

【譯文】

萬章說：「請問，不去見諸侯是什麼道理呢？」

孟子說：「在都市里叫做市井之臣，在郊野叫做草莽之臣，都稱為庶人。庶人不經一定的程式成為臣僚，不敢去見諸侯，這是合乎禮儀的。」

萬章說：「庶人，傳喚他去服役就去服役；而國君要見他，傳喚他卻不去見，是為什麼呢？」

孟子說：「去服役合乎義，去見國君不合乎義。而且，國君要見他是為什麼呢？」

萬章說：「因為他見聞廣，因為他賢明。」

孟子說：「如果因為他見聞廣，天子都不傳喚老師，何況諸侯呢？如果因為他賢明，我從未聽說過要見賢者是傳喚他來的。魯繆公屢次去見子思，說：『古代擁有千乘兵車的國君結交士人，是怎樣做的？』子思不高興地說：『古時候的人是說侍奉他，哪會說結交他呢？』子思之所以不高興，難道不是認為，『論地位，你是君主、我是臣僕，怎麼敢和君主結交呢？論德行，那你是侍奉我的人，怎麼能和我結交呢？』擁有千乘兵車的國君謀求與他結交都不能做到，何況傳喚他呢？齊景公畋獵，用旌旗去傳喚管理山林的虞人，虞人不去，景公要處死他。孔子得知後說：『志士不怕棄屍山溝，勇士不怕喪失頭顱。』孔子讚賞什麼呢？是讚賞虞人不接受不符合禮儀的傳喚。」

萬章說：「請問，該用什麼傳喚虞人呢？」

孟子說：「用皮冠。傳喚庶人用旃，士人用旂，大夫用旌。用傳喚大夫的禮儀傳喚虞人，虞人寧死不敢去，用傳喚士人的禮儀傳喚庶人，庶人難道敢去嗎？何況是用傳喚不賢之人的禮儀傳喚賢人呢？要

見賢人卻不遵循見他的途徑，猶如要他進來卻關上了大門。義是途徑，禮是大門，唯有君子能沿著這途徑進出這大門。《詩經》說：『大道平如磨石，直得就像箭。君子在上行走，小人在旁觀看。』」

萬章說：「孔子聽說君命召喚，不等馬車駕好就前去，那麼孔子做得不對嗎？」

孟子說：「孔子正出仕而有職位在身，國君是以他的職務傳喚他。」

【延伸閱讀】

君主對士人必須待之以禮，因為君主尊奉賢者為師，所以就不應該像對待僕役那樣頤指氣使。

無論是國家還是一個企業，對於人才，對於有德之人就要以禮相待，做好人才儲備。切不可高高在上，對於有才能而地位不如自己的人不屑一顧，或者不願意接近。推而廣之，在現實中我們無論對誰都要有待人的禮節，不能目中無人，更不能喪失禮節，使別人尷尬，也會使自己難堪。比如對待自己的客戶就要以禮相待，才能給對方留下好印象，提高生意的成功率；又比如夫妻之間也要注重和睦相處的禮節，懂得禮讓等等。總之，就正如那句俗語：禮多人不怪。做人一定要注重禮節。

第八章

【原文】

孟子謂萬章曰：「一鄉之善士，斯友一鄉之善士；一國之善士，斯友一國之善士；天下之善士，斯友天下之善士。以友天下之善士為未足，又尚①論古之人。頌②其詩，讀其書，不知其人，可乎？是以論其世也。是尚友也。」

【注釋】

①尚：同「上」。②頌：同「誦」。

【譯文】

孟子對萬章說：「一鄉中的優秀人物，和這一鄉的優秀人物交朋

友；一國中的優秀人物，和這一國的優秀人物交朋友；天下的優秀人物，和天下的優秀人物交朋友。認為同天下的優秀人物交朋友還不夠，就又上溯歷史，評論古代的人物。吟誦他們的詩，讀他們的著作，（但）不瞭解他們的為人，行嗎？所以還要研究他們在那個時代的所作所為。這就是同古人交朋友。」

【延伸閱讀】

　　孟子在這裡的本意是論述交朋友的問題。其實，孟子這段話對後世真正產生影響的正是「知人論世」的主張。它與「以意逆志」一樣，成為傳統文學批評的重要方法，也奠定了孟子在中國文學批評史上的重要地位。事實上，直到今天，無論現代主義以來的新興文學批評方式方法已走得有多遠、多新奇，但在我們的中小學課堂上、大學講台上，以及佔主導地位的文學批評實踐中，主要使用著的還是「知人論世」和「以意逆志」的方式方法。所謂「時代背景分析」、「作者介紹」、「中心思想」、「主題」等等，這些人們耳熟能詳的概念，其實都是「知人論世」的衍生物而已。

第九章

【原文】

　　　　齊宣王問卿。

　　　　孟子曰：「王何卿之問也？」

　　　　王曰：「卿不同乎？」

　　　　曰：「不同，有貴戚之卿①，有異姓之卿。」

　　　　王曰：「請問貴戚之卿。」

　　　　曰：「君有大過則諫；反覆之而不聽，則易位。」

　　　　王勃然變乎色。

　　　　曰：「王勿異也。王問臣，臣不敢不以正②對。」

　　　　王色定，然後請問異姓之卿。

　　　　曰：「君有過則諫，反覆之而不聽，則去。」

【注釋】

①貴戚之卿：指與君王同宗族的卿大夫。②正：誠。

【譯文】

齊宣王問有關公卿的問題。

孟子說：「大王問哪一種公卿呢？」

宣王問：「公卿還有不同的嗎？」

孟子說：「不同。有（和國君同宗的）貴戚之卿，有異姓之卿。」

宣王說：「請問貴戚之卿（應該怎樣）。」

孟子說：「（作為貴戚之卿，）國君有了重大錯誤，就要勸諫，反覆勸諫還不聽，就另立國君。」

宣王一下子變了臉色。

孟子說：「大王不要驚奇。大王問我，我不敢不實言相告。」

宣王臉色恢復了正常，然後問異姓之卿（應該怎樣）。

孟子說：「（作為異姓之臣，）國君有過錯，就要勸諫，反覆勸諫而不聽，就離開。」

【延伸閱讀】

弘揚大臣的職責和權力而限制君主權力無限地膨脹，這也是孟子仁政思想的內容之一，展現出一定程度的民主政治色彩。

王室宗族的卿大夫因為與國君有親緣關係，國君的祖先也就是他的祖先，所以既不能離去，又不能坐視政權覆亡，當國君有重大錯誤又不聽勸諫時，就能另立新君。孟子在這裡是弘揚宗族大臣的權力而限制君主個人的權力，從理論上說是正確的。但我們知道，這種另立新君，現實中往往釀成宮廷內亂。所謂「禍起蕭牆」，弄不好還會引起曠日持久的戰爭。

對異姓卿大夫來說，問題就要簡單得多了，他們既沒有王室宗族卿大夫那麼大的權力，也沒有那麼大的職責。所以，能勸諫就勸諫，不能勸諫就辭職而去，各走一方罷了。其實，這也是孔子「所謂大臣者，以道事君，不可則止」的意思。

總而言之，孔、孟都提倡臣有臣道，臣有臣的氣節和人格，反對愚忠，反對一味順從，這是非常有積極意義的。

告子章句·上

第一章

【原文】

告子①曰：「性猶杞柳也，義猶桮棬也②；以人性為仁義，猶以杞柳為桮棬。」

孟子曰：「子能順杞柳之性而以為桮棬乎？將戕賊杞柳而後以為桮棬也。如將戕賊杞柳而以為桮棬，則亦將戕賊人以為仁義與？率天下之人而禍仁義者，必子之言夫！」

【注釋】

①告子：告，姓。子，對男子的尊稱。

②杞柳：楊柳科植物。桮棬（ㄅㄟ　ㄑㄩㄢ）：杯盤一類的用器。桮，同「杯」。形狀彎曲的木製飲酒器。

【譯文】

告子說：「人性好比是杞柳，仁義好比是杯盤；使人性具備仁義，就好比是用杞柳樹材製作成杯盤。」

孟子說：「你能順著杞柳的本性來製作成杯盤呢？還是要傷害杞柳的本性來製作成杯盤？如果說要傷害杞柳的本性來製作杯盤，那你也要傷害人的本性才能具備仁義嗎？帶領天下的人都來禍害仁義的，必定是你的言論了！」

【延伸閱讀】

孟子主張「性善」，認為人的本性與「仁義」並不違背。

但是，當今社會人性卻遭到了污染，一部分人變得口是心非，兩面三刀，這就導致了人們在交往中有一種普遍的心理：那就是對別人特別容易產生不信任感。口是心非，毫無疑問，就是表面上說得天花亂墜，而內心則全非如此；表面上對你百依百順，而實際上則是我行我素；嘴裡說著對你的讚譽之詞，而內心則是在詛咒你……試想一下，如果長期生活在這些人當中，吃過幾次虧之後，不論是誰都會增強戒備之心，對他人的話加上幾個問號。但是話又說回來，如果每個人都變成了這樣，都像戴著一副面

具，那生活還有什麼意思呢？人與人之間的真誠、友愛要到哪裡去找呢？所以說，我們每一個人都要努力去扭轉這個局面，要學會真誠，切不可做個口是心非的人。

口是心非的人最善於鉤心鬥角。因為這類人每天都在考慮如何表面應付別人，行動上又如何去算計別人。與這種人為伍是非常危險的，因為你不知道他心裡到底怎麼想。這種人最終的結局就是：無恥的手段被人識破，成為萬人唾棄的小人，最終把自己推進了萬丈深淵。

第二章

【原文】

告子曰：「性猶湍水也，決諸東方則東流，決諸西方則西流。人性之無分於善不善也，猶水之無分於東西也。」

孟子曰：「水信無分於東西，無分於上下乎？人性之善也，猶水之就下也。人無有不善，水無有不下。今夫水，搏而躍之，可使過顙；激而行之，可使在山。是豈水之性哉？其勢則然也。人之可使為不善，其性亦猶是也。」

【注釋】

顙（ㄙㄤˇ）：額頭；叩頭（動詞）

【譯文】

告子說：「人性就像湍急的水一般，沖開東面缺口就向東流，沖開西面缺口就向西流。人性不分善和不善，就好像水流本不分東流與西流一樣。」

孟子說：「水確實本沒有東、西流的分別，但是沒有上、下流的區別嗎？人的本性趨向善，猶如水愛向低處流。人的本性是沒有不善良的，水的本性是沒有不向下流的。如果水受拍打而飛濺起來，能使它一時高過額頭；堵住通道而讓水倒行，能使它一時沖上山崗。這難道是水的本性嗎？這是情勢逼著它如此。人之所以能做出不善的行為，他本性的改變也正像這樣。」

【延伸閱讀】

當我們放下書本面對現實生活中的種種邪惡時，的確會發出疑問：人性真如孟老夫子所描述的那般善良，那般純潔得一塵不染嗎？這種時候，我們即便不會成為荀子「性惡論」的信徒，多半也會同意告子的觀點了吧：「人性之無分於善不善也，猶水之無分於東西也。」

在這裡需要指出的是孟子的雄辯風範，隨口接過論敵的論據而加以發揮，以水為喻就以水為喻。就好比我們格鬥時說，你用刀我們就用刀，你用槍我們就用槍。欲擒故縱，持之有故，言之成理。「水信無分於東西，無分於上下乎？」一語殺入穴道，只需要輕輕一轉，其論證便堅不可移，使讀者讀來，不得不束手就擒。於是，我們便都是性善論者了。

第三章

【原文】

告子曰：「生之謂性。」

孟子曰：「生之謂性也，猶白之謂白與？」

曰：「然。」

「白羽之白也，猶白雪之白，白雪之白猶白玉之白與？」

曰：「然。」

「然則犬之性猶牛之性，牛之性猶人之性與？」

【譯文】

告子說：「天生的稟賦叫做天性。」

孟子說：「天生的稟賦叫做天性，就像白色的稱做白嗎？」

告子說：「是的。」

孟子說：「白羽毛的白和白雪的白一樣，白雪的白和白玉的白一樣嗎？」

告子說：「是的。」

孟子說：「那麼，狗的生性和牛的生性一樣，牛的生性和人的生性一樣嗎？」

【延伸閱讀】

此篇中的前四章都是告子談「本性」，其要旨不外乎此處所謂「天生的叫做本性」一語。孟子認為，告子這個對「本性」的定義過於寬泛，所以駁斥他。從孟子的反問來揣測，他認為具有仁義禮智等文化素養是人與動物的根本區別，而這些東西從本質上說都是人的先天所擁有的。

第四章

【原文】

告子曰：「食色①，性也。仁，內也，非外也；義，外也，非內也。」

孟子曰：「何以謂仁內義外也？」

曰：「彼長而我長之，非有長於我也；猶彼白而我白之，從其白於外也，故謂之外也。」

曰：「異於白馬之白也，無以異於白人之白也；不識長馬之長也，無以異於長人之長與？且謂長者義乎？長之者義乎？」

曰：「吾弟則愛之，秦人之弟則不愛也，是以我為悅者也，故謂之內。長楚人之長，亦長吾之長，是以長為悅者也，故謂之外也。」

曰：「耆②秦人之炙，無以異於耆吾炙，夫物則亦有然者也，然則耆炙亦有外與？」

【注釋】

①色：性欲。②耆：同「嗜」。

【譯文】

告子說：「飲食、性欲是人的本性。仁是內在的，不是外在的；義是外在的，不是內在的。」

孟子說：「為什麼說仁是內在的、義是外在的呢？」

告子說：「他年長，我尊敬他，不是預先就有『尊敬他』的念頭在我心裡的。猶如東西是白色而不是我把它作為白的東西，是隨著它

外表的白色，所以說義是外在的。」

　　孟子說：「白馬的白和白人的白沒有什麼不同，不知道對老馬的愛惜和對長者的尊敬也沒有什麼不同嗎？而且你是說長者義呢，還是尊敬長者的義呢？」

　　告子說：「對於我自己的弟弟就愛護，對於秦人的弟弟就不愛護，這是由我決定愛誰的，所以仁是內在的；尊敬楚人的長者，也尊敬我的長者，是以年長作為樂意尊敬的標準，所以說義是外在的。」

　　孟子說：「愛吃秦人的烤肉和愛吃我們自己的烤肉是沒有多少區別的。看來事物也都有這類似的情形，那麼愛吃烤肉的心思難道也是外在的嗎？」

【延伸閱讀】

　　告子認為人的本能就是本性，所以仁愛的情感是內在的，而義則是外在的。

　　在現實生活中，許多人都以為本性的有無是天生的，不變的。其實並非如此。童年時代受人喜愛的孩子，從小就感覺到自己是善良、聰明的，因此才獲得別人的喜愛。於是他就盡力使自己的行為名副其實，造就自己成為自己以為的那樣的人。而那些不得寵的孩子呢？人們總是訓斥他們：「你是笨蛋、窩囊廢、懶鬼，是個遊手好閒的東西！」於是他們就真的養成了這些惡劣的品質，因為人的品行基本上是取決於自信的。我們每個人心目中都有各自為人的標準，我們常常把自己的行為與這個標準進行對照，並據此去引導自己的行動。因此，我們要使某個人變好，就應對他少加斥責，要幫助他提高自信力，修正他心目中的做人標準。如果我們想進行自我改造，進行某方面的修養，我們就應該首先改變對自己的看法。不然，我們自我改造的全部努力便會落空。

第五章

【原文】

　　孟季子①問公都子曰：「何以謂義內也？」

　　曰：「行吾敬，故謂之內也。」

「鄉人長於伯兄一歲，則誰敬？」

曰：「敬兄。」

「酌則誰先？」

曰：「先酌鄉人。」

「所敬在此，所長在彼，果在外，非由內也。」

公都子不能答，以告孟子。

孟子曰：「敬叔父乎？敬弟乎？彼將曰，『敬叔父』。曰，『弟為尸②，則誰敬？』彼將曰，『敬弟』。子曰，『惡在其敬叔父也？』彼將曰，『在位故也。』子亦曰，『在位故也。庸敬在兄，斯須之敬在鄉人。』」

季子聞之，曰：「敬叔父則敬，敬弟則敬，果在外，非由內也。」

公都子曰：「冬日則飲湯，夏日則飲水，然則飲食亦在外也？」

【注釋】

①孟季子：其人不詳。一說原文中本無「孟」。季子：即本書《告子下》中之季任。

②尸：古代代表死者接受祭祀的人叫尸（ㄕ）。

【譯文】

孟季子問公都子說：「為什麼說義是內在的呢？」

公都子說：「對人表達內心的敬意，所以說義是內在的。」

孟季子說：「有個鄉里的人比你兄長大一歲，你尊敬誰呢？」

公都子說：「尊敬兄長。」

孟季子說：「同席飲酒你給誰先斟呢？」

公都子說：「先斟鄉里的人。」

孟季子說：「你內心所敬的是兄長，外面所尊的是鄉里的人，可見那義畢竟是外在的，並不是從內心發出的。」

公都子不能應答，把這事告訴了孟子。

孟子說：「你可以反問他，是該尊敬叔父呢？還是尊敬弟弟呢？他會說：『敬叔父。』你說：『弟弟擔任了受祭的代理人，那敬誰呢？』他會說『敬弟弟』。你說：『剛說該尊敬叔父的道理又在哪裡呢？』他會說：『這是因為弟弟處在受祭代理人地位的緣故。』你也可以說：

『因為鄉里人處在客位的緣故。平常該尊敬兄長，這會兒飲酒該尊敬來客鄉里人』。」

　　孟季子聽了這些話後，說：「在這種情況下尊敬叔父，在那種情況下尊敬弟弟。這義畢竟是外在情況決定的，不是由內心發出的。」

　　公都子聽了反問道：「人們冬天喝熱水，夏天喝涼水，那麼飲食也不是出於內在的需要，而是由於外在的天氣所決定的嗎？」

【延伸閱讀】

　　「仁義」是孟子道德學說的核心，他的「性善」說正是建立在這個基礎之上的。

　　從孩童時代起，別人就告訴你，愛你自己——儘管當時這對你是十分自然的——無異於自私和驕傲。長大後，你學會先人後己、多想別人，因為這樣才顯示出你是個「好」人。

　　你學會自我埋沒，並且常常受到「把你的東西分給妹妹」之類的教育，至於這些東西是你的寶貝還是珍愛的玩具，那都是無關緊要的。儘管媽媽或爸爸未必與他人分享他們大人的東西。你甚至會被告誡：你應當「坐在那兒別出聲」，或者「你應該守規矩」。

　　當然，這些社會資訊的微妙暗示本身並不帶有惡意，但它們的確束縛了個人意識。從父母、兄弟姐妹、學校、教會和朋友那兒，兒童們學會了這些冠冕堂皇的社會禮節——成年人之間所特有的社會禮節。除非為了取悅於大人，兒童們相互之間從不理會這些禮節。

　　看看這些禮節吧：大人進來時要站起來；離開飯桌前要徵得大人同意；容忍別人沒完沒了地擰臉蛋、拍頭頂……其中的資訊很明顯：大人是重要的，小孩不算什麼；別人是重要的，你自己是微不足道的。這樣，首先產生的後果是「不要相信你自己的判斷」，而後便是隨「禮貌」而來的許許多多的後果。這些所謂「禮貌」的清規戒律是你根據別人的評價來確定自我意識、降低自我價值的根源之一。毫不奇怪，這些自我懷疑和自我摒棄的定義會一直延續到你成年之後。而你會以「我是隨著外界改變」為理由，殊不知這些改變全部源於你的內心。

第六章

【原文】

公都子曰：「告子曰：『性無善無不善也。』或曰：『性可以為善，可以為不善，是故文武興，則民好善；幽厲興，則民好暴。』或曰：『有性善，有性不善，是故以堯為君而有象；以瞽瞍（ㄍㄨˇ ㄙㄡˇ）為父而有舜；以紂為兄之子，且以為君，而有微子啟、王子比干。』今曰『性善』，然則彼皆非與？」

孟子曰：「乃若其情，則可以為善矣，乃所謂善也。若夫為不善，非才①之罪也。惻隱之心，人皆有之；羞惡之心，人皆有之；恭敬之心，人皆有之；是非之心，人皆有之。惻隱之心，仁也；羞惡之心，義也；恭敬之心，禮也；是非之心，智也。仁義禮智，非由外鑠我也，我固有之也，弗思耳矣。故曰：『求則得之，舍則失之。』或相倍蓰而無算者，不能盡其才者也。《詩》②曰：『天生蒸民，有物有則。民之秉彝（一ˊ），好是懿③德。』孔子曰：『為此詩者，其知道乎！故有物必有則；民之秉彝也，故好是懿德。』」

【注釋】

①才：指天生的資質。

②《詩》：此處詩名引自《詩經・大雅・烝民》，這是首讚美周宣王的詩歌。

③懿：美。

【譯文】

公都子說：「告子說：『人性本沒有善，沒有不善。』有人說：『人性可以使它變得善，也可以使它變得不善。所以，周文王和武王在位，百姓就崇尚善；周幽王和厲王在位，百姓就崇尚暴。』又有人說：『有的人本性善，有的人本性不善，所以，堯這個聖人為君主，卻出現象這個壞蛋；瞽瞍這樣缺德的人為父，卻生了大舜這個好兒子，紂這樣暴虐的人做侄兒，而且做了君主，卻同時有微子啟、王子比干這樣以仁德著稱的叔父。』如今老師說人性本來就善良，那麼他們說的都不

對嗎？」

　　孟子說：「按人們本來的性情是都能夠成為善的，這便是我所說的人性本善。至於有的人不做善事，不能責怪他的本性不好。同情心，人人都有；羞恥心，人人都有；恭敬心，人人都有；是非心，人人都有。同情心屬仁，羞恥心屬義，恭敬心屬禮，是非心屬智。仁義禮智的美德，不是由外界給予我的，是我本身原來就有的，只是未曾自覺去領悟罷了。所以說，『只要去求索就不難獲得，一旦放棄就不免失去。』有的人相差一倍、五倍甚至無數倍，他們就是沒有能充分發揮天性的緣故。《詩經》中說過：『上天生育萬民，有事物便有法則。百姓遵從天性，崇尚美好品德。』孔子說：『作這篇詩的人，大概是懂得道理啊！世間有事物必然有法則；百姓能遵從天性，所以能崇尚那美好的德行。』」

【延伸閱讀】

　　到底人性是如孟子的看法天生善良，還是如荀子的看法天生邪惡，或者如告子等人的看法無所謂善也無所謂惡，這是一個很難說得清的問題。即便是哲學思想進步發展到今天，對於這個古老的話題，學者們往往也莫衷一是，各執一端。因此，孟子的看法的確也只能代表一家之言。

　　值得我們在意的是，孟子在這裡進一步提出了「求則得之，舍則失之」的問題。按照孟子的看法，不僅人性本善，人性本來有「四心」，就連仁、義、禮、智這四種品質道德，也都是「我固有之也」，只不過平時我們沒有去想它因而不覺得罷了。所以，現在我們應該做的就是要在自己的身上，在自己的本性之中去發現仁義禮智，「盡其才」，充分發揮自己的天生資質。這使人想到他在《公孫丑・上》裡面所說的，人有仁義禮智的四端，「尤其有四體也」。仁義禮智已經植根於我們的本性之中，就像手腳四肢已長在我們的身上一樣，由於太自然、太習慣了，反倒使我們渾然不覺，意識不到了。如果有一個人突然對我們說：「我發現手腳就長在我們的身上！」我們不認為他是個百分之百的白癡才怪。可今天突然有人對我們說：「我發現仁義禮智就在我們的本性之中！」我們認為他是白癡還是認為他發現了「新大陸」呢？

　　從古到今，東南西北，多少人在尋求仁義禮智、世間公道，卻原來都是背著小孩找小孩。孟子向我們猛擊一掌說：小孩不就在你的身上嗎？於是我們都反省自身，在自己的身上、自己的本性中去尋求仁義禮智的善的

根苗，加以培養，使之茁壯成長。

第七章

【原文】

孟子曰：「富歲，子弟多賴；凶歲，子弟多暴，非天之降才爾殊也，其所以陷溺其心者然也。今夫麰麥①，播種而耰②之，其地同，樹之時又同，浡然而生，至於日至③之時，皆熟矣。雖有不同，則地有肥磽、雨露之養、人事之不齊也。故凡同類者，舉相似也，何獨至於人而疑之？聖人與我同類者。故龍子曰：『不知足而為屨，我知其不為蕢也。』屨之相似，天下之足同也。」

「口之於味，有同耆也；易牙④先得我口之所耆者也。如使口之於味也，其性與人殊，若犬馬之與我不同類也，則天下何耆皆從易牙之於味也？至於味，天下期於易牙，是天下之口相似也。惟耳亦然，至於聲，天下期於師曠，是天下之耳相似也。惟目亦然，至於子都⑤，天下莫不知其姣也。不知子都之姣者，無目者也。故曰，口之於味也，有同耆焉；耳之於聲也，有同聽焉；目之於色也，有同美焉。至於心，獨無所同然乎？心之所同然者何也？謂理也，義也。聖人先得我心之所同然耳。故理義之悅我心，猶芻豢⑥之悅我口。」

【注釋】

①麰（ㄇㄡˊ）麥：即大麥。
②耰（一ㄡ）：撒下種子後，耙土覆蓋，以防鳥兒啄食。
③日至：此指夏至。
④易牙：春秋時人，相傳他善於烹飪，齊桓公的寵臣。
⑤子都：古代著名的美男子，以後沿用為美男子的通稱。
⑥芻（ㄔㄨˊ）：吃草的家畜叫芻，如牛、羊。豢（ㄏㄨㄢˋ）：吃穀的家畜叫豢，如豬、雞。

【譯文】

孟子說：「豐收年景，子弟多半懶惰；災荒年歲，子弟多半橫暴，

這並非天生的資質如此不同，是由於外在的因素損害了他們的內心才變成這樣的。例如種大麥，播下種子後把地耙平，如果土地相同，栽種的時節也相同，便蓬勃地生長，到了夏至時節都成熟了。即使有所不同，就是因為土地有肥有瘠，雨露的多寡和人下工夫的好壞有所不同的緣故。所以，凡是同類的東西大致相同，為什麼唯獨對於人卻要懷疑呢？聖人與我們是同類，所以龍子說：『不知道腳的大小形狀去編草鞋，但我知道絕不會編成盛土的筐子。』草鞋樣式相似，說明普天下人的腳形是相同的。」

人們的口對於滋味有相同的嗜好。烹調師易牙掌握了我們口味的共同嗜好，所以他烹調的菜為人們所喜愛。假使人們的口味，生來就與別人不同，像狗和馬與我們不同一樣，那麼，天下的人為什麼都喜歡隨從易牙的口味呢？講到口味，天下的人都期望嘗到易牙烹調的口味，可見天下人的口味是相似的。耳朵也是如此，講到聲音，天下的人就期望聽到音樂家師曠演奏的樂曲，可見天下人的聽力是相似的。眼睛也是如此，講到子都，天下沒有人不知道他俊美的，不能鑑別子都俊美的，那是沒長眼睛的人。所以說，口對於滋味有相同的嗜好，耳對於聲音有相同的聽覺，眼對於容貌有相同的美感。講到內心（思想），唯獨就沒有相同之處嗎？內心的相同之處是什麼呢？是理，是義。聖人不過是早先得知了我們內心相同的東西，因此理和義使我們的內心喜樂，就如同牛羊狗豬的肉使我們覺得美味是一樣的。」

【延伸閱讀】

物質享受是這樣，精神同樣也是這樣。我們都有共同的人性。說到底，還是「人之初，性本善」觀點的發揮。

孟子這段話，成為二十世紀中葉理論界討論「共同人性」、「共同美」的主要根據之一。這恐怕是孟子本人也不會想到的吧。孟子本人則只知道芻豢悅口，理義悅心，說得親切生動，有滋有味，令人真想親口嘗一嘗那理義到底是什麼味道。

當然，說他有所疏忽，並不說明他所說的一切都沒有了道理。事實上，只要不推到極端，不說得那麼絕對，共同的人性也罷，共同的審美也罷，的確是存在的。至於說共同的口味、共同的聽覺、共同的美感，那更是人之常情，無可辯駁的了。關鍵是我們在承認這些共同性的同時，也要承認個體的差異，承認同中有異，異中有同。在沒有退路的被動位置上，

把有道理的說法都變成沒有道理的了。

　　然而，芸芸眾生，凡夫俗子又有幾人真能像聖人那樣親切體味到理義之樂如口福之樂一樣呢？

　　因為，理義之樂與口福之樂的確是有所不一樣的。「理義之悅我心」所涉及的實際上是道德判斷的方面，是精神滿足的問題；而「芻豢之悅我」所涉及的，實際上是感官知覺的方面，是物欲滿足的問題。前者是抽象的、精神的，後者是具體的、物質的，是兩個不同領域的問題，不能混為一談。這大概正是孟子所忽略的地方吧。

第八章

【原文】

　　孟子曰：「牛山①之木嘗美矣，以其郊於大國也，斧斤伐之，可以為美乎？是其日夜之所息，雨露之所潤，非無萌蘗之生焉，牛羊又從而牧之，是以若彼濯濯②也。人見其濯濯也，以為未嘗有材焉，此豈山之性也哉？雖存乎人者，豈無仁義之心哉？其所以放其良心者，亦猶斧斤之於木也，旦旦而伐之，可以為美乎？其日夜之所息，平旦之氣，其好惡與人相近也者幾希，則其旦晝之所為，有梏亡之矣。梏③之反覆，則其夜氣不足以存；夜氣不足以存，則其違禽獸不遠矣。人見其禽獸也，而以為未嘗有才焉者，是豈人之情也哉？故苟得其養，無物不長；苟失其養，無物不消。孔子曰：『操則存，舍則亡；出入無時，莫知其鄉。』惟心之謂與。」

【注釋】

　　①牛山：山名，在今山東臨淄縣之南。
　　②濯濯（ㄓㄨㄛˊ　ㄓㄨㄛˊ）：形容山上光禿禿的。
　　③梏（ㄍㄨˋ）：古代刑具。套在人犯的手上限制其行動。（拘禁）

【譯文】

　　孟子說：「牛山上的樹木曾經長得很茂盛，因為靠近大都市，經

常被砍伐，能保持茂盛嗎？雖然它日夜生長，雨露也在滋潤，並非沒有新芽和旁枝長出來，接著牛羊又在山上放牧糟蹋它，所以牛山變成那樣光禿禿的了。人們見它光禿禿的，便誤以為它不曾生長過樹木，這難道是山的本來面目（本性）嗎？類比在人的身上，難道沒有仁義之心嗎？他之所以丟失了原有的善心，也好像刀斧對於牛山上的樹木一般，天天去砍伐它，它還能保持原有的茂盛嗎？儘管他日夜滋養善心，接觸清晨的清明之氣，促成了他與別人相接近的好惡。可是他第二天的所作所為，又來攪亂他，使他丟失了剛產生的與別人相接近的好惡。這樣反覆遭到攪亂，那麼清晨之氣就不足以存留其善心，善心不足以存留下來，就和禽獸相差不遠了。人們見他淪為禽獸，便以為他不曾有過好的資質，這難道是人的本來面目嗎？因此，如果得到應有的培育，沒有什麼事物不生長的，如果失去了應有的培育，沒有什麼事物不消亡的。孔子說：『把握就存在，放棄就喪失，出和入沒有定時，也不知它的去向。』這就是指人心而言的吧！」

【延伸閱讀】

　　人性雖然本來善良，然而不加以滋養，而是放任良心失去，那就會像用斧頭天天去砍伐樹木一樣，即便是再茂盛的森林也會被砍成光禿禿的。而一旦良心失去，心靈失去把持，大家只會以為良心原本就不存在。

　　心靈的故鄉在哪裡呢？當代社會，人人都惶惑不安，不就是因為人們正在到處尋找精神的家園、靈魂的故鄉嗎？

　　問聖人，聖人也只是回答「操則存，舍則亡」，至於它什麼時候出入，故鄉在哪裡，聖人也「莫知其鄉」。

　　事實上，按照孟子翻來覆去的闡述，精神的家園或故鄉根本就無他處可尋，而就在我們自己的身上，就在我們自己的本性之中。因此，關鍵是自我把握，自我滋養，加以發揚光大，而不要到身外去尋求。

第九章

【原文】

　　孟子曰：「無或[①]乎王之不智也。雖有天下易生之物也，一日暴

之，十日寒之，未有能生者也。吾見亦罕矣，吾退而寒之者至矣，吾如有萌焉何哉？今夫弈之為數，小數也；不專心致志，則不得也。弈秋，通國之善弈者也。使弈秋誨二人弈，其一人專心致志，惟弈秋之為聽。一人雖聽之，一心以為有鴻鵠② 將至，思援弓繳③而射之，雖與之俱學，弗若之矣。為是其智弗若與？曰：非然也。」

【注釋】

①或：同「惑」。②鴻鵠：天鵝。
③繳：朱熹《集注》云：「以繩繫矢而射也。」

【譯文】

　　孟子說：「不要對大王不明智感到奇怪，即使有天下最容易生長的植物，讓它曝曬一天，冰凍十天，那就沒有能夠存活的。我見到大王的次數很少，我一退出來，那些『凍』他的奸邪之人就去了，他即使有一點善良之心的萌芽也被他們凍殺了，我有什麼辦法呢？例如下棋這種技術，本來是一種小技術，如果不專心致志，就學不好。弈秋，是全國的下棋能手。讓弈秋教兩個人下棋，其中一個專心致志，一心只聽弈秋講授。另一個雖然好像在聽，實際他一心以為有天鵝就要飛來，想拿起弓箭去射它，這樣，這個人儘管和前面那個人一起學習，但成績趕不上人家。你說這是因為他的智力不如人家嗎？回答很明確：當然不是。」

【延伸閱讀】

　　一曝十寒，或者如俗語所說：「三天打魚，兩天曬網」，努力少，荒廢多，很難見效。因此，貴在堅持，貴在持之以恆。

　　世間萬事莫過於此。即以生活小事而論，無論是練習寫毛筆字、寫日記，還是練習晨跑、堅持冬泳，真正能夠持之以恆的能有多少人呢？

　　至於孟子所舉到的圍棋，在他的那個時代也許的確只是雕蟲小技，但在我們今天，可已是了不得的盛事了。所謂「曠代棋王」，所謂「棋聖」，其桂冠已大有與聖人比肩之勢。當然，這是題外話了。

第十章

【原文】

孟子曰：「魚，我所欲也，熊掌亦我所欲也；二者不可得兼，舍魚而取熊掌者也。生，亦我所欲也，義，亦我所欲也；二者不可得兼，舍生而取義者也。生亦我所欲，所欲有甚於生者，故不為苟得也；死亦我所惡，所惡有甚於死者，故患有所不辟也。如使人之所欲莫甚於生，則凡可以得生者，何不用也？使人之所惡莫甚於死者，則凡可以辟患者，何不為也？由是則生而有不用也，由是則可以辟患而有不為也，是故所欲有甚於生者，所惡有甚於死者。非獨賢者有是心也，人皆有之，賢者能勿喪耳。一簞食，一豆羹①，得之則生，弗得則死，呼爾②而與之，行道之人弗受；蹴爾而與之，乞人不屑也。萬鐘則不辨禮義而受之；萬鐘於我何加焉？為宮室之美、妻妾之奉、所識窮乏者得我與？鄉為身死而不受，今為宮室之美為之；鄉為身死而不受，今為妻妾之奉為之；鄉為身死而不受，今為所識窮乏者得我而為之，是亦不可以已乎？此之謂失其本心。」

【注釋】

①豆：古代一種盛食物的器具。②呼爾：叱呵聲。

【譯文】

孟子說：「魚是我想要的東西，熊掌也是我所想要的，如果兩樣東西不能同時得到，我就寧願不要魚而要選取熊掌。生命是我所珍愛的，大義也是我所珍愛的，如果兩者不能同時並得，我就寧願犧牲生命而選取大義。生命是我所珍愛的，但所珍愛的東西超過了生命，所以就不能苟且偷生地取得。死亡是我所厭惡的，但所厭惡的東西超過了死亡，所以對於有的禍害不能做無原則的逃避。如果人們所想要的東西沒有超過生命的，那麼凡是能保存生命的手段，為何不去用呢？如果人們所厭惡的東西沒有超過死亡的，那麼凡是能躲避禍害的事情，為何不去做呢？從中得以生存的手段卻不去用，由此得以躲避禍害的事情卻不去做，是因為所想要的有超過生命的，所厭惡的有超過死亡

的。不僅賢者有這樣的心思，人人都有，不過賢者能不失去它罷了。一小筐飯，一小碗湯，得到它就可以活，得不到它就可能死。可是呵斥著給別人，路上的行人都不會接受；用腳踢著給別人，連乞丐都不屑要。然而萬鐘粟米卻不分清禮義就接受了，萬鐘粟米對我有什麼好處呢？是為了使住宅漂亮、妻妾得到供養、相識的貧苦人受我的恩惠嗎？以往寧願身亡都不接受的，現今為了使住宅漂亮去接受了；以往寧願身亡都不接受的，現今為了使妻妾得到供養去接受了；以往寧願身亡都不接受的，現今為了使相識的貧苦人受我的恩惠去接受了，這些事難道不也是可以罷手的嗎？這就叫做迷失了他的本性。」

【延伸閱讀】

「魚與熊掌」的確是我們的生命歷程中經常遇到的兩難選擇。大而言之，想名又想利；想做官的權勢又想不做官的瀟灑自由。小而言之，想讀書又想打麻將；想工作又想休閒。如此等等，不一而足。

之所以難，難在捨不得，難在那不可得兼的東西都是「我所欲也」，甚至，也是人人所欲的。不然的話，也就沒有什麼可難的了。

生於朗朗乾坤、太平盛世，似乎已沒有生與義的選擇，生命、愛情、自由的都可以獲得，這是幸事。不過，面對滾滾而來的經濟洪流，義與利的兩難選擇卻常懸在我們的面前了。

利，我所欲也，義亦我所欲也；二者不可得兼，捨什麼而取什麼呢？

第十一章

【原文】

孟子曰：「仁，人心也；義，人路也。舍其路而弗由，放其心而不知求，哀哉！人有雞犬放，則知求之，有放心而不知求。學問之道無他，求其放心而已矣。」

【譯文】

孟子說：「仁，是人本質的良心；義，是人平生的大道。捨棄人生的大道而不走，放棄人的良心而不找回，真可悲呀！人們的雞狗丟

失了，便知道要去找回來，可是良心喪失了，卻不知道去尋找。做學問的道理沒有別的，只是找回喪失的良心罷了。」

【延伸閱讀】

現代人到處尋找丟失的靈魂。這是二十世紀文學、藝術、哲學所津津樂道的主題之一。卻原來，早在兩千多年前，亞聖孟子就已呼聲在前，要求我們尋找自己失去的靈魂（本心）——仁愛之心、正義之道了。時過境遷，孟子的呼喚與我們今天文學、藝術、哲學的現代追求還有沒有相通之處？他的呼聲還能不能響越百代，振聾發聵於當代國人呢？實在不好說啊！

第十二章

【原文】

孟子曰：「今有無名之指屈而不信①，非疾痛害事也，如有能信之者，則不遠秦、楚之路，為指之不若人也。指不若人，則知惡之；心不若人，則不知惡。此之謂不知類②也。」

【注釋】

①信：同「伸」。②不知類：不知輕重，捨本逐末。

【譯文】

孟子說：「如果現在有個人無名指彎曲了不能伸直，（雖然）既不疼痛又不妨礙做事，但如果有人能使它伸直，那麼即使趕到秦國、楚國去（醫治），也不會嫌路遠，為的是手指不如別人。手指不如別人，知道厭惡它；心不如別人，卻不知道厭惡，這叫不懂輕重。」

【延伸閱讀】

儒者的確是心靈美的呼喚者、衛道者。孟子就是一而再、再而三地反覆強調著這個主題。

憂指忘心，當然是不知輕重，捨本逐末。究其原因，則有如下兩個方

面：

　　一方面，指不若人，一目了然，無所藏匿；心不若人，抽象無形，可以偽裝。

　　二方面，指不若人，標準清清楚楚，無可辯駁；心不若人，難以有所度量，甚至可以做到自欺欺人。

　　所以，指不若人，羞愧難當，莫說秦、楚之路，就是飛越太平洋也在所不辭，只要能去其恥辱。心不若人，不以為恥，甚至反以為榮，又有何秦、楚之路可去呢？

第十三章

【原文】

　　孟子曰：「拱把之桐梓[①]，人苟欲生之，皆知所以養之者，至於身，而不知所以養之者，豈愛身不若桐梓哉？弗思甚也。」

【注釋】

　　①拱把：《趙注》云：「拱，合兩手也；把，以一手把之也。」言樹尚細小。

【譯文】

　　孟子說：「細小的桐樹、梓樹，人們如果要它生長，都知道怎樣去保養，對於自身卻不知道怎樣去保養，難道愛護自身還不如桐樹、梓樹嗎？真是太不會考慮問題了。」

【延伸閱讀】

　　一個人如自慚形穢，那他就不會變成一個美人；同樣，如果他不覺得自己聰明，那他就成不了聰明人；他不覺得自己心地善良，即使在心底隱隱地有此種感覺，那他也就成不了善良的人。

　　有一個醫生，他以善作面部整形手術馳名遐邇。他創造了許多奇蹟，經整型把許多醜陋的人變成漂亮的人。他發現，某些接受手術的人，雖然為他們做的整型手術很成功，但仍在抱怨他，說他們在手術後還是不漂

亮，說手術沒什麼成效，他們自感面貌依舊。

於是，醫生悟到這樣一條道理：美與醜，並不在於一個人的本來面貌如何，而在於他是如何看待自己的心。

如果一個人自以為是美的，他真的就會變美，如果他心裡總是嘀咕自己一定是個醜八怪，他果真就會變成尖嘴猴腮、目瞪口呆，生出一臉傻相。

有這麼一個故事：心理學家從一群大學生中挑出一個最愚笨、最不招人喜歡的女孩，並要求她的同學們改變以往對她的看法。在一個風和日麗的日子裡，大家都爭先恐後地照顧這位女孩，向她獻殷勤，陪送她回家，大家以假作真地打心裡認定她是位漂亮聰慧的女孩。結果怎樣呢？不到一年，這位女孩出落得嫵媚婀娜，姿容動人，連她的舉止也同以前判若兩人。她對人們說：她獲得了新生。確實，她並沒有變成另一個人，然而在她的身上卻展現出每一個人都蘊藏的美，這種美只有在我們相信自己，周圍的所有人也都相信我們，愛護我們的時候才會展現出來。而這正是孟子所提倡的保養自身之道。

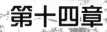

第十四章

【原文】

孟子曰：「人之於身也，兼所愛。兼所愛，則兼所養也，無尺寸之膚不愛焉，則無尺寸之膚不養也。所以考其善不善者，豈有他哉？於己取之而已矣。體有貴賤①，有小大。無以小害大，無以賤害貴。養其小者為小人，養其大者為大人。今有場師②，舍其梧檟③，養其樲棘④，則為賤場師焉。養其一指而失其肩背，而不知也，則為狼疾⑤人也。飲食之人則人賤之矣，為其養小以失大也。飲食之人無有失也，則口腹豈適為尺寸之膚哉⑥？」

【注釋】

①貴賤：朱熹《集注》云：「賤而小者，口腹也；貴而大者，心志也。」

②場師：《趙注》云：「治場圃者。」《周禮·地官》：「場人掌國

之場因而樹之果瓜珍異之物，以時斂而藏之。」

③梧檟（ㄐㄧㄚˇ）：梧桐和楸樹（茶樹）。

④樲（ㄦˋ）棘：酸棗和荊棘。

⑤狼疾：同「狼藉」。焦循《正義》云：「狼藉猶紛亂，害而不知，此醫之昏憒瞀亂者矣。」譯文譯為糊塗。

⑥適：趙注釋此字兼存但、往兩義。焦循《正義》引王引之說，謂「適」通「啻」，作僅、但解。譯文取焦說。

【譯文】

　　孟子說：「人們對於自身，各個部分都愛護。各個部分都愛護就各個部分都保養，沒有一塊肌膚不愛護就沒有一塊肌膚不保養。考察他護養得好不好，難道有別的方法嗎？只看他對自己注重的部分罷了。肢體有重要、有次要，有小、有大。不要因為小的損害大的，不要因為次要的損害重要的。保養小的是小人，保養大的是君子。如果有位園藝師，捨棄了桐樹、梓樹去培植酸棗、荊棘，就是劣等園藝師。保養一隻指頭而遺忘了肩頭背脊還不知道，就是糊塗透頂的人。吃吃喝喝的人為人們所輕視，因為他為了保養小的而遺忘了大的。吃吃喝喝的人如果沒有遺忘什麼，那麼滿足吃喝難道僅僅只為了口、腹那一寸一尺的肌膚嗎？

【延伸閱讀】

　　人的身體、本性都需要養護，但兩者的價值有大小、分量有輕重，不僅在兩者不可兼顧的情況下要注重大的、重要的，而且在日常生活中，也要把養護的重點放在這上頭。正如人們常說的，「吃飯是為了活著，但活著不僅僅是為了吃飯」。

　　每一個人都希望成就一番自己的事業，但只有很少一部分人做到了。究其原因，其中很重要的一點就是，努力的方向不同。只要你注重大的、重要的方面，適當忽視小的、次要的方面，就可以將它浸透職業生涯的方方面面，最終奠定你成功的基石。

　　然而，在現在的職場中，有這種觀念的員工並不多，他們大都不分主次，將工作僅僅當成一門養家餬口、不得不從事的差事，談不上什麼榮譽感和使命感。甚至有很多人認為，我出力，老闆出錢，等價交換，誰也不欠誰的，誰也不用過分認真。於是在工作中，只想做企業的老人，而不是

做企業的功臣。他們沒有一絲創新的熱忱，而是像老牛拉磨一樣，懶懶散散，不求有功，但求無過。他們只是想「熬啊熬，直到熬成了阿香婆」，便自以為功德圓滿。

第十五章

【原文】

公都子問曰：「鈞①是人也，或為大人，或為小人，何也？」

孟子曰：「從其大體為大人，從其小體為小人。」

曰：「鈞是人也，或從其大體，或從其小體，何也？」

曰：「耳目之官②不思，而蔽於物，物交物則引之而已矣③。心之官則思，思則得之④，不思則不得也。此天之所與我者。先立乎其大者⑤，則其小者弗能奪也，此為大人而已矣。」

【注釋】

①鈞：同「均」。

②官：猶今言五官之「官」。朱熹《集注》云：「官之為言司也。」

③物交物：朱熹《集注》認為此處之兩「物」，一指外物，一指「耳目之官」。後者之所以亦稱「物」，是因其「既不能思而蔽於外物，則亦一物而已」。引：此為誘導之意。

④思則得之：此處「之」泛指思索後的心得。朱熹謂「之」指事物之理，亦可通。

⑤大者：《趙注》云：「大者謂生而有善性也，小者情欲也，善勝惡則惡不能奪。」

【譯文】

公都子問道：「同樣是人，有的成為君子，有的成為小人，為什麼呢？」

孟子說：「順從大體的成為君子，順從小體的成為小人。」

公都子說：「同樣是人，有的順從大體，有的順從小體，為什麼呢？」

　　孟子說：「眼睛耳朵這類器官不會思考，所以為事物所蒙蔽，它們與事物相接觸便被引向迷途了。心這個器官則有思考的能力，思考便有所得，不思考便無所得，這是上天賦予我們的。先確立主要的東西，次要的東西就無法與它爭奪了，之所以成為君子僅此而已。」

【延伸閱讀】

　　朱熹說：「心則能思，而以思為職。凡亨之來，心得其職，則得其理，而物不能蔽。若能有以立之，則事無不思，而耳目之欲不能奪之矣，此所以為大人也。」

　　在現實生活中，具有消極被動心態的人，他們只會指責和抱怨，並一味逃避。他們不思考工作的問題：自己的工作是什麼？工作是為了什麼？怎樣才能把工作做得更好？他們只是被動地應付工作，為了工作而工作。工作中不能投入自己全部的熱忱和智慧，只是機械地完成任務。這樣的員工，是不可能在工作中做出好的成績並最終擁有自己的事業的。

　　而一些剛剛踏入職場的員工，由於工作經驗缺乏，為了彌補不足，常常早來晚走，鬥志昂揚，就算是沒時間吃中午飯，依然很開心，因為工作有挑戰性，感受也是全新的。這種工作時激情四射的狀態，幾乎每個人在初入職場時都經歷過。可是，這份激情來自對工作的新鮮感，以及對工作中不可預見問題的征服感，一旦新鮮感消失，工作駕輕就熟，激情也往往隨之湮滅。昔日充滿創意的想法消失了，每天的工作只是應付了事，對工作既厭倦又無奈，不知道自己努力的方向在哪裡，也不清楚究竟怎樣才能找回曾經讓自己心跳的激情，慢慢地也失去了在老闆心中的分量。

　　許多管理制度健全的公司，正在創造機會使員工成為公司的股東。因為人們發現，當員工成為企業所有者時，他們表現得更加忠誠，更具創造力，也會更加努力工作。以積極主動的心態對待你的工作、你的公司，你就會盡職盡責地完成工作，並在工作中充滿活力與創造性，你就會成為一個值得信賴的人，一個老闆樂於任用的人，一個可能成為老闆得力助手的人，更重要的是，你終將會擁有屬於自己的事業。這也就孟子所說的「先立乎其大者，則其小者弗能奪也」的道理了。

第十六章

【原文】

孟子曰：「有天爵者，有人爵者。仁義忠信，樂善不倦，此天爵也；公卿大夫，此人爵也。古之人修其天爵，而人爵從之。今之人修其天爵以要人爵，既得人爵而棄其天爵，則惑之甚者也，終亦必亡而已矣。」

【譯文】

孟子說：「有天賜的爵位，有人授的爵位。仁愛正義、忠誠守信，樂於善行不感到厭倦，這是天賜的爵位；公、卿、大夫，這是人授的爵位。古時候的人修養天賜的爵位，人授的爵位也隨之有了。現今的人修養天賜的爵位來牟取人授的爵位，得到了人授的爵位就拋棄了天賜的爵位，真是糊塗之極，最終也一定會失去人授的爵位。」

【延伸閱讀】

說白了，天爵是精神的貴族，人爵是社會貴族。人授的爵位是依附於「仁義忠信」這些天賜的爵位的。孔孟又何嘗不是那個社會的精神貴族呢？人們為追求目標，為了取得人授的爵位而去講求自身修養，已經是動機不正了，如果得到了人授爵位後再拋棄自身修養，更是糊塗之極。

正如《論語》中記述的，任不齊，石作蜀從正反兩個方面舉例說明了「無欲則剛」、「貪欲不剛」的道理。要做一個好人，君子、仁人，做一個清官必須節制貪欲。否則，一旦陷入無度的貪欲之中，不僅無剛正可言，還會身敗名裂、自取滅亡！

第十七章

【原文】

孟子曰，「欲貴者，人之同心也。人人有貴於己者，弗思耳矣。

人之所貴者，非良貴也。趙孟①之所貴，趙孟能賤之。《詩》云②：『既醉以酒，既飽以德。』言飽乎仁義也。所以不願人之膏粱之味也③；令聞廣譽④施於身，所以不願人之文繡⑤也。」

【注釋】

①趙孟：即春秋時晉國的執政大臣趙盾，孟是他的字。此處用以指有權勢者。

②《詩》云：此處詩句引自《詩經・大雅・既醉》，這是首讚頌世道太平的詩歌。

③願：朱熹《集注》云：「欲也。」膏粱：指珍饈美味。朱熹《集注》云：「膏，肥肉；粱，美穀。」又，《趙注》云：「細粱如膏者也。」

④令聞廣譽：朱熹《集注》云：「令，善也；聞，亦譽也。」

⑤文繡：朱熹《集注》云：「衣之美也。」若分而言之，文指繪畫的紋飾，繡指刺繡的花紋。

【譯文】

孟子說：「希望顯貴，是人們的共同心態。人人都有自己可貴的東西，只是不去思量罷了。他人所尊貴的，不是真正的尊貴。趙孟所尊貴的，同樣可以使他卑賤。《詩經》裡說：『既喝醉了酒，又飽享恩德。』這是說，飽享了仁義，因而不羨慕他人的肉食美味；眾人的稱譽施加在身上，因而不羨慕他人的錦衣繡裳。」

【延伸閱讀】

自尊者人尊之，自貴者人貴之。孟子認為，人生真正可寶貴的不是錦衣美食，而是自尊自愛。

現代社會更需要這種「自貴」的精神，不因外界金錢的誘惑，喪失自己的人格。而要自尊自貴，關鍵是要知道自身尊貴的東西是什麼，也就是孟子所說的「人人有貴於己者」。從孟子的言論來看，世上最尊貴的東西一是外在的，靠別人給予的；二是內在的，即仁義道德，而這種東西是要靠自己的良心發現和培育的。對現代人來說，就是能夠抵擋得住名與利的誘惑。保持起碼的社會良知，不因貪財而不擇手段，甚至做出令人可恥的危害社會公德的事。

第十八章

【原文】

孟子曰：「仁之勝不仁也，猶水勝火。今之為仁者，猶以一杯水救一車薪之火也，不熄，則謂之水不勝火，此又與於不仁之甚者也，亦終必亡而已矣。」

【譯文】

孟子說：「仁勝過不仁，猶如水勝過火一樣。現今行使仁的人好比用一杯水來救一車柴的火，火滅不了就說水不能勝過火，這些人又和本性不仁的人相同了，最終也必定會失去仁。」

【延伸閱讀】

孟子肯定仁必定能戰勝不仁，但認為，當行仁者不能戰勝不仁者時，其中還有力量強弱的對比，不能因為這一特殊情況而懷疑仁本身的力量。

孟子此處不遺餘力地「推銷」其仁德的思想，勸勉世人棄惡揚善。形象的比喻讓「杯水車薪」這個成語也流傳至今。對照當下，雖則時過境遷，世殊時異，但這種行仁之心之舉動，仍是一個亙古不變的主題。一時的善舉沒能引起他人的注意，或是沒能產生多大的作用，但「善行」仍是時代的主流，無論邪惡一時如何猖獗，它仍舊會被正義和歷史踩在腳下。

第十九章

【原文】

孟子曰：「五穀者，種之美者也，苟為不熟，不如荑稗①。夫仁，亦在乎熟之而已矣。」

【注釋】

①荑稗（ㄊㄧˊ ㄅㄞˋ）：朱熹《集注》云：「草之似穀者，其實亦可

食，然不能如五穀之美者。」初生的茅草。稗：雜草。

【譯文】

孟子說：「五穀是作物中的佼佼者，如果不成熟還不及稊米、稗草。仁，也在於使之成熟而已。」

【延伸閱讀】

仁本身還有成熟與否的問題，如果仁不成熟還不及稗草。

下文中的老師，我認為他才是真正做到了仁呢！

一位老師和他的一群學生十年間遊歷了很多的國家，拜訪了無數的學者，現在他們回來了，個個都滿腹經綸。

進城之前，老師在郊外的一片草地上坐了下來，對學生說：「十年遊歷，你們都已是飽學之士，現在學業就要結束了，我們上最後一課！」

學生們圍著老師坐了下來，老師問：「現在我們坐在什麼地方？」

學生們答：「現在我們坐在曠野裡。」

老師又問：「曠野裡長著什麼？」

學生們說：「曠野裡長滿雜草。」

老師說：「對，曠野裡長滿雜草。現在我想知道的是如何除掉這些雜草。」

學生們十分驚愕，他們都沒有想到，一直在探討人生奧妙的老師，最後一課問的竟是這麼簡單的一個問題。

一個學生首先開口說：「老師，只要有鏟子就夠了。」

另一個學生接著說：「撒上石灰就可以除掉所有的雜草。」

接著講的是第三個學生，他說：「斬草除根，只要把根挖出來就行了。」

等學生都講完了，老師站了起來說：「課就上到這裡，你們回去後，按照各自的方法除去一片雜草，沒除掉的，一年後再來相聚。」

一年後，學生們都來了，他們按照各自的方法沒能除去雜草。原來相聚的地方卻已不再是雜草叢生，它變成了一片長滿穀子的莊稼地。學生們圍著穀子地坐下，等待老師的到來。

然而，老師沒有出現。

幾年後，老師去世了，學生們在整理他的言論時，在書的最後補了一章：要想除掉曠野裡的雜草，方法只有一種，那就是在上面種上莊稼。

雜草就是不仁，莊稼就是仁，以仁代替不仁，才是最好的去除不仁的辦法，也是真正成熟的仁，是大仁。

第二十章

【原文】

孟子曰：「羿之教人射，必志於彀①，學者亦必志於彀。大匠誨人必以規矩，學者亦必以規矩。」

【注釋】

①必志於彀（ㄍㄡˋ）：朱熹《集注》云：「志，猶期也；彀，弓滿也。」

【譯文】

孟子說：「羿教人射技，必定要求拉滿弓，學習的人也必定致力於拉滿弓。大匠教人必定依據規矩，學習的人也必定要依據規矩。」

【延伸閱讀】

學習必須高標準、嚴要求，所謂標準、要求，就是孟子所言的「規矩」。朱熹說：「此章言事必有法然後可成，師捨是則無以教，弟子捨是則無以學。」（《孟子集注》）學技藝是如此，學習為人處世的大道更應該如此。

無規矩，不能成方圓。做任何事情能要講求標準和原則，沒有「規矩」就失去了做事的準則，失去了這種約束，在技藝學習上就會失去目標，在做事上就失去了方向感，變得信馬由韁，在做人時可能就會喪失人格底線，如洪流般肆意妄為。因此，小至技藝，做人，大至治國安邦，凡事都要有法可依，有規律可循。

告子章句・下

第一章

【原文】

任人有問屋廬子曰[①]：「禮與食孰重？」曰：「禮重。」

「色與禮孰重？」曰：「禮重。」

曰：「以禮食，則餓而死；不以禮食，則得食，必以禮乎？親迎，則不得妻；不親迎，則得妻，必親迎乎？」

屋廬子不能對，明日之鄒，以告孟子。

孟子曰：「於答是也何有？不揣其本，而齊其末，方寸之木可使高於岑樓。金重於羽者，豈謂一鉤金與一輿（ㄩˊ）羽之謂哉？取食之重者與禮之輕者而比之，奚翅食重？取色之重者與禮之輕者而比之，奚翅色重？往應之曰：『紾[②]兄之臂而奪之食，則得食；不紾，則不得食，則將紾之乎？逾東家牆而摟其處子，則得妻；不摟，則不得妻，則將摟之乎？』」

【注釋】

①任：周初諸侯國名，故地在今山東濟寧縣境內。屋廬子：名連，孟子的學生。

②紾（ㄓㄣˇ）：扭，轉。

【譯文】

有個任國人問屋廬子說：「禮儀與飲食哪個更重要？」

屋廬子說：「禮儀重要。」

任國人說：「娶妻與禮儀哪個重要？」

屋廬子說：「禮儀重要。」

這個任國人說：「要是按禮節去找食物，就得餓死；不按照禮節去找食物，就能得到食物，是否一定要按照禮節行事呢？要按禮迎親就娶不到妻子，不按禮迎親就能娶到妻子，是否一定得按禮迎親呢？」

屋廬子不能回答，第二天到鄒國去把這事告訴了孟子。

孟子聽了說：「回答這個問題有什麼困難呢？不度量根基而只去比較末端，寸把厚的木板擱在高處，可以使之高過尖頂高樓。我們

說金子比羽毛更重，難道是說一個小金鉤的重量比一大車羽毛還要重嗎？拿關係重大的飲食問題與禮儀無足輕重的細枝末節相比，豈止是飲食的問題重要嗎？選取娶妻的重要性與禮儀的輕微處相比較，豈止是娶妻重要？你去回答他說：『扭傷兄長的胳膊搶奪他的食物，就可得到吃的；不扭傷沒吃的，那你會去扭傷他的胳膊嗎？翻越東邊鄰居的牆去摟抱他家的小姐，就可以得到妻子；不摟抱，就得不到妻子，那你會去摟抱她嗎？』」

【延伸閱讀】

　　以詭辯對詭辯，以極端對極端，這是孟子在這裡所採用的論辯方法。

　　任國人採取詭辯的方式，把食與色的問題推到極端的地步來和禮的細節相比較，提出哪個重要的問題，企圖迫使孟子的學生屋廬子回答食、色比禮更重要。屋廬子肯定不會這樣回答，由於他落入了對方的圈套而不能夠跳出來，所以就只好語塞而求助於老師了。

　　孟子一聽便識破了對方的詭辯手段，並且生動而一針見血地指出：「不揣其本，而齊其末，方寸之木可使高於岑樓。」接著從金屬與羽毛的比重問題過渡到分析任國人詭辯的癥結所在。這實際上就是一個比較的方法問題。孟子的意思很明確，比較應該讓比較的雙方在同一水平線上，同一基準上，而不應該把一個物件推到極端來和另一個物件的細節相比較。這樣比較出來的結果，當然是錯誤而荒謬的。因此，孟子以其人之道還治其人之身，教給學生以詭辯對詭辯的說法，從而戰勝論辯的另一方。

　　在這裡孟子對禮進行了維護和捍衛，然而對我們來說，更有啟發意義的卻是他作為一個智者的思維方式與論辯藝術。

第二章

【原文】

　　曹交①問曰：「人皆可以為堯舜，有諸？」

　　孟子曰：「然。」

　　「交聞文王十尺，湯九尺，今交九尺四寸以長，食粟而已，如何則可？」

曰：「奚有於是？亦為之而已矣。有人於此，力不能勝一匹雛，則為無力人矣；今曰舉百鈞，則為有力人矣。然則舉烏獲②之任，是亦為烏獲而已矣。夫人豈以不勝為患哉？弗為耳。徐行後長者謂之弟，疾行先長者謂之不弟。夫徐行者，豈人所不能哉？所不為也。堯、舜之道，孝弟而已矣。子服堯之服，誦堯之言，行堯之行，是堯而已矣。子服桀之服，誦桀之言，行桀之行，是桀而已矣。」

曰：「交得見於鄒君，可以假館，願留而受業於門。」

曰：「夫道若大路然，豈難知哉？人病不求耳。子歸而求之，有餘師！」

【注釋】

①曹交：春秋時曹國君王的後代。②烏獲：古時候著名的大力士。

【譯文】

曹交問道：「人人都可以成為堯、舜，有這樣的話嗎？」

孟子說：「是的。」

曹交說：「我聽說周文王身高十尺，成湯王身高九尺，如今我曹交身高九尺四寸多，每天只是吃飯罷了，要怎樣才能成為堯、舜呢？」

孟子說：「這有什麼關係呢？只要去做就行了。這裡有個人，自以為力不能提一隻小雞，那就是沒有力氣的人了；如今他說力氣舉得起三千斤，那就是有力氣的人了。那麼，要是能舉得起烏獲所舉的重量，這也就是烏獲了。人所最怕的難道是在不能勝任嗎？只是怕不去做啊。緩慢地走在長者之後叫做悌，飛快地走在長者之前叫做不悌。緩慢地走，難道人們不能做嗎？是不去做啊。堯舜之道，也只是孝悌而已。你穿堯穿的衣服，說堯所說的話，做堯所做的事，就是堯了；你穿桀穿的衣服，說桀說的話，做桀所做的事，就是桀了。」

曹交說：「我能見鄒君，借到一所客館，願意留下在您門下學習。」

孟子說：「聖人之道就像大路一樣，難道是很難瞭解的嗎？就怕人們不去尋求啊，你回去自己尋求吧，能當老師的人多著呢。」

【延伸閱讀】

人人都可能成為堯舜。這自然是源於「性善論」而鼓勵人人向善，個個都可有所作為的觀點了。

　　其核心問題還是一個：「不為」與「不能」。也就是《梁惠王上》裡所說的「挾泰山以超北海」和「為長者折枝」的問題。只不過從與梁惠王討論的政治問題過渡到與一般人討論個人修養問題罷了。所以，不管是君王從政治國還是個人立身處世都有一個「不為」與「不能」的問題擺在面前。認識到這一點後，就能樹立起我們每個人立志向善的信念，從自己力所能及的事情做起，不斷完善自己，最終成為一個有所作為的人。

　　歸根究柢，還是反對人自慚形穢，妄自菲薄，應既保持自尊，又能自責。同時，這也正是「人皆可以為堯舜」的意義吧。

第三章

【原文】

　　公孫丑問曰：「高子①曰：〈小弁〉②小人之詩也。」

　　孟子曰：「何以言之？」

　　曰：「怨。」

　　曰：「固③哉，高叟之為詩也。有人於此，越人關弓④而射之，則己談笑而道之，無他，疏之也；其兄關弓而射之，則己垂涕泣而道之，無他，戚⑤之也。《小弁》之怨，親親也。親親，仁也。固矣夫！高叟之為詩也。」

　　曰：「〈凱風〉⑥何以不怨？」

　　曰：「〈凱風〉，親之過小者也；〈小弁〉，親之過大者也。親之過大而不怨，是愈疏也；親之過小而怨，是不可磯⑦也。愈疏不孝也，不可磯亦不孝也。孔子曰：『舜其至孝矣，五十而慕。』」

【注釋】

　　①高子：孟子下文稱其為「高叟」，可見其年長於孟子，顯然與本書《公孫丑下》篇中孟子的弟子高子不是同一人。

　　②〈小弁（ㄅㄧㄢˋ）〉：《詩經·小雅》中的詩篇名，舊說是譏刺周幽王的詩歌，或說是周宣王名臣尹吉甫之子因遭後母之讒而作。從下文孟子說「親之過大者」來看，他們是取後說。《趙注》云：「怨親之過，故謂之小人。」

③固：猶言呆板，《趙注》云：「陋也。」

④關弓：朱熹《集注》云：「『關』與『彎』同。」

⑤戚：趙莊云：「親也。」

⑥〈凱風〉：《詩經‧邶風》中的詩篇，朱熹《集注》云：「衛有七子之母，不能安其室，七子作此以自責也。」

⑦不可磯：朱熹《集注》云：「言微激之而遽怒也。」

【譯文】

公孫丑問道：「高子說，〈小弁〉是小人所作的詩篇。」

孟子說：「為什麼這樣說呢？」

公孫丑說，「因為這首詩中有怨恨。」

孟子說：「真呆板啊，高老先生如此解讀《詩經》。有個人，越國人拉弓去射他，就談笑著講述這事，這沒有別的原因，因為關係疏遠；他的兄長拉弓去射他，就哭泣著講述這事，這沒有別的原因，因為關係親密。〈小弁〉的怨恨，是親近親人。親近親人是仁。真呆板啊！高老先生如此理解《詩經》。」

公孫丑說：「〈凱風〉為什麼不怨恨呢？」

孟子說：「〈凱風〉是由於親人的過錯小，〈小弁〉是由於親人的過錯大。父母親的過錯大卻不怨，是愈加疏遠他們；父母親的過錯小卻怨恨，是不應該的激怒。愈加疏遠他們是不孝，不應該的激怒也是不孝。孔子說：『舜該是最孝順的吧，五十歲還慕戀父母。』」

【延伸閱讀】

「兒不嫌母醜，狗不嫌家貧」是自古以來很有價值的忠告。現實生活中卻不全是如此，那些父親還能工作，還可以給他們帶來某些利益的人，就會把父母當作「寶」；而一旦父母臥病在床，需要侍奉，就會把父母當成「包袱」、「累贅」而嫌棄他們。這是有違孝道的行為。

一位年輕的寡母含辛茹苦把兩個兒子養大。大學畢業後，老大分配到做官，老二成了縣立中學的教師。但從此母子成了陌路人。大兒子生了兒子，老母親去看望，已是科長的兒子嫌丟人，不認她，還對同事說：「是來告貸的，煩死人了！」幾年後，大兒子回家鄉當上了副縣長，老母親因窮困潦倒求救於副縣長兒子，誰知大兒子像打發乞丐似的給了她二千元。老人四處流浪，一年後，終於餓死街頭，副縣長不得不前去料理後事。面

對記者，他不承認死者是自己的母親，反而還打著官腔說：「這是本縣的一位孤寡老人，我是代表政府來處理後事的。」

像這位副縣長這樣的不孝之子，不僅應該免去官職，更應該繩之以法。如果做子女的都像他那樣，我們的社會道德和進步展現在哪裡呢？

第四章

【原文】

宋牼①將之楚，孟子遇於石丘②，曰：「先生③將何之？」

曰：「吾聞秦、楚構兵，我將見楚王說而罷之，楚王不悅，我將見秦王說而罷之，二王我將有所遇焉。」

曰：「軻也請無問其詳，願聞其指，說之將何如？」

曰：「我將言其不利也。」

曰：「先生之志則大矣，先生之號④則不可。先生以利說秦、楚之王，秦、楚之王悅於利以罷三軍之師，是三軍之士樂罷而悅於利也。為人臣者懷利以事其君，為人子者懷利以事其父，為人弟者懷利以事其兄，是君臣、父子、兄弟終去仁義，懷利以相接，然而不亡者未之有也。先生以仁義說秦、楚之王，秦楚之王悅於仁義而罷三軍之師，是三軍之士樂罷而悅於仁義也。為人臣者懷仁義以事其君，為人子者懷仁義以事其父，為人弟者懷仁義以事其兄，是君臣、父子、兄弟去利，懷仁義以相接也，然而不王者未之有也。何必曰利？」

【注釋】

①宋牼（ㄎㄥ）：宋國人，名牼（亦作「鈃」），當時的著名學者。

②石丘：地名，今地不詳。

③先生：《趙注》云：「學士年長者，故謂之先生。」按，孟子與宋牼均曾在齊稷下學宮講學，原就相識，宋牼又年長於孟子，故孟子呼之為先生。

④號：趙注釋為「所稱名號」，譯為提法、說法。

【譯文】

宋牼要去楚國，孟子在石丘遇見他，說：「先生要到什麼地方去？」

宋牼說：「我聽說秦、楚交戰，我要去見楚王勸他罷兵，若楚王不採納，我就去見秦王勸他罷兵，兩個君王中我將會遇上聽從的。」

孟子說：「我不想詢問進說的詳細內容，但希望聽聽你的勸說方式，你將怎樣進說呢？」

宋牼說：「我將陳說交戰是不利的。」

孟子說：「先生的志向是宏大的，先生的說法卻不可以。先生用利來勸說秦、楚的君王，秦、楚的君王因為喜歡利而停止了三軍的行動，這樣，三軍官兵會由於追求利而願意停戰。做臣屬的懷著求利的心情來侍奉自己的國君，做兒子的懷著求利的心情來侍奉自己的父親，做弟弟的懷著求利的心情來侍奉自己的兄長，這樣，君臣、父子、兄弟之間完全去除了仁義，懷著求利的心情來相互對待，如此而不滅亡的還從未有過。先生用仁義來勸說秦、楚的君王，秦、楚的君王因為喜歡仁義而停止了三軍的行動，這樣，三軍的官兵會由於樂於罷兵而喜歡仁義。做臣屬的懷著仁義來侍奉自己的國君，做兒子的懷著仁義來侍奉自己的父親，做弟弟的懷著仁義來侍奉自己的兄長，這樣，君臣、父子、兄弟之間都去除了求利的念頭，懷著仁義之心來相互對待，如此而不稱王天下的還從未有過。何必說利呢？」

【延伸閱讀】

孟子這裡所講的道理幾乎就是他第一次見梁惠王時所說的那套大道理，不同的是這次談的是戰爭與和平問題。

孟子認為和平是很重要的，他也非常支持宋牼維護和平的行為。但是，這個和平的前提是仁義，而不是二者的利害關係。如果用利害關係去換短暫的和平，那麼這種和平早晚也會消失。這樣一來，不僅失去了和平，還失去了國家，失去了天下。因為基於這種利害關係之上的和平，摻雜了許多不和平的因素，這就好像人與人之間都以利害關係相互對待，一旦利害關係發生了矛盾，必然會引起爭鬥，從而失去穩定與和平。

反之，如果把仁義作為前提來獲得和平，那麼這個和平才會保持長久的穩定與發展，而且還能安定國家，收服民心，從而使天下統一。這是因為，基於仁義的和平，使人和人之間都用仁義道德來互相對待，在這個前

　　提下人與人之間沒有根本的利害衝突，所有人都會忠誠謙讓，仁愛正義。用今天的話來說，就是「讓世界充滿愛」，這樣又怎會有戰爭的危機呢？

　　從理論上說，孟子的學說很有道理，也能自圓其說。我們今天不是號召全世界要和平相處嗎？但是，從歷史和現實的實踐來看，不管是和平還是戰爭，既然有軍事行動發生，就不可能沒有利害關係在內，因而也就更不可能有為仁義道德而戰的戰爭和純粹為抽象意義的仁義道德而停戰的和平，尤其是在孟子所處的那個年代，這種現象更不可能出現。所以，把仁義作為前提的和平，在戰國時代只能是一種理想而難以實現。

第五章

【原文】

　　孟子居鄒，季任①為任處守，以幣交，受之而不報。處於平陸，儲子為相，以幣交，受之而不報。他日，由鄒之任，見季子；由平陸之齊，不見儲子。屋廬子喜曰：「連得間②矣。」

　　問曰：「夫子之任見季子，之齊不見儲子，為其為相與？」

　　曰：「非也。《書》曰：『享多儀③，儀不及物④曰不享，惟不役⑤志於享。』為其不成享也。」

　　屋廬子悅。或問之，屋廬子曰：「季子不得之鄒，儲子得之平陸。」

【注釋】

　　①季任：任國國君的弟弟。

　　②得間：此處之「間」，猶讀書得間之「間」。蓋屋廬子以為從孟子的行為中悟到了道理，故喜。

　　③《書》曰：此語引自《尚書·洛誥》篇，其內容是周公與成王討論營建雒邑之事。享多儀：享是諸侯朝見天子的禮儀，多是重視的意思。

　　④物：指朝見時所獻的禮物。⑤役：朱熹《集注》云：「用也。」

【譯文】

　　孟子住在鄒國，季任代理任國的國政，送禮物結交孟子，孟子接

受了禮物卻不回報。孟子住在平陸，儲子擔任齊國的國相，送禮物結交孟子，孟子接受了禮物卻不回報。過了些日子，孟子從鄒國到任國，拜見了季子；從平陸到齊國，卻不拜見儲子。屋廬子高興地說：「我悟到其中的道理了。」

便問道：「老師到任國拜訪了季子，到齊國卻不拜訪儲子，是因為儲子是國相吧？」

孟子說：「不是的。《尚書》中說：『進獻看重禮節，禮節夠不上禮物的規格叫做不享，就是沒有把心意用在進獻上。』因為這樣就不成其為進獻。」

屋廬子很高興。有人問他，屋廬子說：「季子（代理國政）不能去鄒國，而儲子（作為卿相）是能親自去平陸的。」

【延伸閱讀】

季子與儲子同樣送禮物去與孟子結交，孟子認為季子禮數到了。而儲子的禮數不夠，因為儲子可以親自去見孟子，故而他的禮節的規格夠不上禮物的規格。

在這裡，我們也能體會到當時老師對學生的教育方法。老師除了講課之外，更多的是以身教來薰陶學生，學生不僅在上課時學理論，更要透過老師的行為舉止去體會，而且還要善於思考、舉一反三地向老師詢問。哪一位學生的主觀能動性發揮得好，他學到的東西相對也多。

第六章

【原文】

淳于髡（ㄎㄨㄣ）曰：「先名實①者為人也，後名實者自為也。夫於在三卿②之中，名實未加於上下而去之，仁者固如此乎？」

孟子曰：「居下位，不以賢事不肖者，伯夷也；五就湯、五就桀者，伊尹也；不惡君、不辭小官者，柳下惠也。三子者不同道，其趨一也，一者何也？曰仁也。君子亦仁而已矣，何必同？」

曰：「魯繆公之時，公儀子③為政，子柳④、子思為臣，魯之削也滋甚。若是乎，賢者之無益於國也！」

曰：「虞不用百里奚而亡，秦穆公用之而霸。不用賢則亡，削何可得與？」

曰：「昔者王豹處於淇，而河西⑤善謳；綿駒處於高唐，而齊右善歌⑥，華周、杞梁之妻善哭其夫而變國俗⑦。有諸內必形諸外，為其事而無其功者，髡未嘗睹之也。是故無賢者也，有則髡必識之。」

曰：「孔子為魯司寇不用，從而祭，燔肉⑧不至，不稅冕⑨而行。不知者以為為肉也，其知者以為為無禮也，乃孔子則欲以微罪行⑩，不欲為苟去。君子之所為，眾人固不識也。」

【注釋】

①名實：《趙注》云：「名者，有道德之名也；實者，治國惠民主功實也。」

②三卿：《禮記·王制》云：「大國三卿，皆命於天子。」孟子曾擔任過官職，齊國是大國，故淳于髡說孟子「在三卿之中」。

③公儀子：趙注、朱熹均謂指公儀休。《史記·循吏列傳》云：「公儀休者，魯博士也，以高弟為魯相。奉法循理，無所變更，百官自正。」

④子柳：即本書《公孫丑·下》篇中提及之泄柳。

⑤王豹：《趙注》云：「衛之善歌者。」淇：水名，在今河南北部，古為黃河支流，南流至今汲縣東北入河。河西：即鄰近淇水的西河地區，相當今於河南浚縣、滑縣及其迄南、迤北一帶。

⑥綿駒：朱熹《集注》云：「齊人，善歌。」高唐：在今山東禹城西南。齊右：高唐在齊國的西部，古稱西方為右，故云。

⑦華周、杞梁之妻善哭：朱熹《集注》云：「華周、杞梁二人皆齊臣，戰死於莒，其妻哭之哀，國俗化之皆善哭。」後世盛傳之孟姜女故事即由此衍出。

⑧燔肉：祭肉。按禮，祭祀完應將祭肉分送參加祭祀的相關人員。

⑨不稅冕：稅同「脫」，冕是祭祀時所戴的禮冠。

⑩以微罪行：猶言找一點小的藉口離去。

【譯文】

淳于髡說：「注重聲譽功業的人是為了民眾，捨棄聲譽功業的人是為了自身。先生身處齊國三卿之中，上沒有輔佐國君的聲譽、下沒有拯救民眾的功業就離去，仁人應該如此的嗎？」

孟子說：「處在低下的職位，不以才能侍奉不賢德的君主，這是伯夷，五次投奔成湯、五次投奔夏桀的是伊尹，不嫌惡昏暴的國君、不推辭微賤官職的是柳下惠，三人的做法不同，趨向卻是一致的。一致的是什麼呢？就是仁。君子也只是要求仁罷了，做法何必相同呢？」

淳于髡說：「魯繆公時，公儀子主持國政，泄柳、子思當大臣，魯國卻削弱得更厲害。如此，賢者絲毫無益於國家呀！」

孟子說：「虞國不用百里奚而滅亡，秦穆公用了他而稱霸。不用賢才就滅亡，哪裡只是削弱呢？」

淳于髡說：「從前王豹住在淇水邊，河以西的人因而善於唱歌；綿駒住在高唐，齊國西部因而擅長歌唱；華周、杞梁的妻子因丈夫的死而痛哭不已，因而改變了國家習俗。蘊涵在內的必定會表現於外，而從事某件事卻沒有功效的，我還未曾見到過。因此是沒有賢者，如果有，我一定會知曉。」

孟子說：「孔子任魯國的司寇而不被信任，隨從祭祀時，祭肉沒分送給他，於是不解下祭冕就走了。不瞭解孔子的人認為是由於祭肉的緣故，瞭解孔子的人認為是由於禮的緣故，而孔子實在是要找個微小的過錯出走，不想隨便離去。君子的作為，一般人原是不理解的。」

【延伸閱讀】

淳于髡覺得，孟子在齊國任職無益於國政，可見賢者對於治國沒有多大好處。孟子認為「尊賢」是一個國家的治國之本，是「仁政」的標誌。還認為一個國家「不用賢則亡」，「不信仁賢，則國空虛」；「養士尊賢，俊傑在位，則有慶」；「尊賢使能，俊傑在位，則天下之士皆悅」。因此，他把能否任用「賢才」擺到國家存亡的高度來認識，君主任用「賢才」，天下之士就都會高興，而且還能起到吸引人才的作用。

生活中也是這樣，只有仁愛的人才能得到賢者的幫助。一個人只要真誠地待人處事，就容易獲得他人的幫助，甚至有人為你吃虧也不在乎。

第七章

【原文】

孟子曰：「五霸^①者，三王之罪人也；今之諸侯，五霸之罪人也；今之大夫，今之諸侯之罪人也。天子適諸侯曰巡狩，諸侯朝於天子曰述職。春省耕而補不足，秋省斂而助不給。入其疆，土地辟，田野治，養老尊賢，俊傑在位，則有慶^②，慶以地。入其疆，土地荒蕪，遺老失賢，掊克^③在位，則有讓^④。一不朝則貶其爵，再不朝則削其地，三不朝則六師移之^⑤。是故天子討而不伐，諸侯伐而不討^⑥。五霸者，摟^⑦諸侯以伐諸侯者也，故曰，五霸者，三王之罪人也。五霸，桓公為盛。葵丘之會^⑧，諸侯束牲載書而不歃血^⑨。初命曰：『誅不孝，無易樹子^⑩，無以妾為妻。』再命曰：『尊賢育才，以彰有德。』三命曰：『敬老慈幼，無忘賓旅^⑪。』四命曰：『士無世官^⑫，官事無攝^⑬，取士必得^⑭，無專殺^⑮大夫。』五命曰：『無曲防^⑯，無遏糴^⑰，無有封而不告^⑱。』曰：『凡我同盟之人，既盟之後言歸於好。』今之諸侯皆犯此五禁，故曰，今之諸侯，五霸之罪人也。長君之惡其罪小，逢君之惡其罪大。今之大夫皆逢君之惡，故曰，今之大夫，今之諸侯之罪人也。」

【注釋】

①五霸：春秋時期先後稱霸的五個諸侯，其說法有多家，一般以齊桓公、宋襄公、晉文公、秦穆公、楚莊王為五霸。

②慶：《趙注》云，「賞也。」

③掊（ㄆㄡˊ）克：朱熹《集注》云：「聚斂也。」

④讓：趙注釋為「責讓」，朱熹釋為「責」。

⑤六師：按周代制度規定，天子設六軍，大國諸侯設三軍。此處之六師即指天子的軍隊。移之：朱熹《集注》云：「誅其人而變置之也。」

⑥伐而不討：朱熹《集注》云：「討者，出命以討其罪而使方伯、連帥帥諸侯以伐之也；伐者，奉天子之命，聲其罪而伐之也。」

⑦摟：帶領。朱熹《集注》云：「牽也。」

⑧葵丘之會：齊桓公於西元前651年在葵丘邀集魯、宋、衛、鄭、許、

曹等國舉行的一次重要會盟，透過這次會盟，齊國的霸權正式確定。

⑨束牲載書：不宰殺祭祀用的牲口，將盟書用函裝起來，放在祭祀用的牲口上。《穀梁傳・僖公九年》云：「葵丘之盟，陳牲而不殺，讀（同『牘』）書，加於牲上。」歃血：亦作「喋血」，當時盟誓時的一項儀式，即以口微吸祭祀牲口的血表示信守盟約不渝。

⑩無易樹子：《趙注》云：「樹，立也。已立世子不得擅易也。」

⑪無忘賓旅：朱熹《集注》云：「賓，賓客也；旅，行旅也。皆當有以待之，不可忽忘也。」

⑫士無世官：《趙注》云：「仕為大臣，不得世官，賢臣乃得世祿也。」

⑬無攝：攝是兼代的意思。朱熹《集注》云：「當廣求賢才以充之，不可以闕人廢事也。」

⑭必得：《趙注》云：「必得賢。」

⑮專殺：擅殺。朱熹《集注》云：「大夫有罪，則請命於天子而後殺之也。」

⑯曲防：曲在此處有「遍」之意。《易・繫辭》云：「曲成萬物而不遺。」防，是堤防的意思。當時諸侯們以鄰為壑，自築堤防，使鄰國遭災，故盟約申明禁止。《中國水利史稿》謂，此處所說的「防」主要指沿河築堤。

⑰遏糴（ㄉㄧˊ）：朱熹《集注》云：「鄰國凶荒，不得閉糴也。」

⑱無有封而不告：《趙注》云：「無以私恩擅有所封賞而不告盟主也。」

【譯文】

孟子說：「五霸是三王的罪人，現今的諸侯是五霸的罪人，現今的大夫是現今諸侯的罪人。天子巡行諸侯叫做巡狩，諸侯朝見天子叫做述職。春天視察耕種，補助貧困；秋天視察收穫，周濟歉收。進入諸侯的地域，土地開墾，田野整治，贍養老人尊重賢者，傑出的人擔任官職，就給予賞賜，賞給土地。進入諸侯的地域，土地荒廢，遺棄老人，疏遠賢者，搜刮錢財的人擔任官職，就給予責罰。諸侯一次不來朝見就貶低他的爵位，兩次不來朝見就削減他的土地，三次不來朝見就調動六軍更換他。所以，天子用的武力是「討」而不是「伐」，諸侯用的武力是「伐」而不是「討」。五霸是帶領著諸侯來征伐諸侯

的人，所以說五霸是三王的罪人。五霸，以齊桓公的功業最為卓著。
在葵丘的盟會上，諸侯們備妥了祭祀用的牲口、盟書而不歃血。第一
條誓言說：『誅除不孝，不改立太子，不立妾為妻。』第二條誓言說：
『尊重賢者，養育人才，以此表彰德行。』第三條誓言說：『敬奉老人，
愛護幼小，不怠慢賓客、旅人。』第四條誓言說：『士人不世襲官職，
官職不兼任，選用士人定要得當，不擅自殺戮大夫。』第五條誓言說：
『不遍築堤防，不禁止鄰國採購糧食，不要有封賞而不通報。』並約定：
『凡是參與我們盟會的人，會盟以後言歸於好。』現今的諸侯都觸犯
了這五條禁約，所以說現今的諸侯是五霸的罪人。助長國君的惡行，
臣屬的罪過輕；逢迎國君的惡行，臣屬的罪過重。現今的大夫都逢迎
國君的惡行，所以說現今的大夫是現今諸侯的罪人。」

【延伸閱讀】

　　孟子對於三王、五霸及現今的諸侯、大夫的不同看法，與其王道、仁
政的主張有很大關係，大道的崩壞，是從上到下逐步而行的，要糾正這股
風氣，也就必須自下而上逐步施行。

　　孔子一向注重對學生為政做官能力的培養，經常教導學生一些為官從
政的道理。在孔子生活的春秋時期，諸侯混戰，社會動盪，面臨「禮崩樂
壞」的局面，這也給人民生活帶來了巨大的災難。孔子認為，要使社會安
定有序，就必須維護周天子的權威，恢復大一統的局面。孟子正是延襲孔
子這種思想並大力宣傳了這種思想，主張尊王，而反對混亂的局面。

　　這就是古代歷史上很多盛極一時的帝國都曇花一現，而世界上唯獨中
國分久必合，合久必分，在分裂後又能復歸一統的真正原因。

第八章

【原文】

　　魯欲使慎子①為將軍，孟子曰：「不教民而用之，謂之殃民，殃民
者，不容於堯、舜之世。一戰勝齊，遂有南陽②，然且不可。」

　　慎子勃然不悅曰：「此則滑釐所不識也。」

　　曰：「吾明告子。天子之地方千里，不千里不足以待諸侯；諸侯

之地方百里，不百里不足以守宗廟之典籍③。周公之封於魯，為方百里也，地非不足，而儉於百里④；太公之封於齊也，亦為方百里也，地非不足也，而儉於百里。今魯方百里者五，子以為有王者作，則魯在所損乎，在所益乎？徒取諸彼以與此，然且仁者不為，況於殺人以求之乎？君子之事君也，務引其君以當道，志於仁而已。」

【注釋】

①慎子：名滑釐，《趙注》云：「善用兵者。」

②南陽：在泰山西南、汶水之北，是當時齊、魯爭奪的要地。

③典籍：指有關典制的檔案文獻。

④儉於百里：此處意為僅有百里。朱熹《集注》云：「其封不過百里。」

【譯文】

魯國打算讓慎子做將軍，孟子說：「不教導民眾就使用他們叫做殃民，殃民的人是堯、舜時所不容的。即使打一仗就能戰勝齊國，收回南陽，仍然不可以。」

慎子頓時不高興地說：「這是我所不明白的。」

孟子說：「我明確地告訴你。天子的土地方圓千里，沒有千里就不足以接待諸侯；諸侯的土地方圓百里，沒有百里就不足以奉守宗廟的典冊文書。周公分封在魯，是方圓百里，土地並非不夠卻僅有百里；太公分封在齊，也是方圓百里，土地並非不夠，卻也有百里。現今魯國方圓五倍於百里，你認為如有稱王天下者興起，魯國的土地在削減之列，還是在增加之列？白白地取他處土地併入此處，仁者尚且不幹，何況殺人來求取呢？君子侍奉君主，只是致力於引導自己的君主合乎大道、有志於仁罷了。」

【延伸閱讀】

慎子自以為能奪城拓地就是有功於國家。孟子對他提出批評，告誡他：侍奉君主，重要的是引導君主施行大道、仁義，而非一味窮兵黷武。

西周的社會行為規範是諸侯王佔地「方圓百里」，並非沒有土地，而是限制其擁有過多的土地和權力。隨著經濟的發展，人的私欲在膨脹，拚命擴張自己的領地，做強做大自己。然而從儒家思想和孟子的觀點來講，

就是你可以做強做大，但不要靠侵略和剝削來富強，要愛民，也要遵守社會行為規範，用最佳的方式：仁義、智慧、誠信等贏得人民的信任和歸附，如此，天下不就都是你的了嗎？

這思想在當今社會經濟及世界政法變革中具有極大啟迪和借鑑意義。

第九章

【原文】

孟子曰：「今之事君者皆曰：『我能為君辟土地，充府庫。』今之所謂良臣，古之所謂民賊也。君不鄉①道，不志於仁，而求富之，是富桀也。『我能為君約與國，戰必克。』今之所謂良臣，古之所謂民賊也。君不鄉道、不志於仁，而求為之強戰，是輔桀也。由今之道，無變今之俗，雖與之天下，不能一朝居也。」

【注釋】

①鄉：同「向」，嚮往。

【譯文】

孟子說：「現今侍奉君主的人都說『我能為國君開闢土地，充實國庫。』現今所謂的良臣乃是古代所謂的民賊。君主不嚮往大道，不立志行仁，卻謀求使他富有，這就好比是讓夏桀富有。他們說『我能為國君邀結盟國，作戰必勝。』現今所謂的良臣乃是古代所謂的民賊。君主不嚮往大道，不立志行仁，卻謀求為他的強大去作戰，這好比是輔佐夏桀。沿著現在的途徑，不改變現在這種風氣，即使把整個天下給他，也是連一天也不能安居。」

【延伸閱讀】

所謂「今之事君者」的說法，顯然是富國強兵的說法，而孟子所反對的，正是這種不行仁政而窮兵黷武的做法，所以他深惡痛絕地說：「今之所謂良臣，古之所謂民賊也。」把那些自誇能富國強兵的人稱為「民賊」。而鄒國國君鄒穆公則是行仁政的典範。

　　春秋時期，鄒國國君鄒穆公下令，官府養鴨餵鵝必須用秕糠，不准用糧食。當時官倉裡沒有秕糠，只得用糧食與百姓交換，兩石穀子才能換得一石秕糠。官吏向鄒穆公請示說：「用秕糠飼養鵝鴨，本來是為了不浪費。現在向百姓求購秕糠，得用兩石穀子換一石秕糠，這不是更浪費了嗎？請求君王允許用糧食飼養鵝鴨。」

　　鄒穆公聽了很生氣，斥責官吏說：「你懂什麼呀？百姓趕牛耕地，曬著脊背鋤草，辛勤勞作而不敢偷懶，生產出來的糧食，難道是為了給禽鳥吃的嗎？粟米是百姓的上等糧食，怎麼能用來飼養家禽呢？我看你只懂得小的算計，而不懂得為社稷大業算算這筆賬。周時的諺語說『倉庫裡的口袋漏了，漏出的東西還是存在倉庫裡』，難道你沒有聽說過這句話嗎？再說當國君的本來就是百姓的父母，把倉庫裡的糧食取出來放在百姓家裡，養活我的百姓，百姓又種穀子養活我，那麼百姓的穀子豈不是我的穀子嗎？飼養家禽用秕糠就可以了，不能此而損害百姓啊！穀子放在倉庫中，還是交給百姓，對於我來說，並沒有什麼不同。」

第十章

【原文】

　　白圭①曰：「吾欲二十而取一，何如？」

　　孟子曰：「子之道，貉②道也。萬室之國，一人陶則可乎？」

　　曰：「不可，器不足用也。」

　　曰：「夫貉，五穀不生，惟黍生之，無城郭、宮室、宗廟、祭祀之禮，無諸侯幣帛饔飧③，無百官有司，故二十取一而足也。今居中國，去人倫④，無君子，如之何其可也？陶以寡且不可以為國，況無君子乎，欲輕之於堯、舜之道者。大貉小貉也；欲重之於堯、舜之道者，大桀小桀也。」

【注釋】

　　①白圭：名丹，圭（亦作「珪」）是他的字。曾在魏惠王時任大臣，善於修築堤防，主張減輕田稅。

　　②貉：北方的一個小國名《趙注》云：「貉，夷貉之人，在荒服者

也。貉之稅二十取一。」

　　③饔飧（ㄩㄥ ㄙㄨㄣ）：朱熹《集注》云：「以飲食饋客之禮也。」

　　④去人倫：《趙注》云：「今之後中國，當行禮義，而欲效夷貉無人倫之敘、無君子之道，豈可哉？」朱熹《集注》云：「無君臣、祭祀、交際之禮，是去人倫；無百官有司，是無君子。」

【譯文】

　　白圭說：「我想採用二十抽一來收稅，怎麼樣？」

　　孟子說：「你的做法是貉國的做法。萬戶居民的國家，一個人製作陶器行嗎？」白圭說：「不行，陶器不夠用。」

　　孟子說：「貉這個國家，各類穀類都不生長，只有黍子能生長，沒有城邑、房屋、宗廟以及祭祀的禮儀，沒有諸侯相互致送禮物和宴請，沒有官吏衙署，所以二十抽一就夠了。現今在中原國家，拋棄人倫，廢掉官吏，這怎麼行呢？陶器缺乏尚且不能立國，何況沒有官吏呢？要想比堯舜的稅率還低，是大貉小貉那樣的國家；要比堯舜的稅率還要高，是大桀小桀那樣的暴君所為。」

【延伸閱讀】

　　孟子認為，「十一而稅」的稅率是恰當的，過高過低都是不對的。高了會損害民眾的利益，低了國家就無法具備應有的禮儀。

　　財政是維持一個國家正常運轉必需的手段，財政稅律定多少是一個國家富裕和穩定的基礎。如果橫徵暴斂，苛捐雜稅太多、太重，老百姓就會怨聲載道；如果太低就不足以支持國家財政的正常運作，也會有偷稅漏稅的行為，使國家財政損失。孟子提出施行不以中原的財政狀況為基礎，反而施行與邊遠落後地區的國家機構相等同的財政政策，是不符合國情的財政政策。收得太多不可行，收得太少也不可取。

第十一章

【原文】

　　白圭曰：「丹之治水也愈於禹[1]。」

　　孟子曰：「子過矣。禹之治水，水之道②也，是故禹以四海為壑③，今吾子以鄰國為壑。水逆行④謂之洚水…，洚水者洪水也，仁人之所惡也，吾子過矣。」

【注釋】

　　①丹之治水：當時齊、趙、魏等國均在黃河沿線，趙、魏地勢高而齊地勢低，故這些國家競相築堤護衛本國，致使「河水東抵齊堤則西氾趙魏」（《漢書・溝洫志》），雖然有益於本國，但對別國卻造成了災害。又，《韓非子・喻老》云：「白圭之行堤也，塞其穴，是以無水難。」是指白圭解決了對堤防造成危害的蟲蟻鑽穴問題。
　　②水之道：朱熹《集注》云：「順水之性也。」
　　③壑：朱熹《集注》云：「受水處也。」
　　④水逆行：治水堵塞了水道，水流無法暢通，故而逆流。
　　⑤洚水（ㄐㄧㄤˋ）：洪水。

【譯文】

　　白圭說：「我治水勝過禹。」
　　孟子說：「你錯了。禹治水，是使水順應水性，所以禹使水注入四海，如今你卻使水流到鄰國。水逆流而行叫做洚水，洚水就是洪水，這是仁者所憎惡的，你做錯了。」

【延伸閱讀】

　　從治水的方法來講：大禹順應水性，重在疏導，白圭治水重在築堤堵塞。而當時各國競相在河流上築堤防，「雍防百川，各以自利」。孟子對白圭的批評，正是對這種「以鄰為壑」的惡劣作風進行抨擊。
　　從效果上說，大禹最終將水導入四海，而白圭卻把水堵塞後流向鄰國。導入四海造福人民而於人無害，流向鄰國則是損人利己，是仁者厭惡的行為。白圭、大禹，孰勝孰劣，一目了然。
　　當下，就有一些人用自私的手段獲取自身的利益，而不顧及他人。比如，把自家的垃圾掃到別人家的門前；讚譽自己商品卻攻擊同類產品的商家，等等。因為人都有趨利避害的本能，你想不做的事，別人也不一定想做，為人處世要在考慮自身利益的同時也要兼顧給對方帶來的影響，這是一種社會行為準則。

第十二章

【原文】

孟子曰：「君子不亮①，惡乎執？」

【注釋】

①亮：同「諒」，意為誠實守信。

【譯文】

孟子說：「君子不誠信，怎麼能夠有操守呢？」

【延伸閱讀】

如果缺乏誠實守信的，做任何事情都隨隨便便，自然不能夠有操守。所以，儒者把誠信作為修養的一個重要方面。

兩千多年前，孟子講過這樣的話：「居天下之廣居，立天下之正位，行天下之大道。」今天誰要想在競爭中勝出，就必須堅守做人的道德底線，尤其是誠信這條不可踰越的道德底線。人們常說「做事先做人」。誠信是做人的基本準則。否則，就算你認為自己已經具備很多優秀的、能夠成功的素質，你也未必會得到他人的尊敬，更不會得到成功企業的重視。在一個先進的企業裡，員工最需要具備的素質不是多高的智力，而是誠信。誠信比才幹更重要。

第十三章

【原文】

魯欲使樂正子為政。孟子曰：「吾聞之，喜而不寐。」

公孫丑曰：「樂正子強乎？」曰：「否。」

「有知慮乎？」曰：「否。」

「多聞識乎？」曰：「否。」

「然則奚喜而不寐？」曰：「其為人也好善。」

「好善足乎？」曰：「好善優於天下①，而況魯國乎？夫苟好善，則四海之內皆將輕②千里而來告之以善；夫苟不好善，則人將曰，『訑訑③，予既已知之矣。』訑訑之聲音、顏色距④人於千里之外。士止於千里之外，則讒諂面諛之人至矣。與讒諂面諛之人居，國欲治，可得乎？」

【注釋】

①優於天下：優於治天下的意思。

②輕：朱熹《集注》云：「易也，言不以千里為難也。」

③訑訑（一ˋ）：自滿自足的樣子。④距：同「拒」。

【譯文】

魯國打算讓樂正子管理國家政事，孟子說：「我聽說這件事，高興得睡不著。」

公孫丑說：「樂正子很有能力嗎？」孟子說：「不。」

公孫丑說：「他有智謀遠見嗎？」孟子說：「不。」

公孫丑說：「他見多識廣嗎？」孟子說：「不。」

公孫丑說：「那麼為什麼高興得睡不著呢？」

孟子說：「他為人喜歡聽好的意見。」

公孫丑說：「喜歡聽取好的意見就足夠了嗎？」

孟子說：「喜歡聽取好的意見足以治理天下，何況魯國呢？果真喜歡聽取善言，四海之內都將不遠千里趕來把好意見告訴他；如果不喜歡聽取好意見，那別人會模仿他的話說：『哦，哦！我早已知曉了！』這種臉色腔調會把人拒絕在千里之外。士人止步在千里之外，諂媚阿諛的人就來了。與諂媚阿諛的人相處，國家要想治理，能做到嗎？」

【延伸閱讀】

孟子並非認為沒能力就能治理好國家。由於當時的治國者大多有能力而缺乏聽取好意見的作風，魯國起用樂正子，說明統治者有向善的意向，關鍵不在於樂正子一個人得到重用，而是這個舉動將會引起的反應，許多既有能力、又有德行的士人將會因此而前來，所以孟子要為此感到高興。

所謂「好言」、「善言」皆是治理國家的忠言，可是「忠言逆耳」，

正如良藥苦口卻有利於健康一樣。此言對於管理者和領導者有很好的警示作用，一個領導者就要有接納不同聲音的胸懷，要聽諫納言，重視逆耳的「善言」，擇善而從之。

第十四章

【原文】

陳子①曰：「古之君子何如則仕？」

孟子曰；「所就三，所去三。迎之致敬以有禮，言將行其言也，則就之；禮貌②未衰，言弗行也，則去之。其次，雖未行其言也，迎之致敬以有禮，則就之；禮貌衰，則去之。其下，朝不食，夕不食，饑餓不能出門戶，君聞之曰：『吾大者不能行其道，又不能從其言也，使饑餓於我土地，吾恥之。』周之。亦可受也，免死而已矣。」

【注釋】

①陳子：趙注認為即本書《公孫丑・下》篇中的孟子弟子陳臻。

②禮貌：此指禮儀、態度，非今通常所言之禮貌。

【譯文】

陳子說：「古時候的君子怎樣才出仕呢？」

孟子說：「就職有三種情況，離去也有三種情況。迎請時恭敬有禮，有所進言就準備照他所說的去實行，便就職；如果禮儀、態度不差，所說的卻不實行，便離去。其次，雖然沒有接納他的進言，迎請時恭敬有禮，便就職；如果禮儀、態度差了，便離去。最下的，早上沒有吃，晚上沒有吃，餓得不能走出屋門，國君知道了說：『我作為君長不能實行他的主張，又不能聽從他的進言，使他在我的國土上挨餓，我覺得羞恥。』於是給予周濟。這也可以接受，不過是免於死亡罷了。」

【延伸閱讀】

孟子認為，君子在三種情況下可以出仕任職，但無論哪一種情況，都以基礎一旦不存在必須離去為前提。這就是君子的節操與界限所在。

孔子說：「君子從時。」我們的時間每時每刻都在「滴答滴答」地向前走，我們周圍的事情每天都在發生變化，社會形勢每天也都不同，世界上的新事物更是層出不窮，所以我們不要有一勞永逸的想法，也不能固守某一理論，自認為是永世不變的真理。安於現狀、墨守成規的人，終將被社會所拋棄。

萬事萬物始終都處在新陳代謝、替換更新之中。我們的知識、思想也應該處於不斷地更新之中，今天應該比昨天進步，明天應該比今天進步，每一天都有進步，每一天都有成長，才能不斷地更新自己。就像機器，長期使用卻從不更新，就會變得老化，失去原來的效率。

我們不應該拒絕變化，相反，我們應該歡迎變化的到來，排除我們思想中已經過時的舊觀點、舊習慣，時時為新思想的產生創造條件。

第十五章

【原文】

孟子曰：「舜發於畎（ㄑㄩㄢˇ）畝之中，傅說舉於版築之間[1]，膠鬲舉於魚鹽之中，管夷吾舉於士[2]，孫叔敖[3]舉於海，百里奚舉於市。故天將降大任於是人也，必先苦其心志，勞其筋骨，餓其體膚，空乏其身，行拂亂其所為[4]，所以動心忍性[5]，曾益[6]其所不能。人恒過然後能改，困於心、衡於慮[7]而後作，徵[8]於色、發於聲而後喻。入則無法家拂士[9]，出則無敵國外患者，國恒亡，然後知生於憂患而死於安樂也。」

【注釋】

①傅說（ㄩㄝˋ）：商王武丁的大臣。相傳他原是在傅岩築牆的工匠。版築，即築牆。古時以兩版相夾，實土其中，用杵夯築而成。

②舉於士：此處之「士」指士師，即獄官。管仲原輔佐公子糾，齊桓公殺死子糾後，管仲被拘押，經鮑叔牙的推薦，才被齊桓公釋放任用。故孟子說他「舉於士」。

③孫叔敖：春秋楚國人，敖是他的名，孫叔是字。他在楚莊王時任令尹（即宰相），輔佐莊王稱霸。

④行拂亂其所為：《趙注》云：「所行不從，拂戾而亂之。」

⑤忍性：《趙注》云：「堅忍其性。」⑥曾益：同「增益」。

⑦衡於慮：朱熹《集注》云，「橫，不順也。」《趙注》云：「衡塞其慮於胸臆之中，而後作為奇計異策、憤激之說也。」

⑦徵：表徵，表現。

⑨法家拂士：法家，有法度的大臣；拂（ㄅㄧˋ）士，拂，假借為「弼」，輔佐的賢士。

【譯文】

孟子說：「舜興起於農田之中，傅說舉用於夯土築牆之中，膠鬲舉用於販賣魚鹽之中，管仲舉用於獄中，孫叔敖舉用於海濱，百里奚舉用於集市。因此，上天將把重任降臨給這些人，必定先磨礪他們的心志，使他們的筋骨勞累，使他們的身體饑餓，使他們飽受窮困之苦，一有行動就阻撓擾亂他們的行為，以此來觸動他們的內心、使他們的性格堅韌，增加他們所不具備的能力。人們常常有了過錯才去改正，內心窮困、思慮阻塞才有所奮發，顯現於形貌、流露於談吐才能領悟。內沒有嚴明的世臣、諍諫的士人，外沒有抗衡的國家、外在的憂患，國家常常會滅亡，由此可知，在憂患中生存而在安樂中死亡的道理。」

【延伸閱讀】

此章是孟子思想的集大成者，後人經常引以為座右銘，勉勵自己在逆境中奮起。艱苦的環境，是鍛鍊有志者的好時機，歷史上許多名人物大都有過一段在艱難中奮鬥的經歷，並從中磨練了意志、吸取了教訓，奠定了以後成功的基礎。因此，這是一段值得反覆體會的經典名言。

任何東西都無法取代頑強的意志和良好的心理素質。人生的光榮不在於永不失敗，而在於永不言敗，屢敗屢戰。只要站起來比倒下去多一次，就是成功。

常聽到許多成功人士說：「我失敗過。」這是英雄式的宣言，是對過去失敗的肯定。可惜，我們當中許多人說「我失敗過」時偏偏難以啟齒，為什麼呢？他們總是逃避失敗、害怕失敗，做一件事之前往往瞻前顧後、舉步不前。為了避免失敗，他們想了一個萬全之計：不做事！不做事，自然談不上失敗，但也談不上成功。世間許多人就是在這條既沒有成功也沒有失敗的道路上走完了平庸的一生。

失敗使人沮喪，使人喪失勇氣，嚴重者一蹶不振，這是從消極方面說。積極方面，失敗會催人奮起，會激起人更大的決心和能耐，從而實現更加輝煌的成就。

我們深信，失敗是大自然來考驗那些成功者的，使他們能夠獲得充分的準備，以便進行他們的工作。失敗，能焚燒成功者心中的垃圾，使他們經受得住嚴峻的挑戰。生命年輪在不斷地旋轉著。如果它今天帶給我們的是悲哀，明天它將為我們帶來喜悅。

第十六章

【原文】

孟子曰：「教亦多術矣，予不屑之教誨也者，是亦教誨之而已矣！」

【譯文】

孟子說：「教育也有多種方法，我不屑於去教誨，也是在教誨啊！」

【延伸閱讀】

孟子的意思是，不屑去教誨，如果其人能因此感悟，迎頭趕上，不也起到了教誨的作用嗎？如果其人至此仍不感悟，即使講再多也沒有用處。

其實，孔子正是採取這種「不屑之教」的高手。除了《論語・陽貨》所記載他對孺悲的態度是典型的「不屑之教」外，他教育宰予：「朽木不可雕也，糞土之牆不可圬也。於予與何誅？」（《論語・公冶長》）對於宰予這樣的人，還有什麼好責備的呢？說沒有什麼好責備的，其實正是最嚴厲的責備。所以，也是一種「不屑之教」。

「不屑之教」的奧妙在於，我之所以不屑於教誨他，是讓他羞愧而奮發向上。因此，不屑於教誨只是不從正面講道理而已，是從反面激發他的自尊心。想來宰予是羞愧而奮發向上了的，後來還做了齊國的臨淄大夫。看來，儒家先賢教學也極注重教育心理學原理的運用。

孟子新解/孟子原著，司馬志編. -- 初版. -- 新
北市：華志文化, 2014.07
　　面；　公分. --（諸子百家大講座；08）

　　ISBN 978-986-5936-82-2（平裝）

　　1.孟子　2.研究考訂

121.267　　　　　　　　　　　　　　103009912

書名／孟子新解

系列／諸子百家大講座008

日華志文化事業有限公司

原　　著　孟子
編　　者　司馬志
執行編輯　林雅婷
美術編輯　簡郁庭
封面設計　黃雲華
文字校對　陳麗鳳
企劃執行　康敏才
總　編　輯　黃志中
社　　長　楊凱翔
出　版　者　華志文化事業有限公司
電子信箱　huachihbook@yahoo.com.tw
地　　址　116台北市文山區興隆路四段九十六巷三弄六號四樓
電　　話　02-22341779
印製排版　辰皓國際出版製作有限公司

總經銷商　旭昇圖書有限公司
地　　址　235新北市中和區中山路二段三五二號二樓
電　　話　02-22451480
傳　　真　02-22451479
郵政劃撥　戶名：旭昇圖書有限公司（帳號：12935041）
電子信箱　s1686688@ms31.hinet.net

出版日期　西元二〇一四年七月初版第一刷
售　　價　二八〇元
版權所有　禁止翻印

Printed in Taiwan

華志文化

華志文化